Keith R. Kernspecht

Pyjama-Editorials

Keith R. Kernspecht

Keith R. Kernspecht

Pyjama-Editorials

WU SHU-VERLAG KERNSPECHT

eine Abteilung der WingTsun GmbH & Co.KG
Tel. (0431) 98389831
Dänische Straße 2-6
24103 Kiel
Germany
E-Mail (Autor): autor@wushu-verlag.com
E-Mail (EWTO-Versand): equipment@ewto.com

„Kan Kei Fu“
Siegel mit dem chinesischen Namen
des Autors, den ihm sein chinesischer Meister gab.

Fotos:
Sven Schrader

Wu Shu-Verlag Kernspecht

1. Auflage Juni 2007

ISBN 978-3-927553-98-9

Inhalt

Inhalt 6

Vorwort 10

Gut Ding will Dreie haben 15

Zur 1. Ausgabe der WingTsunWelt-online 24

Um-Denken und Verzeihen 26

Überwältigendes Interesse an den Tutorials 28

Ein Tag 36

Der Gewinner 44

Der Gewinner – Teil 2 46

Großmeister Keith R. Kernspecht im Gespräch
mit dem Journalisten Xaver J. Hirschmann 48

Von der Unmöglichkeit, etwas herauszugeben,
wenn der andere noch kein Gefäß dafür hat 56

Von sog. Wendungen, von Ellenbogen, Mottos
und davon, dass wir nichts wissen können 63

Den Meister erkennt man daran,
wie er sich selbst beherrscht 68

Wir lernen zu kämpfen, um es nicht zu müssen 70

Kann sich jeder ändern? 76

Von Salzstreuern, Ellenbogenmenschen und solchen,
die andere mit Gewalt überreden wollen 81

Wie Aggression entstehen kann 87

Lau Chung Lek 94

Mache Dich frei von der falschen Vorstellung, dass Du frei bist	99
Der Letzte wird der Erste sein	102
Mache Dich frei von mechanischem Lügen!	108
Elefant oder Fliege?	116
Der „missing link“ zwischen Affe und Mensch sind wir selbst!	120
Wie befreit man sich von seiner eigenen Kraft?	121
Negative Gefühle unterdrücken?	126
Der Taiji-Meister Jan Silberstorff zur 1. Auflage des Buches „Der Letzte wird der Erste sein“	130
Sind wir doch Killeraffen mit tierischem Territorialverhalten?	141
Die einzige Freiheit des Menschen	144
Mache Dich frei von dem Verhalten anderer Dir gegenüber!	149
Warum können wir nicht loslassen?	152
Unsere Gesellschaft leidet an zuviel Selbstsucht!	155
Mache Dich frei von versklavenden Wörtern!	165
Mache Dich frei von zwanghaftem Denken!	167
So werden wir mit verbalen Angriffen fertig!	169
Die Umsetzung der vier Kampfprinzipien und Kraftsätze vom Körperlichen ins Verbale	173
Der Mensch, die Krone der Schöpfung, ist er wirklich frei in seinem Handeln?	178

Werde nicht sauer! 180

Verwechseln wir Studium nicht mit der eigentlichen Arbeit! 182

Der „wiedergefundene“ Pfeil 184

Kein Mensch muss müssen, wenn er nicht wollte 186

Ist das Gegenteil [auch] wahr? 190

Von Zero zum Hero 194

Machen wir uns frei von der Vorstellung,
schon einen eigenen Willen zu besitzen 181

Bischof v. Hippo: *„In dieser Schule sind wir alle Schüler!“* 203

Partnertänze und echtes Chi-Sao 207

„Si-Fu, Du machst hier doch mit allen das Gleiche!“ 217

Lieber Besserkönner als Besserwisser 225

WingTsun ist die Kunst, Probleme zu lösen 229

Mit Punkttheorie und Nasenspray gegen
Pickelausquetscher und verstopfte Nasenlöcher 237

Man interviewt mich 247

I AM THAT
Zen in der Kunst des Bogenschießens

Vorwort

Wer bin ich und wer ist der Angreifer? Als *wer* kämpfe ich gegen *wen*? Kämpft mein *Ich*, mein Ego gegen ihn? Oder kämpft mein *Selbst*? Allein mit dieser Frage stellen wir die Weichen nicht nur für die aktuelle Auseinandersetzung, sondern für unser ganzes Leben.

Wir können nicht damit beginnen, den Gegner durchschauen zu wollen, dem vorangehen muss die *Selbst*-Erkennung, das Verstehen des *eigenen* Selbst. Nur dies führt nach Konfuzius' *Dschun Yung* aufgrund der Gleichartigkeit zum Erkennen des anderen.

Unser Thema ist nicht *Ich*-Verteidigung, es lautet *Selbst*-Verteidigung – mit einem Bindestrich zwischen „Selbst" und „Verteidigung". Und wer verstanden hat, dass er mehr ist als sein Körper oder sein Verstand, dass er mehr ist als sein Ich, dass er untrennbarer Teil der einen Kraft ist, für die es in jeder Sprache einen anderen Namen gibt, der wird nicht mehr gegen den „anderen" kämpfen wollen und müssen, denn der *andere*, das ist er ja selbst!
Deshalb geht es im taoistisch beeinflussten chinesischen WT nicht darum, *gegen* jemand zu kämpfen oder sich gegen irgendetwas zu stellen, sondern immer darum *mit* der Kraft zu gehen. Kampf ist letztlich unökonomisch und immer K*r*ampf.
Nach fast fünfzig Jahren „Kampfkunst" ist der Sieg für mich (nicht mehr) das letzte Ziel, denn ich will nicht Sieger sein, sondern Gewinner. Jeder Sieger wird irgendwann einmal ein Verlierer sein. Aber Gewinner gewinnen *immer*.
Ein Gewinner ist auch einer, der sich selbst deeskaliert und den Kampf vermeiden konnte; denn er hat Zeit gewonnen. Zeit ist Leben – das Kostbarste, was wir besitzen. Außerdem kann es nur einen Sieger geben, aber durchaus zwei Gewinner.
Die Wahl unserer Identifikation (Ich oder Selbst, Sieger oder Gewinner) bestimmt unser Denken und damit unser Handeln, unsere Gewohnheiten, unseren Charakter und unser Schicksal.

Logisches Denken löst nicht alle Probleme in einer stressbeladenen Selbstverteidigungssituation. In einem solchen Augenblick muss die linke Gehirnhälfte auf ihren Herrschaftsanspruch verzichten und dem intuitiven Fühl-Denken des rechten Hirns (korrekter: der rechten Gehirnhemisphäre) den Vortritt lassen. Ideal wäre eine Synchronisation beider Gehirnhälften, wie sie im WT (besonders ab dem 4. *Blitz-Defence*-Programm des WT) gezielt trainiert werden kann.

Oft erreicht mich die Frage, was für Bücher ich lese und empfehle. Ich bin ein Allesleser, so wie ich als Mensch ein Allesfresser bin, und ich lese in jeder freien Minute mit einem angespitzten Bleistift in der Hand – am liebsten in einem geschäftigen Café – und mache mir seitenweise Notizen in eine dicke Kladde.

Da ich alles mit den Augen eines Selbst-Verteidigungslehrers betrachte, bemerke ich oft Zusammenhänge und Gesetzmäßigkeiten, die anderen vielleicht entgehen.

So bin ich bei meinen Studien auf verblüffende Erkenntnisse gestoßen, was die Entwicklungsgeschichte eines Zweiges des „wing tsun“ anbelangt. Ich schreibe absichtlich nicht WingTsun, unser Trademark, denn damals gab es nur chinesische Zeichen und die dazugehörige Aussprache.

Zur Vorgeschichte: Vor über zwanzig Jahren erhielt ich aus dem zentralasiatischen Raum einen Film, der alte Leute zeigte, die eine Art Chi-Sao und *„wing tsun-ähnliche“* Bewegungen mit und ohne Waffen in der Natur übten. Als ich diesen Film damals Si-Fu Leung Ting vorführte, kamen wir beide zu dem Schluss, dass es sich um eine (gute) Fälschung wahrscheinlich unter Verwendung von Ideen aus seinem Video *„Authentic WingTsun“* handeln musste.

GGM Leung Ting räumte allerdings ein, dass „wing tsun-Wissen“ schon zwischen 1850 und 1860 von Fatshan nach Osteuropa gelangt sein könne; denn zu diesem Zeitpunkt war Fatshan eine der chinesischen Städte mit dem größten Ausländeranteil (Araber, Inder, Russen, Spanier, Portugiesen usw.). Nicht umsonst hieß ein ganzer Straßenzug in Fatshan „Gwai-Gee-Straße“, d.h. die „Straße der Söhne der Geister“.

Später bekam ich aber weitere Beweise über ein „zentralasiatisches wing tsun“, die zur Folge hatten, dass ich meine Nachfor-

schungen wieder aufnahm.
Jeder darf sich irgendwelcher Talente rühmen und meins muss wohl eine Supernase beim Aufspüren von WingTsun-Verwandten sein. Dies stellte ich zum ersten Mal in den 70er-Jahren unter Beweis stellen, als ich in Deutschland (!) die thailändische Wurzel entdeckte, aus dessen Verbindung mit „Weng Chun“ – auch nach Auffassung von Sifu Leung Ting – das System von Yim WingTsun entstanden war.
Bald entdeckte ich, dass auf einem anderen Wege „wing tsun“ – wohl über Leung Bok Chau – via Tibet, Zentralasien, Bulgarien usw. schon 1920 nach Europa vorgedrungen ist und u.a. in München und Dresden und Tonbridge Wells (England) (!) Spuren hinterlassen hat, auf die ich schon vor einiger Zeit stieß. Einige hätte ich schon als Kind erkennen müssen, wenn ich damals gewusst hätte, was „WingTsun“ ist ...
Wenn man ein Fachidiot wie ich ist und nur mit einem einzigen Thema im Kopf durch die Weltgeschichte läuft, muss man wohl zwangsläufig auf solche Dinge treffen – so wie jemand mit einem Hammer in der Hand überall Nägel zum Einschlagen sieht.
Offenbar wollte eine Art „geheime Bruderschaft“, die den Auftrag hatte, eine zentralasiatische Richtung des „wing tsun“ im Westen zu verbreiten, den körperlichen Selbstverteidigungsaspekt ursprünglich benutzen, um die geistigen und spirituellen Ideen des „wing tsun“, bei denen es um Weiterentwicklung des Menschen und seines ungenutzten Potentials geht, zu transportieren. Der Selbstverteidigungsaspekt sollte also als Vehikel einer höheren Botschaft dienen. Das Ganze scheiterte aber daran, dass der dafür vorgesehene zentralasiatische Ringer-Champion sich schnell als unfähig erwies, die „wing tsun“-Prinzipien selbst zu verstehen, geschweige denn weiterzugeben.
So wurde der Gedanke, ein komplettes, ganzheitlich körperliches und geistiges Selbstentwicklungssystem zu verbreiten, leider aufgegeben. Einige Bewegungsinhalte des „wing tsun“ wurden dem Kampfkunstsystem entnommen und – vom Selbstverteidigungsaspekt völlig getrennt – als eine Art Bewegungstherapie zur Erlangung von Bewusstsein

weiter praktiziert und entsprechend den neuen Bedürfnissen verändert, wie meine Nachforschungen vor Ort ergaben.
Ich habe meinem Si-Fu diese Bewegungen vorgemacht und ihm Fotos davon gezeigt, und auch er kam zu dem einzig möglichen Schluss, dass es sich um eine „wing tsun“-Richtung handeln muss; denn diese spezifischen Bewegungen hat kein anderer Selbstverteidigungsstil.
Durch glückliche Fügungen des Zufalls oder des Schicksals gelang es mir, 80 Jahre alte Unterrichtsaufzeichnungen dieser geistigen „wing tsun“-Schule aufzutreiben, aus denen ich nicht nur Ideen für meine Editorials, sondern auch für Chi-Sao und Selbstverteidigung schöpfe. Unter anderem konnte ich Fotos sehen, die eine größere Gruppe von Europäern in asiatischer Kleidung zeigen, die in den 20er-Jahren eine Form übte, die unserer Biu-Tze-Form verblüffend ähnelte.
Dass „wing tsun“ ursprünglich aus folgenden drei Ebenen bestand, entnahm ich auch den Unterrichtsaufzeichnungen:

1. Die erste Ebene ist die rein körperliche, bei der es darum geht, seinen Körper vor Angriffen anderer zu schützen und körperliche Auseinandersetzungen erfolgreich zu bestehen.

2. Die zweite Ebene ist vor allem die der Strategeme, der Taktiken, wie man sich im Leben, z.B. im Beruf, in der Schule, in der Politik mit Klugheit, Geschick und List gegen andere durchsetzt.

3. Die dritte Ebene hat nichts damit zu tun, wie erfolgreich man im Leben, im Geschäft, kurz in der Außenwelt ist; denn *„was hülfe es dem Menschen, wenn er die ganze Welt gewänne und nähme doch Schaden an seiner Seele“* (Matthäus 16,26). Bei der dritten Ebene geht es um unser wahres Leben – unser Innenleben. Hier geht es nicht darum, gegen andere zu gewinnen/andere zu besiegen. Auf dieser höchsten aller Ebenen ist es das Ziel, sich selbst zu besiegen und sich von falschem Denken zu befreien.

Nicht alles, was ich schreibe, ist also auf meinem Mist gewachsen, viele Ideen stammen aus den Werken Klügerer, auf deren Schultern ich mich gerne stelle. Zu Hilfe kommt mir ein fast fotografisches Gedächtnis, was Gelesenes anbelangt. Das hatte an der Universität viele Vorteile für mich, aber auch den Nachteil, dass ich mich bei zurückliegenden Aufzeichnungen manchmal nicht erinnern kann, ob es sich um ein Zitat oder um meinen eigenen dazu vermerkten Kommentar handelt.

Die Gedanken in meinen Editorials, oft auch nur wirre Gedankensplitter, die folgende Generationen schlüssiger ordnen müssen, stammen alle aus der Beschäftigung mit WT-Ideen – einer Arbeit, die mir mein Si-Fu in den neunziger Jahren für meinen 10. Grad aufgegeben hatte und die mich seitdem fesselt.

Es gehört sich, vorauszuschicken, dass die *„Pyjama-Editorials“* nicht ohne den geistigen Input von Fachleuten möglich gewesen wären.

Unter meinen Lesern und Schülern gibt es auf jedem Fachgebiet, dessen Terminologie ich mich in meinen Editorials notdürftig bedienen muss, Experten, die davon viel mehr verstehen als ich; denn ich bin auf dem Gebiet der Gehirnforschung, der Medizin, der Psychologie, der Rechtswissenschaft, der Soziologie, der Philosophie, der Logik, der Linguistik, der Physik, der Astronomie, der Mathematik, der Geschichte, der Germanistik, der modernen Sportwissenschaft, der Theologie usw. ein Dilettant.

Auch ich verstehe von wenig viel und von viel wenig. Viel weiß ich eigentlich nur vom WT und noch wenig von all den westlichen sog. Naturwissenschaften.

Tatsächlich lässt sich WT aber nicht zur Gänze über den Verstand oder über Sprache oder uns vertraute Dimensionen erklären; denn das Tao, das man ausdrücken kann, ist nicht das Tao ...

Ich kann mich der Wahrheit nur annähern, indem ich sie von allen Seiten mit hinkenden Vergleichen umzingele.

Es ist das Gleiche wie mit den Religionen: Sie sind wahr und gleichzeitig unwahr. Man kann das Gesagte nur erfahren, nicht seine Wahrheit durch Rede und Gegenrede beweisen, denn es folgt einer höheren Logik, die nicht die unsere ist. Das Höhere lässt sich nicht mit den Mitteln des Niederen verstehen oder erklären.

Ich bitte um Verständnis, dass bei diesem Thema, das soviel umfasst, sich Wissenschaft und Weltanschauung oft vermischen.

Keith R. Kernspecht

Gut Ding will Dreie haben!

„*Selbstverteidigung buchstabiert man WT*", heißt der von mir erfundene Slogan und so dürfen wir uns nicht wundern, wenn jemand, der von WingTsun hört, zunächst nur an eine Schutzmethode gegen körperliche Angriffe denkt.

Hier geht es uns wie dem indischen Yoga, das in der Öffentlichkeit auch auf seine körperliche, also seine sichtbare, spektakuläre Seite beschränkt wird.

Aber während zumindest die Eingeweihteren wissen, dass es neben dem *Hatha-Yoga*, das Kontrolle über den Körper lehrt, auch noch andere, *höhere* Aspekte des Yoga gibt, ist wohl nur sehr, sehr wenigen WingTsun-Meistern bekannt, dass weitere, viel tiefer gehende, *innere* Lehren des WingTsun existieren. Wenn ich *innere* schreibe, dann meine ich damit *höhere*. Das Wort *esoterisch*, was ursprünglich dasselbe bedeutet, vermeide ich, da es inzwischen zu abgegriffen klingt und von vielen missbraucht wurde.

Um welche Disziplinen und Lehren es sich beim inneren WingTsun handelt, welche Aufgaben sie im Einzelnen haben, wie sie strukturiert sind und wie man sie unterrichtet, das ist ein größeres Geheimnis als Langstock und Doppelmesser zusammen!

Tatsächlich ist die körperliche Selbstverteidigung nur die erste, oberflächliche und niedrigste Stufe im WingTsun. Aber sie ist die augenfälligste und für Nichteingeweihte am leichtesten nachzuvollziehen. Dabei ist der effiziente Kampf nur ein Vehikel, ein Mittel zum Zweck. Ökonomie der Bewegung soll erzielt werden, denn wie immer im Taoismus geht es um Energie, um Einsparen und letztlich Erzeugen von Energie. Energie, die man dringend benötigt, um höhere Bewusstseinszustände zu erreichen.

Die Situation des Kampfes mit ihren Emotionen, nicht zuletzt mit der Angst, bringt aufgrund des gleichzeitigen Einsatzes aller *drei* „Hirne" oder Zentren die optimale Voraussetzung zu einer Transformation bzw. Veränderung.

Ohne Veränderung, ohne Anpassung an die Gegebenheiten stirbt man äußerlich und innerlich. Die meisten Menschen werden zuerst im Denken und Empfinden starr und sterben innerlich, lange bevor sie körperlich zu Grabe getragen werden. Das einzig Beständige im WT ist der Wandel, und endgültig ist das Ziel unsere eigene Veränderung zu einem *neuen* Menschen, der sich frei macht von eigenen und fremden fesselnden Kräften.

Und wie immer im WT geht es um Gleichzeitigkeit, und zwar um dreifache Gleichzeitigkeit. Der schwerste Kampf ist nicht der Kampf mit dem anderen, sondern der Kampf mit sich selbst, mit seinem Ego, seinen Trieben, seinen Wünschen usw. Im WT benutzen wir **drei**fache Gleichzeitigkeit, um uns selbst anzugreifen und zu besiegen. Unser **Drei**eckssymbol (Logo) habe ich nicht von ungefähr gewählt. Im WT machen wir nicht nur **drei** Fauststöße am Schluss, im WT sind aller guten Dinge **drei**: **drei** verschiedene Fauststoßtypen, **drei** verschiedene Handflächenstöße und **drei** unterschiedliche Tritte. **Drei** Grundformen: SNT, CK, BT. Der **drei**teilige Aufbau: Form, Chi-Sao, Lat-Sao; die Triade der **drei** Kräfte, die zu jeder Aktion nötig sind.

Im WT glaubte man nie an das *tertium non datur* (es gibt kein Drittes) der überholten europäischen Logik von Aristoteles. Wir wissen, dass es nicht nur Schwarz und Weiß gibt, sondern viele Schattierungen dazwischen. Und wir wissen, dass es nicht Hass oder Liebe heißen kann, sondern dass es auch Hass und Liebe gibt: Hassliebe.

Das überzeugendste Beispiel für das ständige Vorhandensein eines *Dritten* ist die Welt selbst: Ist alles ganz zufällig oder bis ins Kleinste geordnet? Ist das Universum Chaos oder Kosmos? Maßgebliche Wissenschaftler sind sich inzwischen einig, dass in der Mitte zwischen Ordnung und Unordnung ein *Drittes* sein muss, dass sie *Komplexität* nennen.

Die Erkenntnis, dass die Welt nicht wirklich aus Gegensätzen besteht, verhilft zu größerer Toleranz und innerer Ruhe. Um dieses Thema geht es auch in meinen TR4-*Dschun Yung*-Seminaren. Wenige wissen, dass es sich hierbei um die Lieblingsphilosophie Großmeister Yip Mans handelt. Um mit Yip Man zu sprechen, gibt es ein Drittes, das in der Mitte zwischen zu viel

Ordnung und zu wenig Ordnung liegt. Dieses Versöhnende, Vermittelnde, Mittlere ist aber sehr schwer zu erkennen, weil unsere Augen, wie sie sind, zu langsam sind, es wahrzunehmen.

Großmeister Leung Ting verdeutlicht die Lehre von den drei Kräften an einem dreibeinigen Hocker, der auf zwei Beinen nicht und auf vieren schlechter stehen würde.

Ich vergleiche es gerne mit einem Pendel: Wir sehen die Extreme, die Endpositionen der Ausschläge nach links und rechts. Aber um die mittlere Position des Pendels zu erkennen, sind unsere Augen zu langsam bzw. das Pendel zu schnell. Die hypnotische Macht des Lebens und ihrer Ereignisse lässt uns aber nur die Extreme, den Dualismus sehen und für die Wirklichkeit halten. Die Wirklichkeit ist aber die Mitte, der *Mittlere Weg*, den wir, um mit Konfuzius zu sprechen, nicht verlassen dürfen. Diese *geistige, innere Zentrallinie des WT* können wir nur finden mit der richtigen Anleitung. Dann erst lernen wir, den Ausschlag unseres Pendels kürzer zu gestalten und die Mitte zu finden und zu bewahren.

Das Wissen um die Trinität der Kräfte teilt sich WT mit allen Weisheitslehren, die am Ende, wenn sie denn auf Wahrheit beruhen, im tiefsten Grunde dasselbe aussagen.

„*Ich bin der Gott von Abraham, Isaak und Jakob*“, spricht Gott aus dem brennenden Busch zu Moses. Auch hier wieder diese mysteriöse Trinität, die oberflächlich verschiedenen Kulturen und Schulen zugerechnet wird, aber tief im Grunde (im Zentrum) alles Eines und deshalb z.B. auch im Christentum inkludiert ist. Das Wort *Abraham* weist auf indische Mysterien hin und steht für Brahman bzw. Brahma, den indischen Namen für den *transzendierten* Gott, den Einen, den ganz geistigen, während Brahma der *manifestierte* Eine ist, der im Christentum durch Jesus verkörpert wird. Hier wie dort haben wir es mit Gott auf zwei Ebenen zu tun: der geistigen und der körperlichen.

Abraham und *Sarah* kann man in Beziehung setzen zu zwei Namen der indischen Schriften: das weibliche Prinzip *Sri* wird *Sarai*, als diese ihren wahren Namen erhält.

Wir erinnern uns: Abraham musste vor Nimrod, dem Herrscher Babylons, flüchten und nahm die Mysterien mit, die indischen Ursprungs sind, und damit die Idee, dass Gott geistig ist und Einer, aber sich in drei Erscheinungsformen manifestieren kann.
Offenbar ist Indien so etwas wie die Wiege der Religionen: Gott atmet aus und bewirkt dadurch die ganze Schöpfung, wenn er einst wieder einatmet, wird alles wieder zurückgenommen.
Genealogisch soll Abraham von *Shem*, einem der drei Söhne Noahs, abstammen, die die drei kosmischen Kräfte repräsentieren, von denen hier später noch die Rede ist. Noahs Sohn *Japeth* verkörpert die schaffende und aufbauende Kraft, sein zweiter Bruder *Ham* stellt die negative Kraft dar, während *Shem*, von dem Abraham abstammt, die vermittelnde Kraft repräsentiert.
Hier handelt es sich wohl nur oberflächlich um eine historische Genealogie, im Grunde geht es, wie im WT, um Prinzipien. Und so ist Abraham das geistige Prinzip, das eine Religion erschaffen kann.
Was aber hat es nun mit Isaak auf sich, wenn es heißt *„Ich bin der Gott von Abraham, Isaak und Jakob“*?
Während Abraham die indische Wurzel des späteren Christentums ist, so gibt sich in *Isaak*, nach Ansicht vieler Denker, die ägyptische zu erkennen; denn hinter *Isaak* verbirgt sich die ägyptische Göttin *Isis*, die als Trinität (*Osiris, Isis* und *Horus*) von den Ägyptern verehrt wurde.
Nach all diesen verblüffenden Parallelen mag man vielleicht auch denen Aufmerksamkeit zu schenken, die zu wissen glauben, dass *Jakob* dem *Iachus* der griechischen Mysterien entspricht.
All diese Übereinstimmungen und Ähnlichkeiten könnten bedeuten, dass die Botschaft *„Ich bin der Gott von Abraham, Isaak und Jakob“* hinter dem brennenden Busch an Moses sagen will: „Ich bin der **eine** Gott, denn es gibt nur mich, obwohl ich in jeder Kultur unter einem anderen Namen verehrt werde.“
Nachdem Ihr nun noch dreimal raten dürft, wer wohl die *Heiligen Drei Könige* sein könnten (richtig!) gehen wir zurück zu unserer lockeren Mystik um die Zahl **drei**:
Im Hinduismus spricht man nicht nur von *„trimur“*, den **drei**

Gesichtern Gottes (*Brahma*, den Welterschaffer, *Shiva*, den Zerstörer, und *Vishnu*, den Welt-Erhalter) sondern auch von den **drei** *Gunas*.
Die chinesische Religion hat die Triade *Himmel, Erde, Mensch*.
Im Buddhismus spricht man in ähnlichem Zusammenhang von den **drei** *Giften*: Ignoranz, Verlangen und Wut, die uns konditionieren, aber auch vom **drei**fachen *Juwel*, der uns aus diesem Leiden führt: *Buddha* (Lehrer), *Dharma* (Lehre) und *Sangha* (Gemeinschaft der Praktizierenden).
Konfuzius spricht in seinen Grundlagen zu *Dschun Yung* vom *Wesen* (des Menschen), vom *Weg* und von der *Erziehung*.
Um **drei** Reisen geht es bei den Sufis: die Reise *von* Gott, die Reise *zu* Gott, die Reise *in* Gott.
Im Christentum spricht man in anderem Zusammenhang von Gottvater, Sohn und dem Heiligen Geist. Der *„Heilige Geist"* ist etwas, was die wenigsten, die sich Christen nennen, verstehen oder auch nur hinterfragen.
Oft werfen Andersgläubige den Christen (oder besser Paulanern) vor, sie glaubten an drei Götter statt an einen, nämlich an den Vater, den Sohn und an den Heiligen Geist. Vielleicht hilft es zur Erklärung, zunächst weniger an Personen zu denken, sondern WT-mäßig an Prinzipien.
Man sagt, dass jedes Ereignis, jede Situation, jede Wirkung das Resultat vom Zusammenwirken von *drei* Kräften ist: einer positiven, einer negativen und einer neutralisierenden. Nehmen wir den elektrischen Strom. Positive und negative Ströme produzieren z.B. Licht, indem sie durch einen Transformator gehen. Diesen Transformator kann man dritte Kraft nennen. Der Heilige Geist kann – als Prinzip gesehen – als die *dritte* (versöhnende) Kraft gelten, die die beiden anderen vereint.
(Der Mystiker Gurdjieff spricht in seinem – vielleicht absichtlich – schwer verständlichen Hauptwerk *„Beelzebub's Tales to his Grandson"* vom Heiligen *Triamazikamno*, das er mit der christlichen Trinität verbindet. Dabei vergleicht er Gott den Vater mit der Kraft „Holy *Confirming*" oder der Plus-Kraft. Gott der Sohn wird dann zur Verneinenden Kraft, Holy *Denying*, der Widerstehenden oder Minus-Kraft, während Gott der Heilige Geist

die Heilige versöhnende Holy *Reconciling* oder die ausgleichende oder neutralisierende Kraft darstellt.)

Nehmen wir einen Vater als aktive und positive Kraft und dann die Mutter als passive und negative Kraft. Aber damit positive und negative Kraft zusammenkommen und ein Kind erzeugen können, bedarf es der dritten vermittelnden Kraft, die man in diesem Falle „Verlangen" nennen kann.

Schwarz-Weiß-Denken ist bequem, aber die Welt ist nicht schwarz-weiß.

Obwohl das Judentum nur einen Gott kennt, vergleichen manche diese Kräfte mit den hebräischen Buchstaben *yod* (J), *heh* (H) und *waw* (W), die das *Tetragrammaton* (J-H-W-H = Jahwe) entstehen lassen, den mächtigsten von Gottes Namen. *Yod* bedeutet Hand und stellt die aktive Kraft (Vater) dar, *heh* wird im Hebräischen als Endung benutzt, um weibliche Wörter zu bezeichnen, und entspricht der passiven Kraft (Sohn), während *waw* vor ein hebräisches Wort gesetzt „und" bedeutet und damit die versöhnende Kraft (heiliger Geist) symbolisiert.

Von Hegels Dialektik kennen wir aus der Schule vielleicht noch die Triade von *These*, *Antithese* und *Synthese*. These und Antithese sollen beide durch die Synthese „versöhnt" werden. Danach kann dann der Vorgang – theoretisch – ad infinitum (unendlich) wiederholt werden, indem die jeweils ermittelte Synthese als neue These aufgestellt und mit ihrer Antithese konfrontiert wird.

„Alle Handlungen entspringen dem Spiel der drei Kräfte, nur wer von Selbstsucht geblendet ist, wird glauben, er sei der Handelnde."
(Bhagavad Gita. Dritter Gesang, Vers 27)

Es muss unser Ziel werden, zu versuchen, in allen Handlungen, in jedem Geschehen, in jedem „Spiel" das Zusammenwirken der **drei** Kräfte (Triade) zu sehen. So auch schon in der untersten ersten Ebene des körperlichen WT. Beim Faustst0ß auf ein Ziel, etwa einen Wandsack, erkennen wir dann diese **drei** Kräfte:

1. Die *positive* Kraft, mit der unsere Faust auf den Wandsack trifft (*actio*).

2. Die negative Kraft, mit der der Wandsack widersteht (*reactio*).

3. Die *ausgleichende* Kraft mit der wir, um – bildhaft – mit Großmeister Leung Ting zu sprechen, den Widerstand mit unserer Handgelenksaktion und dem vollen Durchstrecken des Ellenbogens herunterdrücken.

Triaden gibt es auch außerhalb religiösen Denkens. Und ironischerweise beruht der Dialektische Materialismus von Karl Marx auf Hegels Dialektik von These, Antithese und Synthese ohne dessen spirituellen Ansatz.

Die **Drei**faltigkeit unseres Lebens besteht nicht nur aus den **drei** Makromolekülen DNS, RNS und Protein. „Aller guten Dinge sind drei", das ist tiefes Wissen in jedem Volk, nicht nur im deutschen.

Das arabische Wort für **Ein**heit (*ahad*), das seinen Gläubigen nach Allah, dem Einen, gebührt, besteht im Arabischen aus **drei** Buchstaben: AHD. So ist drei und eins Eines, d.h. dasselbe.

Auf meinen Seminaren für zukünftige Sifus (Lehrer) gehe ich auf solche Themen näher ein. Hier reicht der Platz und das Vorwissen des einzelnen Lesers nicht.

Fürs Erste muss es genügen, zu wissen, dass WT viel mehr ist als nur seine oberflächliche, niedrigste, körperliche erste Ebene (*exoterisch*).

Die zweite Ebene (*mesoterisch*) handelt von listigen Strategemen und Taktiken.

Erst die dritte und höchste Ebene (*esoterisch*) ist das wahre und eigentliche Ziel des WT, wobei wir einen inneren Kampf mit uns selbst führen unter Verwendung der bekannten Prinzipien, die auch im *körperlichen* Kampf gegen andere Verwendung finden.

Der Meister, der nach „Beendigung" der Holzpuppenform die erste Bekanntschaft mit seinem nächsten Studiengebiet, dem Langstock-Kampf, macht, meint am Anfang eines langen Weges immer, dass es sich um etwas ganz anderes handelt, so als ob er eine völlig artfremde Kunst wie *Ikebana* oder *Kendo* beginnt. Aber das Ungewohnte ist „nur" die Bewegung, das Äußere, das Oberflächliche. Das Wichtige sind stets die innewohnenden Prinzipien des WingTsun, die den Prinzipien des waffenlosen Kampfes entsprechen. Um genau diese geht es auch im *inneren* WT.

Die Theorie des WT ist durchgängig, transzendierbar und immer anwendbar. Sie ist tiefste Philosophie, klarste Logik, Mystik und Wissenschaft zugleich.

Losgelöst vom Körperlichen und von Emotionen wäre WingTsun nicht so leicht unterrichtbar und auch nicht so wirksam wie ein „Angriff“ auf **drei** Ebenen **gleichzeitig**.

Deshalb ist eine Trennung von intellektueller, emotionaler und körperlicher Arbeit an sich selbst weniger effizient.

Wenn wir nach Selbstvervollkommung, persönlicher Evolution oder Erleuchtung streben, müssen wir uns selbst an **drei** Fronten gleichzeitig angreifen:

- körperlich
- emotional
- intellektuell

An diesen **drei** verschiedenen Fronten – über die Bewegung, über die Emotion und über den Intellekt – arbeitet der Fortgeschrittene WT-ler täglich an sich. Das Element der Angst liefert dabei das willkommene und nötige Feuer, das unseren Fortschritt, unsere Veränderung, unsere Transformation irreversibel, also sicher und nicht wieder umkehrbar macht.

Aber die Arbeit an sich selbst ist nur ein Teil des Ganzen. Tatsächlich muss die Arbeit in **drei** Bereichen erfolgen, um wirklich Früchte zu tragen:

1. Aktive Arbeit an sich selbst

Sich beobachten, geteilte Aufmerksamkeit, um sich nicht zu vergessen usw., sich zu verändern zu einem besseren Menschen.

2. Arbeit in der Gruppe

Um durch Reibung an ihr „aufzuwachen“, denn *„Die Perle kann ohne Reibung nicht zum Glänzen, der Mensch ohne Anstrengung nicht vervollkommnet werden“.* (Konfuzius). Nächstenliebe.

3. Arbeit für die Arbeit selbst

Man muss herausfinden, was

man selbst tun kann, um die Arbeit zu unterstützen, was man vermeiden muss, damit man ihr nicht schadet (z.B. schlecht sprechen, negativ draufsein), wie man den Personen hilft, die die Arbeit voranbringen.
Nur wer in **allen drei** Bereichen arbeitet, und zwar – wingtsunmäßig – gleichzeitig, wird optimalen Erfolg haben und herausfinden, dass z.B. die Arbeit im zweiten und dritten Bereich ihm hilft und nötige Einsichten und Energie gibt, sich selbst zu verändern und zu vervollkommnen!
Wenn Ihr nun meint, ich hege eine Vorliebe für die Zahl **drei**, dann habt Ihr Recht! Allerdings geht das bei mir nicht soweit wie z.B. bei Hegel, der bei *jeder* Einteilung drei Teile setzt. So kann ihm Bertrand Russell berechtigt vorwerfen, dass diese Symmetrie oft gekünstelt und gewollt wirkt. Nehmt mein Faible für die Drei also nur als das, was es sein soll, als Anregung zum Denken oder auch zum Schmunzeln.

PS: Auch im körperlichen WingTsun teilen wir zwecks Angriff und Abwehr den Körper in *drei* Ebenen auf, nicht in *zwei,* wie Bruce Lee es (evtl. von der Langstock-Theorie abgeleitet) fälschlich tat.
Und ist es zufällig, dass es sowohl in der inneren sowie in der äußeren Reaktionsgruppe des Chi-Saos, so wie ich es unterrichte, jeweils *drei* Reaktionen gibt, die zu üben sind?

23.12.2002

Zur 1. Ausgabe der WingTsun-Welt online

Liebe Gäste, liebe Freunde, liebe EWTO-Mitglieder, liebe Schüler, liebe Kollegen!

Es sieht so aus, als ob WingTsunWelt-online nach langer Vorbereitung heute online gehen wird. Wenn das klappt, dann ist es der Arbeit von Mirko Maibach und Markus Senft, aber auch der des gesamten Schloss-Teams, insbesondere der Andreas Gross‘, zu verdanken.

Wie Ihr vielleicht wisst, war das Internet nicht mein Medium. Ich benutzte es nur, um E-Mails zu schreiben. Ich surfe nicht, chatte nicht, sondern lese und schreibe Bücher. Aber ich werde die WingTsunWelt-online lesen und ich werde für sie schreiben, das verspreche ich.
Es gibt viele aufregende Nachrichten auf dem Gebiet des WingTsun, die ich gerne mit Euch teilen will. Und dieses Medium, so sagte man mir, ist so schnell, dass ich Euch spontan und ohne lästige Verzögerung über aktuelle Themen informieren kann. Z.B. über GGM Leung Tings Sonderlehrgänge (die nicht in der neuen WT-Welt 26) stehen:
Mein Si-Fu, Prof. Leung Ting, wird uns schon am 27.1.03 in Kiel die Ehre geben. An seinen Tutorials kann jedes Mitglied (ab 9. SG) teilnehmen, das in die Grundversion dieses Programmes schon eingewiesen ist. Das heißt, selbst wer z.B. noch nicht den 1. TG hat, darf mitmachen bei den Tutorials 1 bis 5. Man sollte nach dem Wunsch von Sifu Leung Ting unbedingt mit Tutorial 1 (Siu-Nim-Tau) beginnen, um die erforderlichen theoretischen Grundlagen zu haben. Tutorial-Wiederholer zahlen übrigens immer nur die Hälfte.
Das letzte Jahr brachte uns neben angenehmen und weniger angenehmen Ereignissen am Ende dreitausend EWTO-Mitglieder mehr, worüber wir in einer Zeit des allgemeinen Rückschrittes dankbar sind.
Wir alle haben aber auch Kritik und Lektionen des Lebens erhalten, die wir als WT-Anwender dankbar begrüßen, denn an Schwierigkeiten wächst man innerlich, so dass man nachgerade um Probleme und Friktionen bitten müsste, würden sie denn ausbleiben. Und wer kann jetzt schon beurteilen, ob im Augenblick negativ erscheinende Entwicklungen sich nicht mittelfristig als segensreicher Schock, als

verändernder und nötiger *Jat-Sao* herausstellen? Zum Wohle des WT?* Wir werden unser Lieblingsmotto, das des Kraftborgens, anwenden und alles Kommende als Impuls zur vom Zeitgeist geforderten Veränderung verwenden; denn WT ist insofern traditionell, dass wir untraditionell sind und wissen, dass wir uns nur treu bleiben, wenn wir uns verändern. Das zentrale Thema im WingTsun ist nur oberflächlich gesehen wie man andere verhauen kann, tatsächlich geht es in allen drei Ebenen des WingTsun um Veränderung, um Transformation, also darum, seine höchsten Fähigkeiten zu entwickeln und unser Geburtsrecht als bewusste Menschen zu verwirklichen.

*PS: *Hätte Ng Mui das WingTsun entwickelt, wenn das Shaolin Kung-Fu nicht an die Mandschus verraten worden wäre?*
Man muss die traurigen Gründe, die mich über das BlitzDefence-Programm zur Schaffung eines auf pure WT-Konzepte beruhenden Chi-Sao-Reaktionsprogrammes als Mittel zur Selbstverteidgung zwangen, letztlich aus einer höheren Warte als Segen sehen. Denn sie haben das WingTsun noch besser gemacht.

31.12.2002

Umdenken und Verzeihen

Aus allen Teilen der Welt erreichen mich liebe Briefe und Mails mit den besten Wünschen zum neuen Jahr.
Was treibe ich in den letzten Tagen vor Silvester? Ich lasse das letzte Jahr an mir Revue passieren, überlege, wo ich Fehler gemacht habe, wo ich jemanden falsch behandelt oder in der Hektik des Tages vergessen habe. Da fallen mir manche ein und machen mir ein schlechtes Gewissen, so dass ihnen dieser Gruß besonders gilt.
Ich versuche, mich nicht zu sehr dem Selbstmitleid hinzugeben, da dies eine schädliche, energieraubende Emotion ist, die nichts bringt, nichts verändert, weder die äußeren Umstände noch mein Denken.
Die äußeren Umstände verändern sich nur, wenn man sich verändert, sich, WT-mäßig gesehen, selbst wegdrückt statt den anderen, wenn man auf „andere“ Weise denkt, also umdenkt, was dem griechischen *metanoia* in der Bibel, meist fälschlich als „büßen“ oder „Buße tun“ übersetzt, entspricht. Wenn Ihr denn wollt, habe ich im christlichen Sinne Buße getan, und ich habe meinen Schuldigern verziehen. Allen, von denen ich glaubte, sie hätten mir absichtlich Böses getan, habe ich verziehen, und es hat mir ausgesprochen gut getan. Wer mich näher kennt, weiß vielleicht, dass ich der Meinung bin, dass niemand „absichtlich“ Böses tun kann.
Ich habe mit meinen „Schuldigern“ in Gedanken gesprochen, indem ich ihre Positionen einnahm und ihre Meinungen vertrat. Es stellte sich heraus, dass in der Tat niemand mir schaden, sondern nur sich selbst vor vermeintlichem Schaden schützen wollte, sich nützen wollte oder schlicht gedankenlos war. Da wir alle so beschaffen sind, kann ich damit leben und nehme es nicht länger persönlich.

Diesen Akt des Verzeihens, dem anderen das Minuskonto zu streichen, möchte ich Euch allen als tägliche Praxis ans Herz legen, am besten vor dem Einschlafen und nicht erst am Jahresende. Diese Technik ist eine Art geistiger *Bong-Sao* aus der dritten, der geistigen und höchsten Ebene des WingTsun, mit dem man die Last an sich herabgleiten lässt. Sie setzt die Fähigkeit und den Willen vor-

aus, sich in den anderen hineinzuversetzen, aber wenn man es geschafft hat, fühlt man sich selbst erleichtert, als ob einem eine schwere Last von den Schultern genommen sei.
Wer jetzt meint, dass Verzeihen dann ja eher eine Art Seelenhygiene sei und egoistisch, dem muss ich sagen, dass er Recht hat! Aber dadurch, dass Ihr mit Euch selbst wieder im Reinen seid, werdet Ihr andere und bessere Menschen sein und könnt den anderen besser begegnen. Insofern nützt dieses Verzeihen allen und es ist so leicht. Versucht es doch einfach mal selbst! Schreibt denen eine SMS, eine E-Mail, denen Ihr mechanisch und gedankenlos Unrecht getan habt. Macht es gleich, verschiebt es nicht, denn nichts ist wichtiger! Es wird Euch guttun und dem Empfänger auch, und verzeiht denen, mit denen Ihr noch eine Rechnung offen zu haben glaubt.

In diesem Sinne wünsche ich Euch allen ein gesundes neues Jahr.

28.02.2003

Überwältigendes Interesse an Tutorials

Mit großer Freude sehe ich, dass mein Angebot, direkt von Sifu Leung Ting auf den Tutorials zu lernen, begeistert angenommen wird. Tatsächlich ist das Interesse daran so groß, dass ich nicht einmal so viele Teilnehmer zulassen kann, wie ich Bewerber dafür habe …

Etwas Geschichte: Die ersten sieben Chi-Sao-Programme usw.

Ich möchte an dieser Stelle noch einmal darstellen, wie die Programme historisch entstanden sind. Ich habe Anfang der 70er Jahre mit Wing Chun begonnen – als zweiter Nicht-Chinese überhaupt. 1976 wurde ich Privatschüler von GGM Leung Ting und lernte zusammen mit meiner Frau aufgrund unserer Vorkenntnisse und der Notwendigkeit, WT in Deutschland und dann in ganz Europa zu verbreiten, besonders schnell. Ich „lernte" z.B. alle sieben Sektionen Chi-Sao während eines längeren Hongkongaufenthalts in einem Hotelzimmer, während Si-Mo so tat, als ob sie schlief. Si-Mo schrieb alle Techniken unter der Bettdecke mit. Und sobald Sifu Leung Ting gegangen war, sprang sie aus dem Bett und wir übten die Sektionen zusammen bis spät in den Morgen des nächsten Tages. Übrigens: Alle diese Programme sind von Si-Fu im Unterricht persönlich entwickelt worden. *Vor* ihm existierten im wing chun keine *festen* Unterrichtsprogramme.

Die höheren Programme (Biu-Tze- und Holzpuppen-Chi-Sao) gab es noch nicht, als ich zu lernen begann. Diese Programme entwickelte Si-Fu erst später, vor allem beim Unterricht mit mir.
Über die ersten sieben Sektionen Chi-Sao hinaus gab es also noch keine fest formulierten höheren Programme so wie heute, so dass ich selbst in den Genuss kam, bei den Geburtsstunden der höheren Programme dabei gewesen zu sein bzw. durch Input, Reaktionen, Fragen und später Vorschlägen aktiv schöpferisch mitgewirkt zu haben.
Die Biu-Tze-Sao-Sektionen waren zunächst ziemlich rudimentär und entwickelten sich bei jedem Besuch von Si-Fu bei mir (er kam schon damals drei bis vier Mal im Jahr) mehr und gewannen aufgrund unseres Dialoges und Ge-

dankenaustausches immer mehr Form. Zunächst entstanden auf diese Weise vier, dann fünf Sektionen Biu-Tze-Chi-Sao.

Für eine spätere geschichtliche Studie über die Entstehung der einzelnen Sektionen und über die Gründe und die Struktur ihrer Einteilung verfüge ich über eine Dokumentation aller Inhalte, die jemals in den einzelnen Sektionen waren und über die Gedanken und Gründe, weshalb die einzelnen Sektionen genau diese Techniken enthalten.
Man muss sich das Ganze wie sog. Meister-Partien im Schach vorstellen. Zwei Schachspieler spielen eine Partie und schreiben sich diese auf, so dass ihre Nachkommen diese Partie zu Übungszwecken nachspielen können. Allerdings gab es für diese Partien jeweils Vorgaben. Diese Vorgaben bestanden aber anders als bei einem Schachspiel, das willkürlich abläuft, aus bestimmten festen „Stationen", die innerhalb der Sektionen angelaufen werden mussten, wobei die Reihenfolge von untergeordneter Bedeutung war. Das heißt, die Sektionen sind nicht etwa zufällig entstanden, sondern ihre Inhalte wurden durch die Formen und bestimmte Strukturen bestimmt. Auf den Tutorials geht Si-Fu auch auf die Gründe ein, weshalb welche Sektion so und nicht anders aufgebaut ist.

Holzpuppen-Chi-Sao

Nach der 3. Form gingen wir weiter zur Entwicklung der Holzpuppen-Chi-Sao-Sektionen, die es vor mir noch gar nicht gab. Da ich zu diesem Zeitpunkt weltweit vielleicht der einzige Schüler war, der sich Privatunterricht bei Si-Fu leistete, kam ich in den Genuss und hatte die Ehre, zum Entstehen der Holzpuppen-Chi-Sao-Programme durch meine Reaktionen und durch meine Fragen beigetragen zu haben. Vorher gab es nur einige separate, isolierte Holzpuppentechniken, die keinen inneren Zusammenhang hatten. In vielen hundert Stunden Privatunterricht entstanden in Hotelzimmern in Deutschland und später auch Italien durch Versuch und Irrtum die einzelnen Sektionen des Holzpuppen-Chi-Saos, die ich immer gewissenhaft mit Datum und Ort und Kommentaren in meine Trainingstagebücher eintrug. Oft schmückte sie Si-Fu mit erklärenden Zeichnungen.

Ständige Modifizierung und Anpassung der Programme

Als ich dann mit Si-Fu in ähnlicher Weise an den Waffen-Programmen arbeitete, zeigte Si-Fu die bei uns entstandenen Programme seinen chinesischen Schülern und später seinen Schülern in den USA und im damaligen Ostblock (z.B. Ungarn). Durch diesen Dialog erfuhren die Sektionen weitere Veränderungen und Anpassungen, die mit dem technischen NIveau, den Reaktionen und der Größe der neuen Chi-Sao-Partner zusammenhingen, und z.T. Verschiebungen bestimmter Elemente. Das heißt, gewisse Techniken, die bisher in der Sektion „X" waren, rutschten nun in die folgende Sektion. Andere Elemente wurden z.B. aus dem Dritte-Form-Chi-Sao herausgenommen und fanden sich im Holzpuppen-Chi-Sao wieder an.

Da sich die Sektionen auf diese Weise wie ein lebender Organismus mit jeder Unterrichtsstunde, die das lebende Oberhaupt des WingTsun irgendwo in der Welt unterrichtet, minimal verändern müssen, gab es bald überall in der WingTsun-Welt „andere" Sektionen. Während wir in Europa z.B. in fünf Biu-Tze-Sektionen eingeteilt haben, spricht man anderswo von nur vier, in einem osteuropäischen Land, wo Si-Fu aber auch regelmäßig unterrichtet, sogar von 17 (!) Sektionen. Jeder einzelne Privatschüler meint mit Recht, im Besitz der „richtigen" Sektionen zu sein, da er diese ja durch Si-Fu erlernt hat.
Kurz, was fehlt, ist ein Standard, der weltweit gilt, und eine Information an alle Länderchefs, sobald sich etwas geändert hat. Aber da diese Änderungen nicht deutlich, sondern schleichend und fast unbewusst „entstehen" und dann durch die Gewohnheit gefestigt werden und alte Bewegungen in Vergessenheit geraten, sind regelmäßige Benachrichtigungen nie erfolgt und können auch nicht erwartet werden.
Freuen wir uns darüber, dass unser Großmeister lebt und kreativ ist.
Wir sollten uns nicht einerseits darüber ärgern, dass sich bei

unseren Unterrichtsinhalten „ständig etwas ändert“ und andererseits glücklich darüber sein, dass das Oberhaupt unseres WingTsun noch lebt und kreativ ist! Seien wir froh darüber, dass es so ist. Das Grundprinzip des WT ist die taoistische Veränderung. Also können wir ebenso von unseren Schülern erwarten, dass sie diese nötige Flexibilität und Anpassungsfähigkeit auch im Kopf haben und täglich leben.
Es ist nichts falsch an älteren, früher gelehrten Versionen der verschiedenen Sektionen, denn sie stammen alle von Si-Fu. Mit den neuesten Versionen verhält es sich wie mit den neuesten Versionen von Computerprogrammen: Sie sind weiterentwickelt.

Die neuesten Versionen der Programme

Um sicherzustellen, dass weltweit derselbe Standard herrscht, und um ständig die neuesten Versionen der verschiedenen Programme zu kennen, sind Si-Fus Tutorials für uns eine große Hilfe; denn er lässt mich alle Programme per Video aufzeichnen, so dass bald einheitlicher Standard gewährleistet ist. Dieser Punkt ist insofern immer wichtiger, da die WT-Welt zusammenwächst.

Wir haben nunmehr alle sieben Sektionen Chi-Sao und alle Sektionen Biu-Tze-Chi-Sao im Detail mit Si-Fu in den verschiedensten Tutorials durchgearbeitet und können keine gravierenden Änderungen, wohl aber viele Verbesserungen, erkennen. Beispielsweise gibt es im Programm des Chi-Saos der 3. Form keine Bewegung, die wir nicht schon vor Jahren unterrichtet hätten – allerdings zum Teil an anderer Stelle. Wir werden uns mit dem Nationaltrainerteam und den Meistern darüber abstimmen, in welchem Zeitraum wir die Änderungen umsetzen, denn wir wollen dazu beitragen, dass überall auf der Welt nach demselben Programm unterrichtet wird und dieselben Bewegungen in derselben Sektion sind.

Keine Hast bei Anpassungen und Upgrading

Diese Anpassungen werden aber unverkrampft und ohne Hast

mit entsprechender Übergangszeit vorgenommen werden, so dass keine Irritationen aufkommen. Sich zu anpassen und sich aufgrund der Veränderung des anderen zu verändern ist das Grundprinzip des WT und das Gegenteil von Kopfstarrheit. Je schwerer uns dieses fällt, desto mehr haben wir dieses Umdenken für unser individuelles psychologisches Überleben dringend nötig. Im WT geht es nicht darum, derselbe zu bleiben und sich in vertrauten Schienen zu bewegen. Wer sich ändern will, muss *anders* denken, muss ein anderer werden und darf sich nicht dem Neuen und Anderen versperren. Wer sich bequem zurücklehnen und auf seinen Lorbeeren ausruhen will, beraubt sich selbst der Chance, sich *weiter*, d.h. in diesem Sinne *höher* zu entwickeln. Und dabei spreche ich dieses Mal nur oberflächlich von der Technik oder von körperlichen Dingen. Wir müssen das werden, was Si-Fu gerne als „containable" bezeichnet, also als „aufnahmefähig". Leeren wir also immer aufs Neue unsere Tasse. Schütten das aus, an das wir bis eben noch glaubten, stellen wir uns vor, nichts zu wissen, und geben wir ihm die Gelegenheit, uns frischen Tee in unsere leere Tasse zu gießen. Unvoreingenommen und ohne mit dem alten Tee zu vergleichen, können wir dann wieder das Erlebnis des kindlichen Staunens erfahren.

Die einzigartige Chance, ohne Filter zu lernen

Ursprünglich ist der traditionelle Unterricht im Kung-Fu so aufgebaut, dass der Lehrer nur seinen Schüler unterrichtet und der wiederum seine eigenen Schüler. Auf diese Weise geht das ursprüngliche Wissen durch sehr viele Filter. Bekanntlich können wir von Millionen Sinneseindrücken nur ca. 16 Bit bewusst aufnehmen.Wenn wir diese weitergeben, kommen immer weniger an. Stattdessen gibt jeder Multiplikator seine eigenen Ideen dazu, wodurch sich die ursprüngliche Botschaft, ohne dass einer der Beteiligten das will, verändert. Jeder versteht an einer Lehre nur das, was er versteht, d. h. was bei ihm auf fruchtbaren Boden fällt. Um bestimmte Dinge wahrzunehmen, muss bei dem Aufnehmenden eine günstige Disposition dafür vorhanden sein. Manche Dinge, die mir Si-Fu zeigt, kann ich aufgrund meiner völlig anderen Körperbeschaffenheit, meines andersartigen Temperaments usw. nicht mit Erfolg für mich übernehmen. Aber anderen könnte es nützen! Ich wiederum kann manche Inhalte so auf meine Größe und Kraft anpassen, dass andere auch etwas damit anfangen können. Wenn zehn meiner Meisterschüler bei Si-Fus Tutorials anwesend sind, dann entstehen in diesem Kreis oft fruchtbare Fragen, die Si-Fu noch nie gestellt worden sind und auf die auch ich nie gekommen wäre. So lernt jeder der Beteiligten, die Dinge aus der anderen Perspektive der Kollegen zu sehen. Ich betrachte gerade dieses als das Wertvollste an den Tutorials überhaupt. Diese Offenheit und Transparenz, Fragen zu allen Themen und Zusammenhängen frei zu stellen, wird unserem WT in kürzester Zeit eine Entwicklung bringen, die alle unsere Erwartungen übertreffen wird!

Euer Feedback sofort nach jedem Tutorial ist erwünscht

In diesem Zusammenhang möchte ich in Zukunft alle Tutorialteilnehmer bitten, mir nach jedem Tutorial an Ort und Stelle einen Zettel zu geben mit allen Punkten, die für ihn neu waren oder über die er weiteren Aufschluss und Erklärungen wünscht; denn nach jedem Tutorial habe ich ca. vier Tage Zeit, um mit meinem Si-Fu alles nachzubereiten.

Standardisierung der Programme und Fixierung für die kommenden Jahre

Die Tutorials sind **freiwillig.** Ihre Inhalte werden durch die Meisterschüler – nach der Vorgabe von Si-Fu – in den weiteren Unterricht einfließen, denn es ist uns klar, dass sich nicht jeder alle Tutorials von Si-Fu leisten kann oder will. Wir haben in den vergangenen 20 Jahren die Programme immer wieder upgegradet, ohne dies besonders zu betonen. So konnten aufgrund der Größe der EWTO nicht immer alle Informationen gleichzeitig in jedes Land und bis zum letzten Ausbilder getragen werden. Mit Hilfe der Tutorials, der Videomitschnitte, bevorstehender Publikationen, beabsichtigter Nationaltrainer-Konferenzen, spezieller Meister-Schulungen durch Si-Fu und mich usw. haben wir jetzt die einmalige Chance, alle Programme für viele Jahre zu fixieren, zu standardisieren, zu evaluieren und transparent zu machen. Damit können wir auch der Tendenz entgegentreten, dass manche Lehrer „eigene“ Programme kreieren bzw. in Ermangelung der Kenntnis „eigene“ Variationen unterrichten, die sie dann leider oft als „die einzig richtige“ propagieren. Ich begrüße Kreativität bei unseren Lehrern, aber sie sollte bestimmte Grenzen haben und nicht mit dem falschen Anspruch „Meine Version ist die einzig richtige!“ einhergehen.

Mit lieben Grüßen und Dank für Eure Anregungen

03.04.2003

Ein Tag

Was macht denn eigentlich so ein Kung-Fu-Großmeister den ganzen Tag?

Aus dem Schlaf erwacht

Ich wache um 9 Uhr sehr erfrischt auf. Sechs Stunden tiefen Schlafes reichen mir. Ich lasse die Hunde hinaus, die schon wie Propfen vor der Tür stehen und mich stürmisch begrüßen, um sich dann auf dem Teppich zu wälzen und zu strecken.

Geistige Nahrung

Nach kurzem Besuch des Badezimmers zurück ins Bett. Eines der Bücher gegriffen, die auf meinem Nachtisch liegen. Es ist in englischer Sprache. Zwar ist mein mündliches Englisch aus Mangel an Übung schon lange nicht mehr das, was es vielleicht einmal war, aber lesen kann ich Englisches so, als wäre es Deutsch.

Früher, vor vielen Jahren, begann ich meinen Tag hektisch. Der Wecker riss mich ins „Leben“. Das physische Leben riss mich weiter mit sich fort, ohne eine Chance des Abstandgewinnens, des Zu-mir-Findens, des Sich-an-mich-Erinnerns. Hypnotisiert und im Banne des Tagesgeschehens wurde ich von allem, was passierte, aufgesogen. Ich war kein „Mensch“ mehr, sondern so eine Art reagierende menschliche Maschine. Ich identifizierte mich mit jedem psychischen Zustand, in dem ich mich gerade befand.

Las ich die Morgenzeitung, um „informiert“ zu sein, wurde ich sofort negativ, denn in Zeitungen steht nur Negatives. Zeitungen, Magazine, Fernsehen verkaufen Negatives und Negativmachendes. Las ich meine SMS-Nachrichten auf leeren Magen, schmeckte mir das Essen nicht mehr. Ging ich vor dem Frühstück zum Faxgerät oder ins Internet, ließ ich meist mein eigenes morgendliches Training ausfallen, um sofort auf die Ereignisse und Anfragen zu reagieren. Aber Eile und eine negative Stimmung geben uns oft die falschen Ratschläge. Man muss aus der richtigen Grundstimmung her die Dinge betrachten, man muss positiv eingestimmt sein, dann stimmt auch das Handeln.

Das Erste, was ich deshalb morgens zu mir nehmen will, ist

nicht körperliche, sondern *geistige* Nahrung. Das Erste, was ich reinige, ist nicht mein Körper, sondern ich betreibe geistige, psychologische Hygiene: Ich nehme höhere, „innere" Gedanken in mich auf, von denen ich dann im Laufe des Tages weiterdenke. Zu diesem Zweck lese ich ca. eine halbe oder eine Stunde im Bett. Als Lektüre eignet sich das Neue Testament, die Bagavad Gita, der Koran, das Tao Te Ging, Vorträge oder Lehrgespräche von Konfuzius, Buddhisten, Sufis ... Die Ausrichtung ist dabei gar nicht das Wichtige. Entscheidend ist, dass es sich um „psychologische" Nahrung handelt, um Eindrücke, Impressionen, die uns von „oben" oder von „innen" erreichen und nichts mit dem physischen Leben und seinen sog. „Sachzwängen" zu tun haben. Diese höheren Eindrücke sollen mich isolieren von der hypnotischen, einnehmenden Macht der „weltlichen" Ereignisse da draußen, die mich herunterreißen und zum Roboter versklaven wollen. Diese „höheren" Einflüsse und Ideen sollen mich einstimmen, damit ich den ganzen Tag lang auf der Hut bleiben kann, mich an mich erinnere und nicht unbewusst andere verletze und ihnen Gewalt antue. Nur wenn ich eingestimmt bin, wenn ich stark bin, kann ich anderen helfen. Deshalb beginnt mein Tag mit dem scheinbaren Akt des Egoismus: nämlich des Sich-zuerst-um-sich-selbst-Kümmerns. Wie viele Schwache wollen anderen Schwachen helfen. Aber wie soll das gehen? Man muss bei sich selbst anfangen.

Deshalb ignoriere ich das Piepsen des Nokia Communicators, der schon die 47. SMS-Nachricht ankündigt, deshalb steht mein Telefon auf „lautlos", deshalb lese ich jetzt vom „Gesetz des Pendels", nach dem jede Gewalt, die ein Mensch einem anderen antut, zu ihm selbst zurückkehren muss. Man erntet, was man gesät hat, was sonst? Die Geschichte ist voll von solchen Beispielen. Wer vom Schwert lebt, muss durch das Schwert umkommen. Wenn nicht in diesem Leben, dann vielleicht in einem anderen ... Wir können das nicht ausschließen. „*Was du nicht willst, das man dir tu, das füg' auch keinem anderen zu"*, ist deshalb eine gute Methode, sich von diesem Gesetz zu befreien, dem der mechanische (= unbewusste) Mensch unterworfen ist. Was ich tue, wird auch mir angetan werden, wobei das Konto vielleicht nicht in einem einzigen Leben „gerecht" ausgeglichen werden muss.

Der Henker wird gehenkt werden, der Gehenkte wird henken. Aktiv wird passiv, passiv wird aktiv. Die Situation kehrt sich um. Zur Übung und Psychohygiene kann man das aber auch selbst bewusst **um**denken: sich hineinversetzen in die Rolle des anderen, auch die andere Seite sehen, auch den Gesichtspunkt des anderen berücksichtigen. Damit beziehen wir dann beide Ansichten, ohne eine auszuschließen, mit ein und bringen beide Gegensätze zur Mitte, wo sie aufhören, welche zu sein. Eine gute Übung ...

Nach dem Lesen denke ich von diesen Gedanken weiter, indem ich davon inspiriert, selbst ein paar Notizen mache, am Rand des Buches (aus Respekt vor dem Autor mit Bleistift) oder in eine Kladde oder ein Tagebuch.

Normale Nahrung

Nun stehe ich geistig gestärkt auf und „frühstücke" mit Äpfeln, Orangen, Mangos, Birnen, Papayas, Bananen und vielen bunten „Wunderpillen" (Vitamine, Mineralien, usw.), die ich mit Weizenkeimöl, Tee und frisch gepresstem Orangensaft herunterspüle.

Eigenes Training

Anschließend gehe ich ohne Hast vor meinen Spiegel, greife die WT-Doppelmesser und übe die ganze, lange Messerform im dankbaren Bewusstsein, dass mein Si-Fu mir sie in dieser Genauigkeit beigebracht hat. Seit 23 Jahren praktiziere ich die komplizierte Messerform Yip Mans, und seit ca. 18 Jahren jedes Jahr (mit allen Anwendungen) mehrfach mit meinem Si-Fu. So verstehe ich sie jedes Jahr, nach jedem Unterricht besser. Die Bewegungen der Form werden immer mehr Teil von mir, verändern meinen Körper und meine Art, mich zu bewegen. Sie fließen ein in meine waffenlosen Bewegungen und modifizieren sie entsprechend, indem sie ihnen eine andere Qualität geben, die man wahrnimmt, aber nicht beschreiben kann. (Das gleiche gilt in besonderem Maße natürlich auch für die Langstockform, die ich für mindestens genau so wertvoll halte. Während Si-Fu Leung Ting nur mir und drei chinesischen Schülern (diesen nur ein Mal, ohne sie mit ihnen jemals zu wiederholen!) die Messerform gezeigt hat, hat er Ende 2002 begonnen, die Langstockform in den USA ab 4. TG zu unterrichten, was auch für mich das Startzeichen war, es in Europa ebenso zu handhaben, und allem Anschein nach werden ab spätestens 2005 auch 3. Technikergrade in diesen Genuss kommen.) Nachdem ich mit den offiziellen, leichten Messern trainiert habe, die Si-Fu, wie er mir erklärte, nach dem Entwurf des verstorbenen Großmeisters Yip Man entwickelt hat, nehme ich besonders große und schwere „Breitschwerter" und wiederhole die Bewegungen, danach übe ich sie noch einmal mit einem antiken Bajonett, wobei ich die Metallscheide wie ein zweites Messer verwende. Aufgrund der verschiedenen Größen und Gewichte und Formen erhalte ich immer mehr Einsichten in die Funktion der Bewegungen.

Danach gehe ich zu meiner Klimmzugstange und mache mit Genugtuung und parallelem Griff (gut für Si-Fus „Affenhand-Djat-Sao"!) 14 Klimmzüge mit zwei an mich angehängten Hantelscheiben von je 5 kg – so viel für Rücken und Bizeps. Letzteren brauche ich nicht fürs WT, sondern für mein Wohlbefinden. Aufgrund meiner Beinhaltung trainiere ich gleichzeitig meine Bauchmuskeln.

Auch beim Barrenpumpen reicht mir ein einziger Durchgang (Satz) mit 30 Wiederholungen und dieses Mal 15 kg zusätzlicher Gewichtsbelastung. Eine Übung, die meine Trizepse (die wir im WT brauchen, allerdings nicht so oft in dieser Richtung) und meine Brustmuskulatur wohltuend mit Blut füllt. Wenn ich mehr für mich trainieren würde, bekäme ich ein schlechtes Gewissen, denn inzwischen ist es etwa 12 Uhr und die Pflicht der EWTO gegenüber ruft mich. Ich muss mich dem Tagesgeschehen widmen, aber erst duschen und zwar sehr ausgiebig.

Nach dem Duschen einen wohlgefällig-kritischen Blick in den

Spiegel mit leicht zusammengekniffenen Augen: „Geht schon, man ist ja nicht mehr der Jüngste."

Büroarbeiten

Nun Mut gefasst und als erstes die SMS lesen. Diesmal fast nur Positives:
Eine Werbeidee, die mir als auf den ersten Blick toll erscheint, aber bei den Experten kontrovers diskutiert wird und schließlich als nicht passend durchs Raster fällt. In Bulgarien kann WT in den Behörden Fuß fassen. In England wird eine alte Kirche gekauft und (was das Interieur betrifft) in die vielleicht schönste WT-Schule der Welt verwandelt. Australien braucht englische und chinesische TG-Urkunden. Südafrika bildet Personenschützer im WT aus. Unglaubliche Technik: SMS aus Afrika und Australien! Ein Ausbilder soll unter Ausnutzung seiner Autorität als Sifu seinen leichtgläubigen Schüler ausgenutzt haben. Ich will beide Seiten hören! Ein Schulleiter eines anderen wing chun-Verbandes will mit seiner Schule gleichzeitig Mitglied der EWTO sein? Sorry, geht nicht. Ein Si-Fu beantragt für seinen sterbenskranken Schüler die Verleihung zum 1. TG ehrenhalber? Sehr gerne! Ich schreibe die Urkunde aus und hoffe, dass sie ihn noch rechtzeitig erreicht. Welches Thema ich Ostern auf dem TR4-Seminar unterrichten will? „Geschichte des WT" sei gefragt, weil es lange nicht mehr „dran" war. OK und als zweites Thema „Strategien in der Selbstverteidigung".
Jetzt ist noch mehr Mut gefragt: Hinein ins Internet und E-Mails lesen und beantworten. Ein Schulleiter informiert mich: Ein über 20 Jahre alter (!) Schmähbrief gegen die EWTO sei von einem Unbekannten ins Netz gestellt worden und ein Ex-EWTO-Schüler und Mitbewerber habe sich als Weiser aufgespielt und salbungsvolle Worte geheuchelt, bevor man ihn selbst als den Urheber des Ganzen entlarvte. Ich vernehme es, aber wundere mich nicht, ärgere mich nicht und nehme es auch nicht übel. Wir Menschen sind so. Wer von uns kann sagen, ob er in einem schwachen Augenblick nicht auch dazu fähig wäre? Wer sich selbst beobachtet wie eine Fotokamera, weiß um die

wahre und traurige Beschaffenheit unserer Natur. *„Dennoch darf kein Zug von besonderer Niedertracht oder Dummheit, der uns im Leben aufstößt, uns je ein Stoff zum Verdruss und Ärger, sondern bloß zur Erkenntnis werden, indem wir in ihm einen neuen Beitrag zur Charakteristik des Menschengeschlechts sehn und demnach ihn uns merken. Alsdann werden wir ihn ungefähr so betrachten wie der Mineralog ein ihm aufgestoßenes sehr charakteristisches Spezimen eines Minerals."*
In seinen *„Aphorismen zur Lebensweisheit"* fährt Schopenhauer fort: *„Ausnahmen gibt es, ja unbegreiflich große, und die Unterschiede der Individualitäten sind enorm: aber im ganzen genommen, liegt, wie längst gesagt ist, die Welt im argen: die Wilden fressen einander und die Zahmen betrügen einander, und das nennt man den Lauf der Welt. ...Sehn wir nicht in der ganzen Geschichte jeden König, sobald er fest steht und sein Land einiger Prosperität genießt, diese benutzen, um mit seinem Heer wie mit einer Räuberschar über die Nachbarstaaten herfallen? Sind nicht fast alle Kriege im Grunde Raubzüge? ... ‚Dans toutes les guerres il ne s'agit que de voler' (In allen Kriegen geht es nur darum, zu stehlen), sagt Voltaire, und die Deutschen sollen es sich gesagt sein lassen ..."*
Um 15 Uhr sitze ich immer noch vor dem Laptop, lese und beantworte Mails, SMS und Faxe. Zwischendurch serviert mir die beste aller Gattinen heißen und bitteren Espresso, damit ich motiviert bleibe.

Ortsveränderung

Danach mit meinem Autoliebling (Jaguar E-Type, Serie 1) ins Fotoatelier: Fehlende Bilder zu meinem neuen Buch *„Der Letzte wird der Erste sein"* nachmachen, auf dem Rückweg einen Buchhändler fragen, wann er eine „Dichterlesung" mit Karl Koch *„Karl v. der Küste"* veranstalten könnte.
Danach mit 53 TG-Arbeiten ins Stadt-Café, wo ich geniale und nicht so interessante Arbeiten lese, mit Anmerkungen versehe und mich immer wieder darüber wundere, weshalb manche Leute die einzelnen Seiten ihrer TG-Arbeit in Plastikumschläge hüllen, so dass ich sie erst müh-

sam einzeln entkleiden muss, bevor ich meine Bemerkungen an den Rand schreiben kann. Tatsächlich befanden sich noch verirrte Arbeiten vom November 2002 darunter, denen ich nicht das wirkliche Datum vom März '03, sondern vom Dezember '02 oder Januar '03 gebe, damit sich ihre Vorbereitungszeit bis zum nächsten TG nicht meinetwegen verlängert.
Zum Arbeitsessen ins Restaurant mit einer Redakteurin der *„Kieler Nachrichten"*. Ja, sie sieht eine Möglichkeit, Karl Kochs Buch in der Lokalredaktion unterzubringen, denn schließlich war Karl eine „Kieler Größe". Zusätzlich biete ich mich an, Anzeigen zu schalten.

Zurück ins Heim

Zu Hause erwartet mich meine italienische Sekretärin, der ich zweimal die Woche je zwei Stunden lang eine Stehgreifübersetzung von Si-Fus Buch *„Cham Kiu-Form"* in den Laptop diktiere, eine langwierige und schwere Arbeit, da der englische Text stellenweise ziemlich unverständlich ist und manche Rückfrage in Hongkong erfordert.

Als sie um 23.30 Uhr geht, lege ich Si-Fu Leung Tings Tape mit seinem Seminar „Standardversion der 1. Sektion Chi-Sao" ein und vergleiche den Ablauf auch praktisch mit den angefertigten Protokollen, wofür Si-Mo im wahrsten Sinne des Wortes ihre Arme herhalten, also nach vorne ausstrecken, muss. Zwischendurch kommen zu korrigierende Seiten für unsere englische Ausgabe von *„WingTsun Welt online"* herein und die neuen 16 Seiten des Intern. Kampfkunstmagazins.

Ins Bett

Um 03.10 Uhr bin ich schließlich im Bett, wo ich noch eine halbe Stunde Erbauliches und möglichst trocken Geschriebenes studiere, um schnell müde zu werden.

Nachdem ich gelesen habe: *„Alle Religionen zielen auf das Gleiche ab, auf die Transformation der menschlichen Existenz durch ihre Zentrierung auf Gott. Ihre unterschiedliche Sicht der letzten Wirklichkeit bedeutet nicht, dass eine im Recht und alle anderen im Unrecht sind. Im Gegenteil,* *alle Religionen haben gleichermaßen Anteil an der göttlichen Wahrheit, sie führen auf unterschiedlichen Wegen zum gleichen Berggipfel. Deshalb dürfen sie ihre Heilswege nicht verabsolutieren, sondern müssen zugeben, dass es viele Religionen und Propheten gibt*", fallen mir die Augen zu. Ich lege mein Buch zur Seite, lösche das Licht und bin sofort eingeschlafen.

30.04.2003

Der Gewinner

Noch im Halbschlaf fühlte R. Kopfschmerz und erinnerte sich an eine lange Nacht. Als er aus dem Fenster schaute, regnete es. Auf den Hotellift hinunter zur Rezeption musste er endlos warten. Die Dame in der Rezeption, die in Personalunion auch für den Frühstücksservice zuständig war, blickte kaum auf, sondern führte ein Dauertelefongespräch mit jemand, der eine Zimmerreservierung machen wollte ...

Nach zwei Minuten Warten wollte er in den Frühstücksraum gehen, aber sie zeigte mit gestreckter Hand in die andere Richtung des Vorraumes. Dort erschien jetzt eine Angestellte des Hotels, die seinen Mantel verlangte, wohl um ihn in einen Garderobenschrank zu hängen. Auf dem Weg zu seinem Tisch ging er am Frühstücksbuffet vorbei, dessen Auswahl an Früchten und Fruchtsäften nicht im Verhältnis stand zu den Zimmerpreisen. Er bestellte einen frischgepressten Orangensaft und ärgerte sich zum 47. Mal in diesem Jahr über den konservierten Orangensaft, der ihm wie eine Kostbarkeit kredenzt wurde. Wütend trank er ein großes Glas Cola. Als er das Hotel verließ, blickte die Rezeptionistin kaum auf, sondern tauschte sich mit einer Kollegin darüber aus, wie sehr ihr dieser Job stank. Er stieg in sein Auto. Die Scheiben waren verschmutzt. Er fluchte und teilte per Handy seinem Büro mit, dass er Verspätung habe. Sein Mitarbeiter wollte ihm etwas erklären und begann mit dem Satz: *„Passen Sie auf ...“*, bei dem er eine Zornesfalte bekam, aber er sagte nichts. Stattdessen schaltete er das Radio ein: Techno. Ein Taxifahrer überholte ihn und zeigte ihm im Vorbeifahren einen Vogel. Er gab Gas und verfolgte ihn durch die halbe Stadt, bis das Taxi in eine Tiefgarage einbog. Er fuhr hinterher immer dicht an dessen Stoßstange. Der Taxifahrer hatte ihn längst bemerkt und gab ihm durch höhnische, verächtliche Zeichen seine Missachtung kund. Aus R.s Gesicht war die Farbe gewichen. Es war etwa so weiß wie die Knöchel seiner Hände, mit denen er das Lenkrad griff. Als das Taxi in einen Parkplatz fuhr, stellte er seinen Wagen quer dahinter. Wild gestikulierend und mit geballten

Fäusten und Schaum vor dem Mund kam der Taxifahrer heraus. Noch fünf Sekunden bis zur Katastrophe, denn bei R. handelte es sich um einen professionellen Kamfkunstlehrer des WingTsun-Kung-Fu, das zu den gefährlichsten und effektivsten Nahkampfstilen überhaupt gehört. Der erregte, von Adrenalin aufgeblasene Taxifahrer wusste nicht, auf was er sich eingelassen hatte.

R. wurde im letzten Augenblick klar, auf welche Katastrophe er da zusteuerte: Ein Wort würde das andere geben, einer würde den anderen packen, dann Ellenbogen, Knie, Handkanten … Blut, Knochenbrüche, innere Organe, Hinterkopf auf den Betonboden … Krankenwagen, Polizei, Gerichtsverhandlung, Schadensersatz, Invaliditätsrente, Berufsverbot. Er erinnerte sich an die Ratschläge seines Meisters: Tief durchatmen, Lippen lecken, Abstand gewinnen, sich selbst wie ein Zeuge betrachten, sich über sich selbst belustigen: *Was mache ich Idiot eigentlich hier? Lohnt sich das Ganze?* Soll ich meinem Sohn später sagen, Papa saß fünf Jahre im Knast, weil er einen Taxifahrer erschlug, der ihm einen Vogel zeigte? Was sagte Si-Fu: „*Wenn du jemanden schlägst, weil er sagt, dass du ein Idiot bist, dann hat er Recht!*“ R. legte den ersten Gang wieder ein, warf dem Taxifahrer eine Kusshand zu und fuhr fröhlich pfeifend aus der Tiefgarage.
Er war ein Gewinner; denn er war im entscheidenden Moment aufgewacht und hatte von seinem Vetorecht Gebrauch gemacht.

Der Gewinner, 2. Teil

Manchem Leser mag der Gewinner meines letzten Editorials nicht wie einer erschienen sein. Dem Harten wird es nicht gefallen, dass er ohne zuzuschlagen abgefahren ist. Hat er vielleicht gar gekniffen? Der Weise wird gar nicht nachempfinden können, dass R. dem Taxifahrer überhaupt hinterhergefahren ist …

Aber ich weiß, dass viele Katastrophen, die mit Mord und Totschlag enden, sich so aufbauen: Durch viele nacheinander ablaufende Störungen und Beeinträchtigungen, falsche Ernährung und aggressiv machende Musik ist der Betreffende so **vor**gereizt, dass er sich immer mehr in seine Wut hineinsteigert. Dass R. die Kurve dennoch bekommen hat, ist höchster Anerkennung wert. Er hat sich selbst deeskaliert, indem er Abstand von sich gewann und sich wie ein über den Dingen stehender Beobachter zusah. Das war so, als ob jemand die Vorhänge plötzlich aufzieht und das Licht der Sonne den Schlafenden weckt und die Albträume schlagartig beendet. R. war tatsächlich ein Gewinner, ebenso wie der Taxifahrer, dem er vielleicht Leben und Gesundheit gerettet hat.

Wir haben wenig Einfluss darauf, was für Emotionen uns überkommen. Aber wir müssen so hellhörig sein, dass wir erkennen, wenn wir gereizt sind. Das gehört zur Selbsterkenntnis. Nur wer die Vorgereiztheit erkennt, kann sich selbst beherrschen und sich selbst deeskalieren, das heißt von der Wut wieder herunterbringen. Insofern hätte R. bei mehr Achtsamkeit seine emotionale Situation früher erkennen können und wäre gar nicht erst wutschäumend hinter dem armen Taxifahrer hinterhergefahren, der wahrscheinlich einen ähnlich stressigen Tagesanfang hatte oder ein völlig frustrierendes Leben führt. Raum zum Dazulernen gibt es also immer. Arbeiten wir an uns, sonst erteilt uns das Leben Nachhilfeunterricht!

Und wo wir gerade von Unterricht sprechen, wenn das Leben unser Lehrer sein soll und wenn wir immer wiedergeboren werden, bis wir genug gelernt haben (diese Idee der Wiedergeburten soll übrigens einmal Teil des frühen esoterischen Christentums gewesen sein), dann dürfen wir dem anderen, egal, was er uns antut, nicht böse sein, denn er hat nicht wirklich schuld. Er ist Teil eines größeren Planes, dessen Gesetze er nicht kennt. Er ist nur Überbringer einer Botschaft an uns, die uns auf unsere „Fehler“ aufmerksam machen soll. Ob es sich wirklich so verhält, lassen wir hier besser außer Acht. Es reicht, wenn wir uns so sehr mit dem Gedanken anfreunden, dass es uns von unserer Wut auf den Typ herunterbringt. Damit helfen wir nicht nur ihm, sondern vor allem uns **selbst**.

Wie oft lesen wir verständnislos von sog. Amokläufern, die ihre ganze Familie mit der Axt auslöschen, weil ihrer Frau das Wort „Schlappschwanz“ herausgerutscht ist oder weil das Baby nicht aufhört zu schreien. Wenn wir modernen Hirnforschern glauben, die behaupten, dass der „Automat Mensch“ Entscheidungen gar nicht bewusst trifft, sondern gerade einmal ein Vetorecht ausüben kann und auch dafür nur 0,2 Sekunden Zeit hat, wird uns schon verständlicher, weshalb bestimmte impulsive oder auch „primitive“ Menschen ihrem Mandelkern folgend die Chance der 0,2 Sekunden gar nicht ausnutzen können. Damit will ich solche Menschen jetzt keinesfalls entschuldigen, aber den geneigten Leser auf die Gefahren aufmerksam machen, die auf den Unbewussten, im Halbschlaf durchs Leben Irrenden lauern. Auch die Ernährung, die Musik, die Lebensumstände spielen eine wichtige Rolle.

Lauschen wir in uns hinein. Finden wir heraus, was gut für uns und unsere seelische Balance ist. Da jede Konfliktsituation anders ist – das Gegenüber ist anders, das Milieu ist anders, die Sprache ist anders usw. – kann ich unmöglich für jede Situation ein maßgeschneidertes Rezept erstellen, wie Ihr Euch im Vorkampf verhalten sollt. Was hier gebraucht wird, das ist eine Art Universalstrategie wie die vier Kampfprinzipien des WT oder wie die Goldene Regel des Konfuzius. Etwas, was immer unter allen Bedingungen greift.

Tatsächlich bin ich glücklich, Euch dieses nach langer Überlegung und vielem Experimentieren und Forschen anbieten zu können: eine Kampf- oder besser Kampfvermeidungsstrategie, die, wie sollte es anders sein, den vier technischen WT-Prinzipien entspricht.

01.07.2003

Ich werde interviewt

Wie wollen Sie angesprochen werden? „Großmeister", „Dai-Sifu", „Professor", „Dr. Kernspecht"?

Wenn Sie mein Schüler wären, dann wäre die Anrede *„Si-Fu"* in Verbindung mit dem vertraulichen *„Du"* angebracht und Sie würden damit ausdrücken, dass Sie von mir lernen wollen und mich als Ihren Lehrer anerkennen.
Wenn Sie nicht mein WT-Schüler sind oder nur ein Lehrgangsteilnehmer, der WT einmal ausprobieren will, dann reicht *„Herr Kernspecht"* völlig aus. Ob Sie mir noch einen Titel dazugeben oder nicht, ändert nichts an mir, denn ich bleibe derselbe Mensch mit denselben Schwächen und Stärken.

Heißt das, dass Titel keine Bedeutung haben?

Titel haben ihre Bedeutung und Funktion, sonst gäbe es sie nicht. Sie können eine Qualifikation oder Anerkennung von Leistungen ausdrücken oder Statussymbole darstellen.
Der sterbliche Mensch braucht sie zur „horizontalen" Erweiterung seines Ichs, um sich am trügerischen Gefühl zu berauschen, dass er wichtig und etwas Besonderes sei. Dabei bin ich nicht wichtiger oder etwas Besseres als irgendeiner meiner Schüler und sollte mehr auf meine „vertikale" (spirituelle) Entwicklung bedacht sein.
Wenn ich dem Schüler eine Graduierungsurkunde gebe, verbeuge ich mich entgegen der traditionellen Regel auch vor dem Schüler, indem ich dem potentiellen zukünftigen Meister in ihm Ehre erweise.

Können Sie uns das näher erklären?

Gerne. Ich habe die „Rolle" des WingTsun-Lehrers übernommen und die des Leiters des größten professionellen Selbstverteidigungs-Verbandes der Welt. Diese Rolle fülle ich aus und „spiele" sie mit dem nötigen Ernst, mit Verantwortungs- und Pflichtgefühl. Ich will diesen von mir aus dem Nichts gegründeten Verband beschützen und erhalten, weil dies die Rolle meines gegenwärtigen Lebens ist.

Meine Schüler und mein Team von Lehrern, Meistern und Nationaltrainern haben sich entschlossen, ihre Rolle mit ähnlichem inneren Engagement zu spielen, weil sie wie ich wissen, dass sie eine Lehre verbreiten helfen, die ihnen und den zu ihnen kommenden Menschen eine große Hilfe – und nicht nur bei rein körperlichen, sondern auch bei psychischen – Problemen sein kann. Ich habe vor meinen Schülern, auch vor Anfängern, nicht weniger Respekt als sie vor mir. Einzig auf dem Gebiet des WT sehe ich mich ihnen gegenüber als der Weisungsgebende an.

Im Jahr 2000 haben Sie von Ihrem Si-Fu, Großmeister Leung Ting, den 10. Grad im WingTsun (WT) erhalten. Viele hatten erwartet, dass Sie spätestens nach der Verleihung dieser höchsten WingTsun-Graduierung Ihrem Si-Fu den Rücken kehren und sich selbstständig machen.

Ich weiß, dass viele an meiner Stelle so gehandelt hätten, und die meisten hätten wohl nicht bis zum 10. Meistergrad damit gewartet. Aber diese Leute haben mich nie verstanden. Ich vertrete nicht mich und ich bin (schon lange) nicht (mehr) auf einem Ego-Trip. WingTsun, diese geniale Lehre, ist nicht mein Eigentum. Ich habe sie bisher nur gefördert, gepflegt, verwaltet und (gut) von den Früchten gelebt. Diese Lehre ist das Geburtsrecht aller Menschen, die sich darum bemühen, (mehr) Bewusstsein oder Bewusstheit zu erlangen. Ich habe nicht das Recht, diese Menschen von der lebenden Quelle dieser Lehre abzuschneiden, die für mich mein eigener Si-Fu ist. Deshalb gebe ich auch jedem meiner fortgeschrittenen Mitglieder ab ca. 9. SG die Möglichkeit, die ich selbst hatte: nämlich wie ein Privatschüler von meinem Meister auf dessen privaten Tutorials zu lernen.

Manche verstanden Ihre eigene Schöpfung – Ihren Stil „BlitzDefence“ – als den Beweis, dass Sie sich unter eigenem Namen profilieren und vom klassischen WingTsun trennen wollten.

*Blitz*Defence soll kein Stil sein. Vielleicht hätte ich dem Kind keinen Namen geben sollen und eigentlich ist es ursprünglich auch nur der Name des diesbezüglichen Buches. *Blitz*-Defence ist stark vereinfachtes WingTsun. Es ist nur ein Name für ein kleines, spezialisiertes Anwendungsgebiet des großen WingTsun: Selbstverteidigung im ritualisierten (Pseudo-)Kampf. Das englische Wort *„defence“* deutet darauf hin, dass es juristisch und moralisch um Verteidigung geht, und zwar um **Verteidigung gegen** den sog. *Blitz*, die durch den berüchtigten historischen *„Blitzkrieg“* bekannte Strategie, **blitz**schnell über das ahnungslose Opfer herzufallen, bevor dieses weiß, dass es sich schon im Krieg befindet.

Um in diesem (degenerierten) Ritualkampf gegen die schmutzigen Tricks der Schläger bestehen zu können, konzipierte ich mit Hilfe von Erkenntnissen von Türstehern wie Geoff Thompson, Profis wie Karl Koch, aber auch von Trainern von Spezialeinheiten, von Juristen, Gehirn- und Bewusstseinsforschern, Körpersprachlern, Psychologen, Angstforschern, eigenen Forschungen und alten Quellen, die ich noch nicht offenlegen möchte, eine einfache Methode, die auf Rollenspiel basiert und die reine Technik aus unserem WT ableitet (hauptsächlich aus der Holzpuppenform).

Was ist im sog. Blitz*Defence *denn so anders als im traditionellen WingTsun? Ich meine jetzt nur technisch gesehen?

Zum Beispiel die Entfernung zum Gegner. Im klassischen WT-Unterricht gehen wir von der genialen „Magnetzonen-Theorie“ Sifu Leung Tings aus. Wir betrachten uns selbst als Magnet und als Mittelpunkt eines imaginären Kreises. Überschreitet jemand (in feindseliger Absicht!) den Sicherheitabstand, der durch den Kreis dargestellt wird, geht der klassische WT-Kämpfer ihm entgegen, nimmt ihm den Raum zur Entwicklung und bringt ihn mit Salven von Kettenfauststößen in Verbindung mit dem Verfolgungsschritt (*chasing* and *penetrating* steps) zur Strecke.

Das ist juristisch wohl kaum haltbar, jemand k.o. zu schla-

gen, nur weil der zu dicht herankommt, oder?

Eben. Notwehrrechtliche Gründe machten es nötig, die Technik anzupassen, wenn man den Schüler wirklich für die Gefahr der speziellen Ritualkampfsitation fit machen will. Der „Kampf" beginnt hier nämlich nicht mit großem Abstand zum Gegner, sondern plötzlich in der kurzen Gesprächsdistanz. Daraus folgt, dass der sonst übliche aus der Siu-Nim-Tau bekannte IRAS nicht der Vorkampfstand im Ritualkampf sein kann.

Das verstehe ich, sonst könnte mir der Schläger ja sofort in die Genitalien treten oder sein Knie hochreißen. Gibt es sonst noch Unterschiede?

Ja, in der Nahdistanz (Gesprächsdistanz) hat man ein Bein zum Schutz vorne und kann mit *Yap-* bzw. *Bong-Gerk* Knie- und Fußtritte abwehren, ohne die Arme herunternehmen zu müssen; während man in der Duellsituation, von der das traditionelle WT ausgeht, Tritte lieber nicht mit den Beinen abwehrt, um mobil zu bleiben und Richtungsänderungen ausführen zu können. Außerdem musste die übliche aggressive WT-Kampfhaltung mit *Man-Sao/Wu-Sao* leicht modifiziert und durch Gestik getarnt werden, damit wir nicht von Augenzeugen fälschlich für den Angreifer gehalten werden.

Ich verstehe: Sie wollen nicht nur auf der Straße, sondern auch vor Gericht gegen den Angreifer gewinnen.

Und die bewährten Kettenfauststoßsalven bringen uns zu leicht den Vorwurf der Notwehrüberschreitung und fehlender Verhältnismäßigkeit. Dabei kann WT, so wie ich es verstehe, weil es die Kraft des Angriffes nutzt, die verhältnismäßigste Selbstverteidigung überhaupt sein, eine liebevolle und respektvolle Selbstverteidigung vor dem Leben des Angreifers.

Was hält Großmeister Leung Ting von Blitz**Defence?**

Grundsätzlich hat er mich dazu inspiriert, denn er ist meine unerschöpfliche Quelle. Aber er ist – wie ich – mit Recht besorgt, dass diese spezifische moderne Anwendung sich mit dem klassischen WingTsun vermischt und es verändert. So reagiert er oft ungehalten darauf, wenn (besonders Anfänger nichtsahnend) in seinem klassischen WT-Seminar die „durch Gestik getarnte" und im Rollenspiel geübte *Blitz*Defence-Modifikation von Man- und Wu-Sao einnehmen. Diese Vermischung und damit Verwässerung ist auch nicht in meinem Interesse. Deshalb müssen die Ausbilder aufklärerisch mitwirken und darauf achten, dass eine kleine (aber u.a. aus juristischen Gründen nötige) Anwendung nicht ein ganzes System optisch (!) verändert; denn selbstverständlich möchte ich, dass sich mein Si-Fu immer zu Hause fühlt, wenn er sein Seminar durchführt.

Ich weiß selbst, was für ein seltsames Gefühl ich habe, wenn ich auf einem Seminar bei Schülern Techniken sehe oder mit Theorien konfrontiert werde, die ich vorher nie gesehen habe und die das mehr oder weniger gelungene Produkt der Phantasie oder Kreativität des lokalen WT-Lehrers oder -Meisters sind. Wenn mir dazu von Lehrgangsteilnehmern Fragen gestellt werden, bin ich oft nicht in der Lage, darauf zu antworten, ohne dass die Gefahr besteht, dass ich undiplomatisch Kritik an der Neuschöpfung meines Vertreters übe.
Das gleiche Problem stellt sich Sifu Leung Ting, wenn er auf seinen Seminaren zu Thesen befragt wird, die meine Weiterentwicklungen von *seinen* Theorien darstellen, die er mir in den vergangenen 28 Jahren irgendwann einmal nahegebracht hatte, aber dann selbst nicht weiterverfolgte, sondern mir zum Weiterdenken überließ.

Es scheint, dass Sie sich bewusst keinen Verdienst am Erfolg des WingTsun in der Welt zuschreiben lassen wollen. Dabei stellt die EWTO doch den größten Teil aller Lehrer und Schüler in der IWTA Großmeister Leung Tings. Was hätte GGM Leung Ting – bei allem Respekt – ohne Ihre Arbeit als sein Statthalter und treuer Vasall erreicht?

Was wäre ein Lehrer ohne seinen Schüler? Aber darf ich zurückfragen: Was wäre ein Schüler ohne seinen Lehrer? Ich verdanke meinem Si-Fu mein WT-Wissen. Was hätte ich zeigen können, was unterrichten können, wenn er es mir nicht gezeigt und anvertraut hätte? Si-Fu ist der Schöpfer des WT. Ich bin sein Vertreter, sein Wegbereiter. Wenn ich meinen Job – trotz aller Fehler – gut und erfolgreich gemacht habe, dann freut mich das.

Ich bin mit meiner Rolle als Herold, als Verwalter und als Interpret mehr als zufrieden.
Und ich möchte als Beispiel dienen, als Beispiel dafür, dass auch ein Mann in meinem Alter sein Ego so sehr bekämpfen kann, dass er trotz eigener zum Teil stark divergierender Ansichten und anderer Lebenseinstellung einem anderen gehorsam sein kann, wenn er dessen Autorität auf einem bestimmten Gebiet anerkennt. Ich kann nur verlangen, was ich selbst zu geben bereit bin. Wie kann ich z.B. Dankbarkeit erwarten, wenn ich meinem eigenen Meister nicht dankbar bin und meine eigene Leistung für die bedeutendste halte. Wir Menschen leiden schon genug an Selbstüberschätzung, weil wir ein Bild von uns selbst erfinden und uns darin verlieren.

Seit einigen Jahren bemerken auch Ihre schärfsten Kritiker und Neider eine grundlegende Veränderung in Ihrem Denken und Verhalten. Sie legen viel Wert auf Bewusstsein und auf die Philosophie, die hinter dem WingTsun steht. Was hat dieses Umdenken verursacht?

Zunächst eine günstige Veranlagung, ohne die kein Same einen fruchtbaren Boden findet, und dann die richtige Situation, die einen aufnahmebereit macht, und dann entsprechende Einflüsse und Informationen, die mich im richtigen Augenblick erreichten, als ich dafür bereit war. WingTsun ist ein höheres, inneres Kung-Fu-System wie *Tai-Chi-Chuan*, *Pakua* oder *Hsing-I*, mit denen es sich viele Auffassungen teilt. Wenn wir einmal von der körperlichen Richtung, bei der es um reine Selbstverteidigung geht, absehen, erfüllt WT noch zwei weitere wichtigere Funktionen, die aber auf denselben Gesetzen oder Prinzipien beruhen wie das körperliche, äußere

WingTsun. WingTsun als praktische (Überlebens-)Strategie, um sich durchzusetzen und sich „horizontal zu erweitern". Diese Stufe ist aber nur ein Zwischenschritt wie die Larve für den Schmetterling, der sich aus der Larve ernährt, um zur wahren Schönheit und Bestimmung zu finden. Diese Selbstfindung ist das eigentliche Ziel der höheren Selbstverteidigungsschulen, die Befreiung von allem, was falsch ist, uns nötige Energien raubt und am Erkennen der Wahrheit hindert. Die körperliche Stufe ist nur das Oberflächliche, das von jedermann Erkennbare. So genial die WT-Kampftechnik ist, sie ist am Ende nur das Vehikel, das eine höhere und viel wichtigere Lehre transportiert.

Weshalb sind Kampfkünste wie Ken-Do, Karate-Do und Aiki-Do oft Mittel, um ein höheres Bewusstsein zu erreichen?

Dieser Frage versuche ich in einem umfangreichen Buch gerecht zu werden, an dem ich seit Jahren mit großem Gewinn für mich arbeite. Darf ich mich hier darauf beschränken zu sagen, dass die Gefahr und die damit verbundene Emotion „Angst" in Verbindung mit zwei weiteren Elementen schneller Voraussetzungen zu einer bestimmten Entwicklung schafft, die man als Bewusstwerdung bezeichnen kann.

Muss das jeder Leser oder WT-Lernende verstehen?

Nein, selbst als Vierzigjähriger hätte ich damit nichts anfangen können. Wenn ich damals bei Leuten wie *Musashi* oder *Uyeshiba* von solchen Erfahrungen las, hielt ich das für resignierendes Gelaber alter Männer, die nicht mehr die Kraft der Jugend besitzen und sich die neue Situation schönreden. Und jetzt muss ich gemeinsam mit meinem Freund Bill Newman erkennen, dass bei uns auch ein Umdenkprozess stattgefunden hat und wir nicht mehr dieselben bin.

Herr Kernspecht, wir danken für das aufschlussreiche Interview.

30.07.2003

Von der Unmöglichkeit, etwas herauszugeben, wenn der andere noch kein Gefäß dafür hat

Trotz meines ersten Editorials über sog. Geheimnisse treffe ich weiterhin auf Schüler, die mich fragen, weshalb es denn im WingTsun „überhaupt“ Geheimnisse geben müsse. Ginge es denn nicht ohne? Auf meine Konterfrage, was mein Gegenüber denn nun unter „Geheimnissen“ versteht, bekomme ich dann meist Antworten wie: „Na, z.B. diese kleine Handgelenks-Aktion beim *Gwat-Sao* oder dass ich in einer bestimmten Situation mit dem *Tan-Sao* mehr Schutz habe als mit dem *Wu-Sao*. Oder weshalb man den letzten *Cham-Kiu*-Tritt nur links macht. Oder dass *Bong-Sao* nicht wirklich „Schwingen-Arm“ bedeutet oder woraus sich die dritte Form entwickelt hat.“ Oft werden solche „Tricks“, auf die man mit den Jahren selbst kommt, oder persönliche Interpretationen durch Meister mit Geheimnissen verwechselt.

Aber tatsächlich sind das nur (zugegeben interessante und hilfreiche) Äußerlichkeiten und Oberflächlichkeiten wie die Haltung des Daumens beim *Fook-Sao*.

Großmeister Leung Ting zeichnete diesen Sommer den Tutorial-Teilnehmern in Italien und in Deutschland das Bild eines Wolfes auf die Tafel, der sich das Fell eines Schafes überzieht. „So ist WT“, erklärte er das wohl faszinierendste „Geheimnis“ unseres Systems, *„wir haben nur ein Konzept mit Prinzipien und Mottos, an das wir uns halten, das ist der Wolf. Darüber können wir das Fell jedes anderen Tieres ziehen.“* Dann ließ er sich von einem Techniker mit WT-Techniken angreifen und wehrte mit *Shaolin-, Tai- Chi-, Gottesanbeter- oder Thai Box*-Techniken ab und besiegte den WingTsun-Techniker. Obwohl die Techniken, die er einsetzte, typische Techniken der anderen Stile waren, hatte er seine WT-Angreifer mit WT besiegt, denn der Wolf, über den er das fremde Fell (Shaolin, Tai-Chi usw.) gezogen hatte, war das WT-Konzept. Mit dem Konzept hatte er gewonnen. Das äußere Erscheinungsbild war eher unwichtig. *„Nehmt Details und oberflächliche Kleinigkeiten nicht so wichtig, achtet nicht auf die Tasse, aus der ich trinke, sondern darauf, ob es mir schmeckt. Verliert das Ziel nicht aus den Augen. Manche können den Wald vor lauter Bäumen nicht mehr sehen, so viele Geheimnisse geheimnissen sie in das WT hinein. Dabei ist WT so einfach und sie machen es unnötig kompliziert."*

Genau das ist das Problem. Auf Lehrgängen wird GM Leung Ting immmer wieder nach Einzelheiten gefragt, ob er beim Vorwärtsschritt aus dem IRAS zuerst den Fuß eindreht, wo seine Armbeuge beim Faustst0ß hinzeigt, nach oben oder zur Seite. Und je mehr Fragen dieser oberflächlichen Art die Teilnehmer stellen, desto mehr widersprüchliche Antworten scheinen sie zu bekommen. Über viele dieser unnötigen Fragen hat Großmeister Leung Ting nie vorher nachgedacht, aber jetzt *muss* er dem Fragesteller eine Antwort geben, was er auch tut. Er gibt aber keine allgemein gültige Standardantwort, sondern eine pädagogische, psychologische oder gar philosophische Antwort, die oft *nur* für diesen Fragesteller und *nur* für dessen spezifische Situation gilt. Wenn ein anderer am nächsten Tag unter leicht veränderten Bedingungen die scheinbar gleiche Frage stellen würde, bekäme er eine vielleicht *entgegengesetzte* Antwort. Darin liegt nicht wirklich ein Widerspruch, denn die Antwort des Meisters gilt nur dem Fragenden zur Lösung seines eigenen Problems. Vielleicht braucht der Fragende eher Ermutigung als einen technischen Rat und erhält deshalb eine völlig untechnische Antwort. WT – das sind nicht wirklich die Bewegungen, wie uns die Parabel mit dem Fell des Schafes gezeigt hat. Die Techniken könnten sogar aus dem Karate oder Ju-Jitsu stammen (wenn sie denn ökonomisch genug wären).

WT ist das *Betriebssystem*, unser Körper die *Hardware* und die

Bewegungen sind die *Software*. *„Die einzige Geheimtechnik im WT“*, pflegt GGM Leung Ting zu sagen, *„ist die, die man nicht übt, denn sie wird uns immer ein Geheimnis bleiben.“* Wer unbeirrt übt und an sich arbeitet, wird jedesmal mehr verstehen. Was Du heute noch nicht verstehst, nicht einmal als Problem wahrnimmst, das kannst Du nächstes Jahr dunkel erkennen und bald sogar als Frage formulieren. Aber nur, wenn Du in der Zwischenzeit fleißig trainiert hast. Tatsächlich hast Du selbst die Voraussetzungen geschaffen, um neue Einflüsse aufzunehmen. Du hast nicht gewartet, bis Dir die gebratenen Tauben in den Mund fliegen. Nun kannst Du weiter „eingeweiht“ werden.

Du meinst, das Wissen „werde geheimgehalten“. Tatsächlich ist es aber so, dass Unvorbereitete es nicht verstehen können, denn sie haben ihren Boden noch nicht auf den Samen vorbereitet, sie haben nicht genug ge**ackert**.
Was viele „geheim halten“ nennen, ist in Wirklichkeit die Unmöglichkeit, etwas herauszugeben, wenn der andere noch kein Gefäß entwickelt hat, um es aufzunehmen. Dies mag GGM Leung Ting meinen, wenn er in seinem neuen Siu-Nim-Tau-Buch nicht nur im physischen, sondern auf philosophischen Sinne von „containable“ (aufnahmefähig) spricht.

Als ich vor 28 Jahren begann, von Großmeister Leung Ting zu lernen, machte er es mir nicht so leicht, wie es die Schüler in der heutigen, schnellen Zeit des *Instant-Dies* und *Instant-Das* haben. Er erklärte mir nichts. Ich musste mir alles selbst erschließen, ihn beobachten oder Techniken von ihm oder seinen Assistenten mit den Augen stehlen. Es gab keine Bücher oder Poster mit den Formen, und die Sektionen waren noch nicht alle entwickelt. Ich wusste nicht, wo die Reise hinging, denn der große Fahrplan wurde damals nicht erklärt. Sobald ich etwas nach großer Anstrengung verstanden hatte, sobald ich etwas mit Mühe abwehren konnte, wurde diese Übung fallen gelassen und durch etwas ganz Anderes ersetzt, vor dem ich wie vor einem riesigen neuen Berg stand. Oft kamen wir auf das

alte Thema erst Monate später zurück. All das zwang mich zum Selbst-**Nach**denken, zum **Weiter**denken von dem, was er mich gelehrt hatte. Er hatte einen Impuls gesetzt und ich marschierte los.
Oft verrannte ich mich, was ich erst merkte, wenn er bei meinen Schülern meine Fehler korrigierte. Dann wechselte ich schnell meinen Kurs. Schnelle Anpassungsfähigkeit an neue Situationen ist die wichtigste nötige Fähigkeit im WingTsun ...

Wenn mein Si-Fu die Fragen seiner Zuhörer mit weitschweifigen, oft groben und scheinbar weit hergeholten Gleichnissen oder gar Zoten beantwortet, dann gewiss nicht, um sie zu ärgern oder gar in die Irre zu führen. Vielmehr will er sie aufwecken, wie mit einem Stockschlag. Die Wahrheit hinter dem höchsten WingTsun, insbesondere die dritte Ebene, bei der es um Selbsterkenntnis geht, ist nicht auf ausgetretenen Wegen zugänglich. Nur eine symbolhafte und gleichnisartige Sprache kann eine Veränderung im Denken bewirken. Nicht ohne Grund werden im Neuen Testament Laien nur in Gleichnissen angesprochen, nur die eingeschworene esoterische Gemeinschaft der Jünger kann die pure Lehre ertragen und verstehen – aber letztlich nicht einmal sie.
Wie im Konfuzianismus nur eine Ecke zu zeigen und aufzuhören weiter zu unterrichten, wenn der Schüler nicht die anderen findet, nur das ist wahre Hilfe, denn deutliches Erklären, Vorkauen ist nur scheinbar ein Vorteil für den Schüler, denn es schläfert ihn ein.

Es dem Suchenden „leicht zu machen“ und ihm etwas schnell zu erklären, bevor der dafür bereit ist, ist eher kontraproduktiv. Zumindest langfristig gesehen. Das Gleiche gilt auch für Konzepte. Jemandem ein fertiges Gedankengebäude vorzusetzen, das der Verstand sofort assimilieren kann, bedeutet den anderen zu berauben; denn der Verstand sagt jetzt „kapiert“ und lehnt sich faul zurück, ohne dass er durch eigene Arbeit wächst und echtes Verständnis gewinnt. Indem der Meister durch widersprüchliche Antworten einen inneren Konflikt im Schüler erzeugt, der zwischen Bejahung und Verneinung

schwankt, stoppt er das „intellektuelle“ Denken und beteiligt das Gefühl, das immer vor dem Denken kommt.
Die Wahrheit ist den Menschen immer nur in „Flashes“ – in flüchtigen Eingebungen und Eindrücken – offenbart worden, denn er könnte sie sonst nicht verkraften. Das Licht wäre zu stark. Und selbst ein flüchtiges Aufblitzen der Wahrheit hat eine dynamische Kraft, die den Keim der Verwirrung in sich birgt. Wie oft blickt jemand einen kleinen Aspekt der Wahrheit und weil schon dieser winzige Teil so wunderbar ist, glaubt er, **alles** gesehen zu haben; denn dieses Winzige verleiht uns oft schon soviel Kraft und Überlegenheit, dass wir verführt sind, zu glauben, dass es schon die ganze Wahrheit ist. Und oft haben wir damit nicht ganz unrecht, denn auch im kleinsten Teil muss das Ganze irgendwie vorhanden sein. Dennoch können wir mit unserer menschlichen Intelligenz nicht von einem kleinen Teil aufs Ganze schließen. Ich schreibe das jetzt, weil ich weiß, was noch alles vor Euch liegt. Der Blinde, der ein Bein eines Elefanten tastet, könnte auf diese Weise auch zu der Vermutung kommen, dass dieses Tier wie eine Säule geformt ist. Wer aber seinen Rüssel anfasst, könnte ein Wesen wie eine Schlange vermuten. Wir mögen aus der Kenntnis der Beschaffenheit von ein und zwei und drei Dimensionen auf die Eigenschaften der vierten Dimension schließen, aber sie ist uns trotzdem ein Mysterium und nicht einmal vorstellbar. Auf das Ganze kann man am Ende nur vom Ganzen her kommen.

Wer durch einen Glücksumstand oder weil General Kwan ihn verderben will, einen einzigen tiefen, aber kurzen Blick auf das System werfen kann, der glaubt, überwältigt von der offenbarten Genialität, die ganze „Wahrheit“ gesehen und verstanden zu haben. Denn mehr kann es nicht geben! Tatsächlich würde er bei tieferem Eindringen in die Materie Widersprüche entdecken, die ihn zu weiteren Studien motivieren. Er würde auch nicht mehr im Brustton der Überzeugung zu behaupten wagen: „So und nicht anders macht man das!“ Streng genommen gibt es kein Richtig oder Falsch, sondern nur bessere oder schlechtere Interpretationen des WT-Konzeptes. Selbst wenn Sifu Leung Ting *„Falsch!“* ruft und alles zusammenzuckt, als ob eine Todsünde begangen worden sei, meint er nur, dass die Bewegung ökonomischer, mit weniger Kraftaufwand oder weniger umständlich gemacht werden kann. So etwas wie eine für alle Zeiten und alle Situationen feste Vorschrift gibt es auch nicht in den Sektionen. Alles hängt voneinander ab. Die Sektionen zeigen nur *Beispiele*, wie man sich klug und kraftsparend verhält. Aber es gibt daneben viele weitere Möglichkeiten der Interpretation, davon erfährt man z.B. auf Sifu Leung Tings Tutorials. *„Kommt man darauf nicht von selbst“*, höre ich manche fragen. Vielleicht, wenn man Großmeister ist und sich so intensiv damit beschäftigt hat wie mein Si-Fu. Aber warum das Rad ein zweites Mal aufs Neue erfinden? Ich für meinen Teil halte es für ökonomischer, von dem schon erarbeiteten Wissen *weiter*zudenken. Um zu verstehen, um immer mehr zu verstehen, muss man lernen, das Gelernte anwenden und dann wieder kommen und wieder, diesmal genauer hinschauen und jedesmal wird man tieferes Verständnis gewinnen. Einen einzigen Aspekt herauszunehmen und ihm das – unbekannte – Ganze unterzuordnen und zu verlangen, dass sich das Ganze nach dem – scheinbar – regierenden Prinzip richten muss, das man erkannt zu haben glaubt, ist Selbstüberschätzung und damit Hybris und der Weg in die Irre.

Gerade über dieses Thema hatte ich mit meinem Si-Fu im Sommer des Jahres in Berlin ein tiefes Gespräch, bei dem wir uns beide der Meinung eines Philosophen anschlossen, der gewarnt hatte, dass jede losgelöste Idee zum Verlust des Gleichgewichtes des Ganzen führen muss.

28.08.2003

Von sog. Wendungen, Ellenbogen, Mottos und davon, dass wir nichts wissen können

Über den weitverbreiteten Wunsch nach präzisen Anweisungen und die Unmöglichkeit, diesem nachzukommen

Immer wieder wird uns die Frage nach dem richtigen (!) Wendewinkel gestellt, und die guten Leute erwarten sich eine klare Antwort mit Gradangabe usw. Nur solch eine Antwort kann und darf es unter Fortgeschrittenen nicht geben. Klar, dass man bei Anfängern durch Vereinfachen gerne verdeutlicht und die ideale 45 Grad Wendung zur Standard-Wendung erklärt.

Aber das oberste Prinzip im WingTsun ist sich natürlich zu verhalten und sich der Aktion des Gegners anzupassen. Da kann es unter Experten (!) keine starre Anweisung wie *„Wende 90 Grad!“* oder *„Wende nie mehr als 45 Grad!“* geben; denn eine solche Anweisung wäre eine schlimme Vereinfachung und würde aus einem grandiosen, wissenschaftlichen System, wie es uns der verstorbene Großmeister Yip Man überliefert hat, eine simplifizierte Methode machen, die sich zwar schneller und leichter erlernen würde, aber nicht mehr alles beinhalten würde, was an Reichtum darin steckt.

Ungeachtet dessen, habe ich es natürlich im wahrsten Sinne des Wortes „in der Hand“, mit einer frühen Konteraktion dem noch schwachen – weil erst beginnenden – Angriff des Gegners zu begegnen, wodurch sein Vorwärtsdrang und seine Kraft mich zu wenden begrenzt wird; denn je weniger weit ich wenden muss, desto schneller kann ich meinerseits zum (Gegen-)Angriff übergehen, woraus folgt, dass die kleinste ausreichende Wendung die beste ist.

Lasst mich mit der manche überraschenden Feststellung beginnen, dass sich das Wort „Wendung“ gar nicht auf den Oberkörper bezieht, sondern auf den Stand – d.h. auf die Füße. Strenggenommen müssten wir also von der „Wendung des Standes“ sprechen.

Der Oberkörper soll mitnichten um die zentrale Achse gedreht

werden, wie es so viele Schüler und zum Teil leider auch Fortgeschrittene immer wieder falsch verstehen.
Es mag wing-chun- oder vingtsun-Stile, die sich nicht von meinem Si-Fu ableiten, geben, die solche Theorien benutzen. Sie mögen damit innerhalb ihres Konzeptes zufrieden sein, aber in unserer Schule haben wir eine völlig andere Auffassung.
Der Erfolg im WingTsun ist die Folge der konsequenten Befolgung einer Menge von gleichzeitig oder nacheinander geschalteten Verhaltensmaßnahmen. Nur aus der Summe aller Details setzt sich die Effizienz zusammen.
Tatsächlich ist das, was man gemeinhin „Wendung" nennt, nicht die „aktive" Drehung oder das Herumwerfen des Oberkörpers, sondern die Verlagerung des Körpergewichtes von einer Seite auf die andere, damit der Angriff des Gegner uns nicht mehr trifft und damit der Gegner unser Gleichgewicht nicht beeinträchtigen kann.
Diese „Wendung" oder besser „Gewichtsverlagerung" ist **passiv**, dass heißt, ich wende nicht wirklich selbst, sondern ich lasse mich vom Gegner „wenden" bzw. „verschieben".
Daraus geht hervor, dass ich in diesem Stadium mich nicht selbst wende, sondern es dem anderen erlaube, mich zu bewegen. Dadurch, dass ich keinen Widerstand leiste, sondern nach dem Drehtür-Prinzip verfahre, kann ich mein Gleichgewicht behalten, nach dem Motto: *„Wer sich aufgibt, behauptet sich!"*.
Da ich hier aber nicht selbst aktiv „wende", ist es auch logisch, dass ich nicht wirklich selbst entscheide, wieweit, d.h. *wieviel* Grad ich wende; denn ich wende ja nicht, sondern **werde** gewendet. Bitte achtet immer auf diesen kleinen, aber so gravierenden Unterschied. Der Grad der Stellung meines Oberkörpers entspricht dem Angriff des Gegners. Was daraus deutlich wird, dass ich dem WT-Motto folge: *„Bei der Wendung bewegt sich erst der Arm und dann der Stand."*
Nehmen wir als Beispiel den Faustst0ß mit Vorwärtsschritt des Gegner, den ich mit einem inneren Fauststoß kontern will. Der Gegner ist in diesem Punkt des Angriffes stärker als ich, woraus bei mir Nachgeben resul-

tiert nach dem Motto: *„Ist der Angriff des Gegners stärker, gib nach!“* Aus meinem – wie mein Si-Fu es nennen würde – „optimistischen“ Angriff, der sich nicht manifestieren konnte, also „frustriert“ wurde, wird auf dem Wege der Verwandlung und Anpassung eine Verformung des Armes, die wir in einem bestimmten Punkt als idealen „*Bong-Sao*“ bezeichnen könnten, falls jemand in diesem Augenblick eine Fotoaufnahme davon anfertigen würde.

Nachdem die Verformung des Armes abgeschlossen ist, bewegt sich im Idealfall der Arm nicht weiter, sondern der Körper gibt stattdessen weiter nach. Damit folgen wir dem Motto vom sog. unbeweglichen Ellenbogen: *„Wenn der Körper sich bewegt, bewegt der Arm bzw. Ellenbogen sich nicht.“*

Dabei wird unser Winkel zum Gegner von der Tiefe des Eindringens des Angreifers in unseren Stand abhängen, nicht so sehr von einem willentlichen Entschluss unsererseits, der den ganzen Ablauf zu einer willkürlichen Aktion machen würde, die viel mehr Vorbereitung und Bereitstellungspotential erfordern würde als eine taktile Reaktion. Bleibt der Angreifer mit seinem vorderen Fuß vor mir stehen, dann wird er meinen Oberkörper nicht oder wenig verschieben, ist er aber ein WT-Experte, der tief in meinen Stand eindringt, indem er die „Bik Bo Tip Dar“-Taktik des tiefen Penetrierens benutzt, wird er mich um mehr Grad verschieben.

Aus dem Gesagten folgt, dass ich nicht aktiv wenden darf und keine bestimmte Wendegradzahl sklavisch im Kopf haben darf. Wer aktiv wendet, ist oft in Gefahr, des Guten zuviel zu tun und sich zu weit abzuwenden – ein Fehler, der sich böse rächen kann, wenn der Angreifer sein Metier versteht.

Zu viel ist immer falsch, das wissen wir schon von Konfuzius‘ *Dschun Yung* (Der Weg der Mitte), der die Philosophie von Großmeister Yip Man war. Die meisten kennen die berühmte Inschrift vom Tempel zu Delphi, die auf die Sieben Weisen zurückgeführt wird: *„Erkenne dich selbst!“* (Gnothi seauton), aber die zweite und nicht weniger wichtige Inschrift lautet *„Nichts zu viel!“* (Meden agan). Ich denke oft darüber nach, ob nicht

alle „Sünde“ auf eben die hybride (= vermessene) Überschreitung dieses Verbotes zurückzuführen ist.
Wenden wir aktiv und damit immer zuwenig oder zuviel, führt das in unser Verderben. Lasse ich mich aber passiv wenden, dann wird mein Winkel dem Vordringen und Penetrieren des Gegners genau entsprechen, dann wird meine Zentrallinie – dieses Mal über meine Schulter gebildet – korrekt auf ihn gerichtet sein.
Das wirklich Entscheidende ist die Zentrallinie, und zwar meine! Diese muss immer auf den Gegner ausgerichtet sein. Wenn meine Zentrallinie, d.h. die „kürzeste gerade Linie zwischen ihm und mir“ nicht auf den Gegner weist, sondern an ihm vorbei, dann überlasse ich ihm die kürzeste Linie von ihm zu mir und bin schutzlos seinem Angriff über seine Zentrallinie ausgesetzt. In diesem Zusammenhang erinnert Euch bitte an den Satz: *„Im Falle der Wendung bilde ich meine Zentrallinie mit der Schulter“*.
Bei der „Wendung“ benutze ich dann auch nicht den Tan-Sao aus dem dritten oder sechsten Satz der SNT-Form, sondern den gekreuzten aus dem ersten Satz, wobei die Fingerspitzen meines Tan-Saos auf den Gegner zielen.
In diesem Zusammenhang möchte ich die Fortgeschritteneren unter uns darauf hinweisen, dass der Tan-Sao im ersten Satz der Holzpuppenform, so wie der verstorbene Great Grandmaster Yip Man ihn uns als Vermächtnis auf Seite 19 des Buches *„116 WingTsun-Holzpuppentechniken“* (Foto 4 und 7) zeigt, folgerichtig nicht der gekreuzte Tan-Sao mit außenstehendem Ellenbogen ist; denn in diesem Falle liegt ja auch keine „Wendung“ vor, sondern ein Penetrieren mittels „Jamming Step“. Dennoch würde ich bei der Anwendung dieser Technik (auch aus dem Wissen der Historie des „Jamming Steps“ heraus, der vorher eine bloße und damit schnellere Wendung war) keinen Fehler darin sehen, den Ellenbogen zur Erzielung eines bestimmten Zweckes wie beim gekreuzten Tan-Sao im Einzelfall herauszunehmen, z.B. wenn man selbst mit seinem Tan-Sao sehr dicht an den Gegner herangeht.

Ich bitte auch auf die Fußstellung („Pflaumenblüten-Schritte“) des verstorbenen Großmeisters Yip Man zu achten, da auch hier die verschiedensten Theorien kursieren und viele Schüler verwirren. Aber das ist ein anderes Thema für ein späteres, vertiefendes Editorial ...

Fazit:

Man hüte sich als Lehrer vor allzu präzisen Anweisungen von exakten Fußpositionen, Winkeln usw., da man damit eher zeigt, dass man nur über *beschränktes* Wissen verfügt.

Nur wer wenig weiß, wird sich zu pauschalierten Aussagen hinreißen lassen. Wer wirklich viel weiß, weiß, dass er nichts weiß, und er wird sich eher die Zunge abbeißen, als im Brustton der Überzeugung seine *momentane*, persönliche oder aufgeschnappte oder aus dem Zusammenhang gerissene Interpretation als *einzige*, ewige Wahrheit zu verkünden.

Man muss immer misstrauisch werden, wenn ein Lehrer, der komplexe Dinge (wie unser WT) lehrt, behauptet, er „weiß“, denn WT hängt im Einzelfall von so vielen Bedingungen ab und ist keine tote Sache, die man unter dem Mikroskop analysieren kann.

Merke:

Wir lassen uns soweit vom Gegner in Sicherheit drehen, bis unsere Körperumrisse in Sicherheit sind. Dies ist auch der Augenblick, wo wir mit dem schützenden Arm, an dem er uns gewendet hat, zum Gegenangriff starten.

28.09.2003

Den Meister erkennt man daran, wie er sich selbst beherrscht!

Tschischengtse richtete Kampfhähne für den König ab. Nach zehn Tagen fragte der König, ob sein Hahn zum Kampf bereit sei. *„Noch nicht“*, antwortete er, *„der Hahn ist noch voll Streitsucht und Hochmut.“* Nach weiteren zehn Tagen fragte der König wieder, und Tschischengtse erwiderte: *„Noch nicht. Er ist noch für Schatten und Geräusche empfindlich.“* …

… Als abermals zehn Tage vergangen waren, fragte der König wiederum, und er antwortete: *„Noch nicht. Seine Augen haben noch einen zornigen Blick, und er ist voller Kampfeslust.“* Abermals vergingen zehn Tage, und er sprach: *„Jetzt ist es wohl soweit. Wenn er andere Hähne krähen hört, kümmert ihn das nicht. Wenn man ihn ansieht, würde man meinen, er sei aus Holz. Sein Charakter ist jetzt ganz. Kein anderer Hahn wird es wagen, mit ihm zu kämpfen; sie werden alle bei seinem Anblick davonlaufen.“*

Nehmen wir uns an diesem Kampfhahn ein Beispiel. Wir müssen unsere wahren Gefühle, Empfindungen, Emotionen beobachten, erkennen und kontrollieren. Nachdem wir es geschafft haben, unsere Gedanken bewusst zu verfolgen, müssen wir nun in ähnlicher Weise, aber noch viel subtiler mit unseren negativen Stimmungen vorgehen.

Wenn es uns gelingt, auch unsere Gefühle und Empfindungen bewusst zu erleben und Kontrolle über unsere Stimmungen zu erlangen, dann wird unser Körper sich wohlfühlen, in unserem Geist findet sich Klarheit, und in unserem Herzen herrscht Zufriedenheit.

„Wenn keine Gefühle der Wut, des Zornes, des Kummers, aber auch des Vergnügens erregt sind, ist das Gemüt im Zustand des Gleichgewicht (in der Mitte).“ heißt es im „Mittleren Weg“ (Dschun Yung) von Konfuzius. Zur Versinnbildlichung stellen wir uns bitte eine(n) WT-Anwender(in) im SNT-Stand vor. Er/sie befindet sich in perfektem Gleichgewicht. *„Erheben sich solche Gefühle und reagiert das Gemüt in normaler, unaufgeregter Weise darauf, so*

ist es im Zustand der Harmonie", setzt Konfuzius fort. Hier stellen wir uns eine(n) WT-Anwender(in) vor, der/die aufgrund von Chi-Sao-Fähigkeiten, alle Kräfte, die auf ihn/sie einwirken, ausgleicht und „harmonisiert".

Mit anderen zu kämpfen ist aber nicht das wahre und letzte Ziel des Kung-Fu. Beim Üben gilt es den Kampf mit sich selbst zu gewinnen. Dann kommt es meistens gar nicht zur körperlichen Auseinandersetzung mit anderen, weil wir uns von unserem „Ego" befreit haben.
Die Menschen wollen anderen befehlen, sich als Meister über andere fühlen, aber wahre Menschlichkeit und Meisterschaft bedeutet über sich selbst zu herrschen und anderen zu helfen, dasselbe für sich zu erreichen.

Wieviele Kampfkunst„meister" im Osten und im Westen bleiben „echte" Meister, wenn wir sie an dieser Forderung messen?

Merke:
So wie das Chi-Sao nur ein Mittel ist, um Lat-Sao zu lernen, so ist der Kampf mit anderen nur ein Mittel zur Selbst-Erkenntnis.

28.10.2003

Wir lernen zu kämpfen, um es nicht zu müssen

Ich möchte all den Mitgliedern, Schülern, Kollegen, aber auch Angehörigen anderer Stile danken, die mich freundlich ermuntern, fortzufahren und weiter regelmäßig über Themen zu schreiben, die zur dritten Ebene des WingTsun, also zum „inneren Kung-Fu" gehören. Manche fragen mich, wann ich meine „Ader für solche Dinge" entdeckte.

Nun, das war schon sehr früh, als Kind, denn mein Vater unterstützte mich darin. Ich liebte Tiere, altes Latein, griechische Klassiker und philosophische Gespräche. Ich kletterte auf hohe norddeutsche Pappeln und lauschte dort oben stundenlang dem Rauschen der Blätter, wobei ich in die Ferne schaute. Ich lernte schon früh, dass es nicht nur die Schwerkraft gibt, die uns nach unten zieht, sondern dass alles Lebende auch einen Drang nach oben kennt, um sich höherzuentwickeln. Ideale waren mir wichtiger als materielle Dinge.

Später war ich dann vom Leben, vom Studium, vom Beruf, vom Anhäufen von Ansehen, Macht, Titeln, Wissen und Statussymbolen und nicht zuletzt von der Verbandspolitik so sehr in Beschlag genommen, dass ich ganz darin aufging und nur noch von mir nach außen sah.

Das änderte sich erst viel später, allmählich, aber stetig. Es begann mit äußeren Dingen. Zuerst mit meinem eigenen Körper: Mir gefielen die großen Muskelmassen nicht mehr, die ich früher so erstrebenswert gefunden hatte. Als ich fast 25 kg „abgeworfen" hatte, fühlte ich mich mir selbst irgendwie näher.

Ich hatte wohl dumpf empfunden, dass ich nicht mein Körper war, und ich begann, ihn nur als Werkzeug zu benutzten wie meine Augen, aus denen ich die äußere Welt wahrnahm. Ich begann mehr Gemüse und Obst zu essen. Wenn ich einen Apfel aß, bemühte ich mich an den Baum zu denken. Und wenn es unbedingt Fisch oder (seltener) Fleisch sein musste, versuchte ich mir dessen bewusst und dem Tier dankbar zu sein. Meine Interessen verfeinerten sich, mein Geschmack veränderte sich. Wegwerfprodukte und kurzlebige Dinge und Modeerscheinungen wollte ich nicht länger um mich haben, mein Sinn richtete sich auf alte Dinge, auf Klassisches, das sich schon bewährt hat. Ich erfreute mich an natürlichen Dingen, an Echtem, an einer alten Uhr, einem alten Auto und alten Büchern. Ich war auf der Suche nach dem, was die Zeit überdauert. Nach dem Sicheren, was nicht so schnell vergeht.

Dann halfen mir Schicksalsschläge, bedrohliche Krankheiten, Enttäuschungen, geschäftliche und private Rückschläge, eigenes Versagen, indem sie mir nötige Schocks gaben, die mich aufweckten und immer wieder Alarmzeichen gaben, wenn ich auf dem falschen Weg war. Ich begann das wirklich Wichtige und immer Gültige im Leben zu suchen und mein Versagen zu begrüßen als Hilfe zum künftigen Erfolg. Ich erkannte die Bedeutung bewussten Leidens, um neue Energie zu gewinnen, und setzte mich freiwillig den oft unangenehmen Manifestationen anderer Menschen aus, um meine Geduld zu erproben und Bescheidenheit zu üben, denn ich bin nicht frei von Hochmut, Eigenliebe und Eitelkeit.

Meine Einstellungen änderten sich und meine Sichtweise. Nicht länger erlaubte ich es allen negativen Einflüssen, Klatsch, Zeitungsberichten, Fernsehsendungen, zu mir einzudringen. Ich versuchte, den Dingen etwas abzugewinnen, die ich vorher verabscheute, und meine alten Vorlieben misstrauisch zu betrachten.

Ich begann die Dinge anders zu sehen und mich zu beobachten. Ich lernte mich wie ein exotisches Tier zu studieren und war besonders froh, wenn es mir glückte, es dabei zu erwischen, wenn es wütend und erregt war. Das führte sofort zu einer Änderung und Deeskalation, weil ich mich selbst als lächerlich empfand! Eine harte Schutzschale nach der anderen platzte bei mir auf, und je besser ich mich selbst verstand, desto leichter konnte ich anderen ihre Fehler verzeihen.

Wir sind alle von dem absorbiert, was wir in der Welt darstellen, was wir glauben und für richtig halten. Unsere äußeren Sinne machen uns etwas vor und wir sind gefesselt und hypnotisiert vom äußeren Leben, das wir für das einzig wahre halten. Erst nach langer Arbeit an mir selbst schaffe ich es jetzt immer öfter, meine Aufmerksamkeit ganz im

Sinne des WingTsun zu teilen und nicht völlig in dem Gegenstand meines Interesses aufzugehen. Das bedeutet, dass mir die Dinge dann gleich(ermaßen) gültig sind, aber nicht, dass ich „gleichgültig“ geworden bin.

Natürlich gibt es oft Rückschläge und Phasen des Rückschrittes, besonders wenn die Verbandspolitik mich in ihrem Bann hat, so dass ich es nicht schaffe, mein psychisches Gleichgewicht zu bewahren und mich daran zu erinnern, dass ich noch außerhalb meiner Rolle als Verbandsleiter existiere.

Früher machte ich mich lustig über ehemalige Kämpfer wie *Ueshiba* (Aikido), die von Kämpfern zu Liebenden wurden. Jetzt habe ich verstanden, dass der Starke friedvoll und gütig ist. *Wir lernen zu kämpfen, um es nicht zu müssen*!

Nur in der **1. Ebene** des WingTsun üben wir den körperlichen Kampf gegen einen anderen.

In der **2. Ebene** wenden wir die erlernten Prinzipien im täglichen Leben an, um uns in der Welt durchzusetzen.

Und in der **3. Ebene** bekämpfen wir unser aufgeblähtes Ego, um uns selbst zu besiegen – quasi noch einmal neu geboren und ein neuer Mensch zu werden. Hier fangen wir noch einmal ganz von vorne an, indem wir angelernte und falsche Dinge, die uns in der ersten und zweiten Ebene so wichtig waren, aufgeben, aber andere, die wir im Räderwerk des Lebens, im Drang nach „Gib mir mehr“, vergaßen, in den Vordergrund bringen und zur Geltung kommen lassen.

Die dritte Ebene des WingTsun ist praktisch unsere Abendschulausbildung. Wir kehren noch einmal zurück zur Schulbank, nachdem wir im Leben schon etwas erreicht haben, schon etwas darstellen, schon jemand sind. Wer noch nichts erreicht hat, sich im Leben noch nicht bewährt hat, seine Wünsche noch nicht erfüllt hat, ist noch nicht reif für diese zweite Ausbildung, die uns Weisheit lehrt. Weisheit, die nichts mit Tricks, Strategien und Cleverness gegen andere zu tun hat (zweite Ebene), aber viel mit Tricks, Strategien und Cleverness gegen alles Falsche in uns selbst.

In diesem Sinne ist die dritte Ebene des WingTsun ebenso genial und durchdacht wie die erste und die zweite. Wahre Weisheit, wie ich sie verstehe, entsteht nur aus Liebe, aus Mitgefühl für seine Mitmenschen und Ehrfurcht vor dem Leben der ganzen belebten Natur. Und vielleicht gibt es nichts, was unbelebt ist. Nachsicht, Rücksicht und Verständnis erwachsen dann *aus dem Wissen heraus, dass andere Menschen gar nicht anders handeln können, als ihre jeweilige Entwicklungsstufe es zulässt.* Wer noch von Gedanken an Rache besessen ist oder von der Vorstellung beherrscht wird, dass andere ihm etwas schulden, hat noch viel zu lernen; denn *niemand schuldet* uns etwas, wir selbst sind Schuldner.

Wer an sich arbeitet, indem er sich zunächst selbst beobachtet, erkennt dieselben Schwächen im anderen wieder und hat keine Schwierigkeiten, ihm das nachzusehen. Jeder hat seine Last zu tragen und seine Lektionen zu lernen. Deshalb darf niemand den anderen selbstgerecht und hochmütig verurteilen, weil er glaubt, selbst schon auf einer höheren Entwicklungsstufe zu stehen.
Das *Gefühl der* (tatsächlichen oder scheinbaren) *Überlegenheit* ist oft der Grund für gewalttätige Aggressionen. Wir sollten aufhören, uns zu wichtig zu nehmen, andere zu kritisieren (wenn es nicht die sind, die uns als ihren Lehrer behandeln), uns mit anderen zu vergleichen und uns für etwas Besonderes oder Besseres als unsere Mitmenschen zu halten. Tatsächlich sind die Unterschiede zwischen uns nur marginal und sehr oberflächlich; denn wir reagieren alle in mechanischer Weise unseren äußeren Sinnen glaubend auf die Hypnosekraft des äußeren Lebens. Wer im Geheimen glaubt oder gar offen davon spricht, dass er in spiritueller Hinsicht – also in seiner Innensicht – „weiter“ sei als andere, offenbart damit (sich selbst) seine eigene Armut und zeigt seinen Rückschritt. Und niemand sollte auf andere, die sich „für solche Dinge“ (noch) nicht interessieren, herabsehen oder sich deshalb für besser oder mehr wert halten oder ihnen Gespräche darüber aufzwingen. Wer so handelt, sollte sich selbstkritisch fragen, ob er wirklich an sich arbeitet oder es sich nur einbildet und ob das Thema Spiritualität nur

ein weiteres Mittel für ihn ist, seine falsche und selbsterfundene Persönlichkeit zu stärken. Ob ich mich einer bestimmten Religionsgemeinschaft zugehörig fühle? Ich studiere und respektiere viele Glaubensrichtungen und deren Propheten, wobei mir manche Religionen (Wege) einen leichteren Einstieg bieten, also mehr „liegen" als andere. Aber der tiefste Grund aller Religionen muss meinem Verständnis nach aus *derselben* Wahrheit bestehen. Sonst kann es nicht *die* Wahrheit sein. Die verschiedenen Religionen bieten nur verschiedene Zugänge zu dieser *einen* Wahrheit und drücken sie auf verschiedene Weise aus. Außerdem geben sie ihren Anhängern, also denen, die diesem Weg folgen, *simplifizierte* Beschreibungen der Strecke und der Regeln, die auch von einfachen Menschen verstanden und befolgt werden können. Alle wahren Religionen leben in *demselben* Haus, aber da ihre Gläubigen aus verschiedenen Fenstern herausschauen und einen anderen Blickwinkel haben, sind sie sich dessen leider nicht bewusst.

Hierbei handelt es sich um meine persönliche, in vielen Jahren gewachsene Auffassung. Keinesfalls will ich jemandem meine Meinung aufdrängen oder seine religiösen Überzeugungen verletzen. Ich möchte nur Denkanstöße geben und vor jeglichem Fanatismus und jeglicher Sektiererei warnen, denn alle Wege führen am Ende zu Gott, unter welchem Namen wir auch seiner gedenken.

SPORTWAGEN
SPORTS CARS
PONS
Lexikon zur Bibel
DER GROSSE GOLF-RATGEBER
TEDDYBÄREN BUCH
JAGUAR
HERREN
ALEC GUINNESS

29.11.2003

Kann sich jeder ändern?

„Du kannst nicht machen, was du willst, solange du nicht weißt, was du tust."

Moshé Feldenkrais

Zu der Frage, was wir tun können, um nicht immer vor denselben Problemen zu stehen und immer dieselben negativen Erlebnisse machen zu müssen.

Ich sitze auf dem Beifahrerplatz unterwegs von Langenzell nach Norddeutschland und mache mir Gedanken über ein Thema, das kürzlich mehrere große deutsche Zeitschriften anschnitten. Veränderung (Transformation) ist nicht nur das zentrale Thema und Ziel des (äußeren) körperlichen, sondern auch des inneren (geistigen, psychologischen) WingTsun, d.h. der dritten Ebene. Irgendwann erkennen wir, dass wir, so wie wir sind, immer in dieselben Situationen und immer an dieselben Menschentypen geraten, immer vor denselben Problemen stehen und immer dieselben negativen Erfahrungen machen. Wie können wir uns davon befreien?
Indem wir z.B. das allgemeine WT-Prinzip *„Befreie Dich von deiner eigenen Kraft!"* anwenden, denn die Freiheit zu wählen, was für ein Mensch wir sein wollen, gehört zu unseren Geburtsrechten. So wie wir körperlichen Angriffen auf die verschiedenste Weise begegnen können, können wir auch auf die Äußerungen des Lebens in vielfältiger Weise reagieren, wenn wir uns von unseren alten Lebenseinstellungen und Überzeugungen befreit haben. Wir können anders sein, unser Denken, unsere Gefühle und unsere Handlungen werden anders sein, dann werden die Menschen uns anders behandeln, und unser ganzes Leben wird anders sein!

Die Natur hat uns nicht als komplette, fertige Wesen in die Welt gesetzt, sondern nur zu dem Grade entwickelt, der für die Belange der Natur nützlich ist. Wir sind wie ein Haus, dessen Dachgeschoss nicht ausgebaut übergeben wurde. Der weitere Ausbau, unsere weitere Entwicklung ist unsere eigene Angelegenheit, denn wir sind – auf eine gewisse Weise – uns selbstkreierende, selbst erhaltende, selbstheilende und selbstorganisierende Lebewesen.
Wir können uns weiter (höher) entwickeln oder es sein lassen

und so leben und sterben, wie wir in die Welt hineingeboren wurden. Der Natur ist das egal. Wir Menschen haben als mögliche Zukunftsperspektiven Stagnation (alles bleibt, wie es ist), Degeneration (es wird schlimmer) und Evolution (hier im Sinne einer höheren Entwicklung). Können wir uns unser **Schick**sal also aussuchen oder können wir es gar selbst schaffen und zum **Mach**sal werden lassen?
Wenn ansonsten intelligente Menschen sich nicht verändern, dann deshalb weil sie sich nicht verändern *wollen*. Es mag wohl sein, dass sie sich ändern *möchten*, dass sie den Wunsch haben, aber die nötige Kraft, die nötige Energie, es mit aller Macht zu wollen und die unerlässliche Anstrengung dazu aufzubringen, haben sie nicht. Es gebricht also in erster Linie an der nötigen Energie, an der Willenskraft. Deshalb ist es ein wichtiges Etappenziel im inneren WT, *echten* Willen zu entwickeln.

Leider haben wir Menschen, so wie wir sind, nicht einmal eine kleine Idee davon, was „echter" Wille ist. Wir verwechseln „Willen" fast immer mit Eigenwillen, mit fußaufstampfenden Trotzreaktionen, mit Durchsetzungsvermögen, mit mechanischem Nein-Sagen zu Dingen, die uns nicht gefallen. Ohne den richtigen Willen, uns in unserer Hässlichkeit und Schwäche zu erkennen, wie wir sind, und uns von alten Gewohnheiten, Einstellungen und (Körper-)Haltungen zu befreien, wird das Werk nicht (dauerhaft) gelingen, da wir selbst Widerstände entwickelt haben, mit denen wir verhindern wollen, dass sich unsere Kernüberzeugungen verändern.

Das zweite und wohl größte Hindernis zur individuellen Höherentwicklung – denn nur für solche Veränderung interessieren wir uns – ist, dass wir in der falschen Vorstellung leben (die im übrigen von der Natur aufrechterhalten wird), dass mit uns alles O.K. ist, dass wir alle liebenswerte, gütige Personen sind, dass wir nur geringe Detailänderungen brauchen. Wir bilden uns ein, wir hätten all die

Fähigkeiten schon, die es erst noch zu entwickeln gilt, wenn man wirklich ein neuer Mensch werden will mit einem neuen Wesen, das nicht immer wieder dasselbe „**Schick**sal" anzieht. Wir bilden uns z.B. ein, über einen starken Willen zu verfügen, ohne zu wissen, was „Wille" wirklich ist. Wer aber glaubt, eine Fähigkeit schon zu besitzen, der wird keine Anstrengungen machen, um sie sich anzueignen.
Deshalb steht am Anfang des WT ja auch die Forderung, seine Tasse zu leeren und mit einer völlig neuen und kleinen Idee (*Siu-Nim-Tau*) anzufangen. Wer vorher z.B. *Karate* oder *Ju-Jitsu* gemacht hat, wird dies als eine neue Geburt empfinden. Er muss sich von alten, liebgewohnten Vorstellungen und Illusionen trennen.

Desillusionierung ist als Enttäuschung mit negativen Gefühlen, Trauer und bitterem Beigeschmack belegt. Aber in Wirklichkeit könnte uns nichts Besseres passieren als **ent**täuscht zu werden. Sich selbst **ent**täuschen (z.B. über seine vermeintlichen Fähigkeiten) ist ein Befreiungsakt im Sinne der WT-Forderung: *„Mache Dich frei von Deiner eigenen Kraft!"*. **Ent**täuschung ist etwas Positives, das zur Befreiung von Fesseln führt, die wir uns selbst angelegt haben. Wenn uns aber jemand von diesen gewohnten Fesseln befreien will, sind wir nicht etwa froh und dankbar, sondern reagieren mit negativen Gefühlen, weil wir uns schon so mit diesen Fesseln angefreundet haben, dass sie Teil von uns sind und wir uns nicht von ihnen trennen wollen. Paradoxerweise fühlen wir uns mit unseren Fesseln sicher! Und tatsächlich fühlen wir uns in unserem Gefängnis vor Enttäuschungen sicher! Aber dieses Gefängnis besteht nur in unserer Einbildung.

Es besteht ein gewaltiger Unterschied zwischen dem, der erkannt hat, dass er in einem Gefängnis sitzt, und dem, der es nicht einmal weiß; denn nur wer sich über seinen Zustand im Klaren ist, wer sich selbst erkannt hat, kann sich befreien! Um aber aus unserem Gefängnis auszubrechen, brauchen wir Führer, also Leute, die selbst schon mit Erfolg ausgebrochen sind, nur diese können uns mit Ausbruchswerkzeugen, Tricks, Wegbeschreibungen und aufmunternden Ratschlägen helfen. Das Problem liegt darin, dass wir schon in unser Gefängnis hineingeboren werden, denn unsere Eltern haben ihr ganzes Leben auch schon darin verbracht. Und unsere Erziehung und Schulbildung taten ihr Übriges, um die Wände unseres Gefängnisses immer höher werden zu lassen.

Aus diesem Grunde ist eine Art „zweiter Bildungsweg“ nötig, der uns lehrt, wie wir unseren beklagenswerten, aber nicht hoffnungslosen Zustand erkennen und – den WT-Befreiungs-Prinzipien folgend – entkommen können. Aber der Wunsch, sich zu befreien, muss vom Einzelnen selbst kommen. Niemand kann zwangsweise befreit werden, niemand kann gegen seinen „Willen“ zum Verständnis geführt werden. Und es ist besser, wenn jemand zufrieden und unwissend im Gefängnis bleibt, als wenn er zwischen Stamm und Borke oder, um bei unserem Bild zu bleiben, in der Gefängnismauer stecken bleibt.

Wer nicht stecken bleiben will oder wer nicht auf halbem Wege abbrechen will, der braucht mehr Energie. Die gewinnt man aber u.a. durch Sicherkennen, Sich-seiner-bewusst-Werden und durch Transformation im taoistischen Sinne. Aber solange wir uns über uns selbst täuschen, uns Pseudo-Fähigkeiten zuschreiben, die nur in unserer Einbildung existieren, können wir uns nicht erkennen. *„Erkenne Dich selbst!“* muss jeder Änderung vorausgehen. Wer nicht weiß, wo sein Auto rostet, wird kaum eine vernünftige Restauration bewirken und nur die Rostbeulen überlackieren, statt von Grund auf eine Veränderung (*Siu-Nim-Tau*) einzuleiten. Ohne innere Achtsamkeit, ohne sich selbst zu beobachten, ohne sich kennen zu lernen, ohne seine äußeren und inneren Verspannungen zu erforschen und aufzulösen, kann man sich nicht ändern. Nur wer seine äußere und innere Haltung und Einstellung und damit seine inneren Grundüberzeugungen durchschaut hat, hat die Möglichkeit, sich zu wandeln. Wer nicht weiß, was ihn wirklich antreibt, wird immer wieder auf gleiche Weise nach alter Gewohnheit reagieren. Nur wer aufmerksam und wach ist und weiß, was er tut, kann das tun, was er will. Die Frage muss also nicht lauten:

„**Kann** sich jeder verändern?" Auch nicht: „**Wollen** wir uns ändern?" Sondern: „**Wie können** wir uns ändern wollen?" Durch Arbeit an uns, durch Kampf mit uns selbst. Aber ein innerer Kampf, bei dem wir am Ende Sieger bleiben, weil wir dazu die in der Körperarbeit erfahrenen klugen WT-Grundsätze (Informationen verschaffen, keinen Widerstand leisten, nachgeben, Kraft borgen usw.) benutzen. Ich behaupte nicht, dass nur der Weg des inneren WT zur Änderung führt, tatsächlich führen viele Wege dorthin, aber die WT-Strategie ist nicht nur im äußeren Kampf diejenige, die zum schnelleren und dauerhaften Sieg führt!

30.12.2003

Von Salzstreuern und Ellbogenmenschen

„Was Du nicht willst, das man Dir tut, das füg' auch keinem anderen zu!"

Konfuzius postuliert sie vor 2.500 Jahren in seiner berühmten Lehre von Maß und Mitte (*Dschung Yung*), der Volksmund kennt sie und die Bibel formuliert sie (in unverneinter Form). Ihr habt es erkannt, ich spreche von der so genannten *Goldenen Regel.*
Wer aber versteht diese Universaltechnik des harmonischen Miteinanderlebens wirklich und wer kann ihr dauerhaft folgen?

Heute will ich eine Einstellung, eine Verhaltensweise beschreiben und anprangern, die mir persönlich gegen den Strich geht. Ob ich selbst davon frei bin, andere damit zu belästigen, will ich dahingestellt lassen. Tatsächlich bewahrt uns ja ein gnädiger Schleier davor, unsere eigenen Schwächen zu sehen. Wir sehen nur den Balken im Auge des anderen, unsere eigenen Macken, so klar sie auch anderen erscheinen mögen, sehen wir nicht. Dass gerade dieses Hindernis es uns schwer macht, uns zu ändern, habe ich an anderer Stelle dargestellt. Oft erhalten wir Hinweise auf unsere eigenen Fehler, indem wir merken, dass wir besonders heftig auf bestimmte Verhaltensweisen bei anderen ansprechen. In diesem Augenblick haben wir die Chance, uns wie in einem Spiegel zu sehen. Das was wir dem anderen vorwerfen, ist oft unsere eigene Schwäche, die wir nicht bei uns, wohl aber beim anderen erkennen können!
Ganz besonders unangenehm sind mir Menschen, die versuchen wollen, mich zu *über*reden. Und ärgerlich macht es mich, wenn mir ein ausgemachter Egoist die Sache mit fadenscheinigen Gründen als für mich vorteilhaft „verkaufen" will, denn damit zeigt er mir auch noch zusätzlich, dass er meine Intelligenz gering schätzt.
Der andere ist von seiner Ansicht oder von sich überzeugt, hat nur *eine* Art, die Dinge zu sehen und hält sie, besonders weil es ja „seine" ist, für die *einzig* richtige. Er missachtet die Meinung anderer Menschen, hält alle anderen für dumm und ihre Interessen für weniger wichtig

als seine eigenen. Im Extremfall schenkt er ihnen überhaupt keine Beachtung. Er geht grundsätzlich davon aus, dass nur er weiß, wo es langgeht, misstraut grundsätzlich jedem anderen und spricht ihm die Kompetenz von vornherein ab.
Wenn solch ein Banause in ein Restaurant eingeladen wird, so gut es auch sein mag, schüttet er, wenn ihm die Suppe kredenzt wird, ohne vorher zu kosten, Salz hinein. Man hüte sich vor solch einem Gewaltmenschen und gehe ihm weiträumig aus dem Wege, denn er ist ohne Taktgefühl, bar jeden Einfühlungsvermögens. Er traut nicht nur nicht dem Restaurant, er hält auch den Gastgeber für inkompetent, ein vernünftiges Lokal auszuwählen. Er beleidigt damit beide und disqualifiziert sich selbst. Niemals würde ich solch einen Menschen einstellen, wenn ich denn die Wahl hätte. Wenn ein solcher Typ WingTsun macht, mag er der größte Chi-Sao-Experte sein, aber sein Mangel an Empathie und Fingerspitzengefühl offenbart, dass er das körperliche WingTsun (erste Ebene) nicht im täglichen Leben (dritte Ebene) umsetzen kann.

Schon *„Cham-Kiu“* bedeutet Aufnehmen des Kontaktes mit dem anderen und Chi-Sao ist ein Hineinfühlen, ein Sich-hineinVersetzen in den anderen. In Konfuzius‘ Sinn bedeutet es, die Gleichheit und Verwandtschaft mit dem anderen zu erkennen (Shu) und ihm nicht das anzutun, was man selbst nicht mag. Sozusagen die in China sonst nicht gepflegte Form der christlichen Nächstenliebe.
Was ist von einem zu halten, der einen Fauststoß auf sich zukommen sieht und mechanisch (und in vorauseilender Reaktion) *Bong-Sao* macht? Kann man diesen als tüchtig oder gar als Meister bezeichnen?
Schrieb ich nicht schon vor über fünfzehn Jahren im *„Vom Zweikampf“*, dass Antizipation gefährlich, weil fintenanfällig ist? Lernt in der EWTO nicht schon der Anfänger, dass man erst seinen Man-Sao vorschiebt, Kontakt aufnimmt und fragt und prüft, bevor man in harmonischem Einklang sich der Energie des gegnerischen Armes anpasst und das Nötige, z.B. *Bong-Sao*, geschehen lässt.
Auf welcher Stufe steht nun einer, der, ohne vorher zu prüfen,

gewohnheitsmäßig Salz in seine Suppe schüttet, seine Gesundheit damit gefährdet und (letztlich zu seinem eigenen Nachteil) das Restaurant und den Gastgeber beleidigt? Solch ein Ellenbogenmensch wird sich auch nichts dabei denken, nicht nur unschuldigen Suppen, sondern auch seinen Mitmenschen mit primitiver Gewalt zu begegnen. Zum Beispiel, indem er seinem Charakter folgend, den er für seine Erfolgsstrategie hält, andere gewohnheitsmäßig überredet.

Den anderen überreden zu müssen, ist eine Schwäche wie Geiz, Neid oder Faulheit. Dennoch hält derjenige, der ihr Sklave ist, ebenso wie manche leidtragenden und autoritätssüchtigen Opfer diese Schwäche für eine besondere Charakterstärke. Die krankhafte Tendenz andere zu *über*reden (ich spreche nicht von *über*zeugen) tritt in zwei Formen auf:

1. Zum einen in ihrer brutalsten Erscheinungsform, wie sie von besonders primitiven und ungeschliffenen Gesellen, die oft selbst erziehungsresistent waren, aber anderen befehlen wollen, eingesetzt wird: Der unkultivierte **Über**reder *drängt* und zwingt den anderen, ihn anzuhören, mit ihm übereinzustimmen und nach seinem Willen zu handeln. Widrigenfalls wird er sehr unangenehm, nervig, laut, beschwert sich bei anderen, fängt Streit an, verbreitet Gerüchte und Drohungen, in der Annahme, dass sie am Ende zum Opfer gelangen und Wirkung erreichen. Meist nimmt dieser ungehobelte Klotz eine höhere Stellung ein oder hat mehr Durchsetzungskraft (die er und andere mit echtem „Willen“ verwechseln). Leider wird solch ein Grobian immer wieder durch das Einlenken und Nachgeben feiner und zivilisierter Menschen, denen Charakter und Herzensbildung verbietet laut zu werden, ermutigt, so dass er diese Methode oder Strategie beibehält.

2. Die Neigung zum Überreden existiert aber auch in einer verfeinerten und raffinierteren Form. Sie nutzt dazu den Harmoniewunsch, die Höflichkeit, Freundlichkeit und Güte

des anderen. Sie appelliert an Großzügigkeit, will Schuldgefühle verursachen und durch Geschenke bestechen, um ihren Willen durchzusetzen.

Auf diese Weise erreicht der **Über**reder, dass der andere gequält lächelnd und falscher Freundlichkeit folgend tut, was er will. Zumindest dieses Mal und vielleicht auch noch ein paar weitere Male.
„Arcus nimis tentus rumpitur." *„Irgendwann"*, sagt das lateinische Sprichwort, *„bricht der allzu straff gespannte Bogen"*. Und selbst der Geduldigste platzt vor angestautem Frust.
Aber bis es soweit ist, zahlt sich die Strategie des Überredens aus, zumindest in der 2. Ebene.

In der 3. Ebene (wo es um den inneren Kampf mit sich selbst geht) aber ist die Tendenz zum Überreden ein unüberwindliches Hindernis, um sich zu einem neuen Menschen innerlich weiterzuentwickeln.
Sich selbst zu beobachten, seine Schwächen zu erkennen und von sich auf andere zu schließen, um den anderen und seine Würde zu respektieren, auf seine Gefühle **Rück**sicht zu nehmen, sich also **um**zuschauen, ob unser Verhalten ihn nicht verletzt, sind die ersten Arbeitsschritte. Wir müssen daran arbeiten, einfühlsam auf unsere eigenen Wünsche zu verzichten, wenn wir damit dem anderen Gewalt antun würden.
Auch ein penetrantes Bedrängen, ihn zu zwingen, uns *über Gebühr lange* zuzuhören oder *ihm ein Thema,* das ihn nicht interessiert, *aufzuzwingen* und dadurch seine Lebenszeit zu stehlen, ist in diesem Sinne Gewalt. WingTsun ist, so paradox es klingen mag, im Grunde gewaltlos: Nicht wir versuchen den Gegner oder seine Absicht zu verändern, sondern uns und unsere (Ein-)Stellung und Denkweise (*metanoia*). Wir drücken nicht seinen Arm weg, sondern uns selbst.
Ich weise oft daraufhin, dass die sog. inneren, vom Taoismus beeinflussten, Selbstverteidigungsarten wie *Tai- Chi, Ying I, Pakua,* aber auch eigentlich *Aikido* und *Judo* vom Konzept her an der Gewaltlosigkeit orientiert sein sollten. Praktisch heißt das: Lehnt sich der andere vor oder schubst er mich, ziehe ich ihn.

Lehnt er sich zurück oder zieht er, folge ich. Lässt er eine Lücke, dringe ich in diese ein wie Wasser.

Ungeduldige, vom Aktionismus beherrschte Zeitgenossen ohne Einfühlungsvermögen und Tastsinn, also solche, die auch sonst niemandem zuhören können und keinen aussprechen lassen, die Jasager lieben und deshalb niemals erfahren, in welcher Situation sie sich befinden, benutzen hier lieber die Gewalt. Sie benutzen zwar *oberflächlich* WingTsun-Techniken, aber innerlich verachten sie die ewig wahren Prinzipien des WingTsun, weil sie ihrem *Ellenbogenmenschen-Naturell* widersprechen. Deshalb dringen sie nicht wie Wasser in sich auftuende Öffnungen ein, sondern schaffen sich mit Gewalt selbst eine Öffnung. Deshalb folgen sie nicht, weil der andere sich zurücklehnend zieht, sondern sie stoßen selbst. Deshalb ziehen sie den anderen nach vorne, wenn sie den Zugangriff mit Handflächenstoß aus der ersten Sektion *Chi-Sao* machen, statt dass sie diese „Technik" bei sich bietender Gelegenheit einsetzen.

Blind, gefühllos und desinteressiert am Zustand und an den Wünschen des anderen, warten sie nicht, bis der andere seine Tendenz zeigt und Impulse gibt, die sie dann fortführen und ergänzen, sondern sie ziehen mit Gewalt ihre vorher geplante Aktion stereotyp durch.

Ihre Technik mag noch so knackig wirken, ihre Ausführung mag Zuschauer in ihrer technischen Brillanz und „Eingeschliffenheit" beeindrucken, dennoch handeln solche Gewaltmenschen nicht wirklich nach den philosophischen Prinzipien des WingTsun.

Leute, die so handeln, rechtfertigen sich, indem sie stolz von sich sagen, sie reagieren nicht auf die Ereignisse, sondern schaffen selbst die Gelegenheit, wo sie „ihre" vorgeplante Lieblingstechnik einsetzen können. Den falschen Weg weiter verfolgend, werden manche dann sogar ihre Muskelkraft mit erheblichem Zeitaufwand stärken, um mit Gewalt nicht wirklich stimmige und passende Techniken „anzupassen".

Dies auf die Spitze getrieben, ist Kampf-„Sport". Seien wir auf der Hut, dass unserem WingTsun das Los armer, degenerierter

Selbstverteidigungskünste erspart bleibt, deren Konzepte zu toten Formeln erstarrt sind, seit sie ihre Philosophie auf dem Altar der olympischen Spiele geopfert haben.

Anmerkung:
Nun mag ein Anfänger einwenden, dass er z.B. den Zugangriff der 1. Sektion doch genau so lernt, wie ich ihn oben kritisierte. Gut aufgepasst! Aber der erste Lernschritt *kann* nicht anders als mechanisch sein, besonders beim Gruppenunterricht, wo zwei Anfänger mit- oder (schlechter:) gegeneinander üben. Im Lernprozess ist es oft so, dass man am Anfang das Falsche (Mechanische, Tote) tun muss, um am Ende – aufgrund der Arbeit mit dem Meister – das Richtige (Wahre, Lebendige) zu erreichen.
Eben dies lässt viele an ihrem Lehrer oder ihrem System verzweifeln. Der Chi-Sao-Anfänger kommt nicht darum herum, *mechanisch* zu beginnen, denn zunächst geht es um die Ausführung von festen Techniken. Aber wenn der Meister die Reflexe gepflanzt hat, wenn durch Achtsamkeit das Verständnis wächst und sich mit der Technik verbindet und etwas Drittes und Neues entsteht, dann sollte unser Handeln spontan sein. Dann wird man uns zwar fast dieselben Bewegungen „machen" sehen, aber aus völlig *anderen* Gründen!

31.01.2004

Wie Aggression entstehen kann

Big L. kommt entspannt und wohlig gewärmt mit angespannten Lats aus dem Sonnenstudio. Er hat sein 70er Cadillac Fleetwood Eldorado Hardtop Coupé vor Kratzern sicher in einer Seitenstraße geparkt, schließt es auf, legt genussvoll seine Hände um das Lenkrad und fährt im Bewusstsein der Einzigartigkeit und Kraft seines Wagens sowie seines Fahrers behutsam und langsam durch die enge Fußgängerstraße.
Zwei Mädchen, so Ende zwanzig, lästern ab: *„Der Angeber könnte auch etwas schneller fahren, versperrt ja die ganze Straße."* Die andere: *„Der Dussel hat wohl Angst um seinen schönen Lack."*

L., der Bewunderung erwartet und Hohn erntet, schwillt sofort die Zornesader, lässt das Fenster herunter und pöbelt zu seiner eigenen Überraschung hinter ihnen her: *„He ihr beiden, was bildet ihr euch ein! Wollt ihr was auf die Ohren, oder was?"*
Mit hochgezogenen Schultern und ängstlich angelegten Ohren gehen die beiden Frauen schnell weiter, ohne sich umzusehen. L. registriert dies mit Genugtuung. Er tippt noch einmal aufs Gaspedal und lässt den 8,2 Liter-Motor zur nachhaltigen Warnung grollen, bevor er an ihnen vorbeizieht.
„Hoppla", denkt L. zwei Kreuzungen weiter, *„was hat mich so plötzlich aggressiv gemacht? Ich hätte die beiden am liebsten mit der Stoßstange von der Straße geschoben."* L. arbeitet seit einigen Jahren an sich, um seine Aggressionen im Zaum zu halten, da sie ihn früher in manche schlimme Situationen gebracht hatten. *„Was war das nun wieder?"* fragt sich L., der inzwischen gelernt hat, sich zu beobachten und Abstand zu sich zu gewinnen. *„Mein Si-Fu hat Recht. Wenn das Tier sich in mir regt, ist das der beste Augenblick, mich in freier Wildbahn zu beobachten, wenn alles entspannt ist und das wilde Tier in mir schlummert, gibt es nichts zu studieren."*
„Fühlte ich mich als der perfekte Fahrer, der – eins mit seinem 6-Meter-Straßenkreuzer – auch durch die engsten Straßen navigieren kann, und hat mich die Bemerkung der beiden so aufgebracht, weil mir meine Fahrkünste abgesprochen wurden? Oder was war es, das mich so

wütend machte? Mit ihren unnötigen Sprüchen hätten die beiden beinahe eine kleine Katastrophe provoziert und mich zu Handlungen gereizt, zu denen ich normalerweise gar nicht fähig wäre."
Tatsächlich ist L. zwar ein muskelbepackter Hüne, aber studiert, kultiviert und trotz seines Faibles für gigantische amerikanische Straßenkreuzer überaus zivilisiert. Nie im Leben könnte er eine Frau schlagen. Aber weshalb hat er es ihnen angedroht? Weshalb hätte er ihnen am liebsten mit der Stoßstange Beine gemacht?
Weiter über den Vorfall nachsinnend, der ihm nach wie vor nicht aus dem Kopf geht, parkt L. sein Dreamcar, um in seinem Stammcafé zur Beruhigung einen Caffelatte zu nehmen. Die Fußgängerampel zeigt rot, aber kein Auto ist weit und breit in Sicht, also macht er nicht vor dem „Gesslerhut" halt, sondern überquert zügig die schmale Straße einen Meter seitlich neben dem Zebrastreifen, vor dem drei Passanten gehorsam warten.
„Sie sind dem Kind ja ein schönes Vorbild", urteilt streng eine Frau in Begleitung ihres Mannes und eines ca. neun Jahre alten Jungen.

Die schiere Wut schießt L. ob des Tadels in den Kopf. Er merkt noch wie sich seine Hände zu Fäusten ballen. Das Tier ist wieder erwacht und will sein Opfer: *„He, du klugscheißerische Zicke, hab' ich dir gesagt, du sollst ein Kind kriegen? Hab' ich gesagt, ich will für deinen Balg ein Vorbild sein? Aber besser, der Junge orientiert sich an mir als an deinem Schlappschwanz von Mann, der dir besser Deine große Klappe stopfen sollte, bevor es ein anderer macht!"* wollte er sagen, aber schluckt es herunter und sagt mit größter Freundlichkeit und ohne jede Ironie in der Stimme: *„Danke für die Belehrung"*, denn er hat vor Augen, wie es weitergehen würde: Der bemitleidenswerte „Schlappschwanz" von Ehemann, zu Hause immer gescholten, weil er vorbeipinkelt und den Mülleimer nicht hinunter bringt, meint, den Beschützer spielen zu müssen, so dass ich ihm eine verpassen muss und die Straße zum keifenden und jammernden Pandämonium wird und man mich vor den Kadi zerrt, und alles nur, weil

typisch deutsche Tugenden wie Rechthaberei und Hilfspolizistentum nun auch keine reinen Männerbastionen mehr sind.
L. denkt in seinem Stammcafé weiter nach: *„Irgendwie scheinen meine Aggressionen mit der Tatsache zu tun zu haben, dass ich ein großer starker Mann bin und schwache Frauen die Stirn hatten, mich zu kritisieren. Lag es vielleicht daran, dass es Frauen waren? Oder wäre ich genauso wütend gewesen, wenn mich schwächere Männer angemacht hätten? – Ja, es wäre das Gleiche gewesen. Schwächere dürfen sich gegenüber Stärkeren solche Frechheiten nicht herausnehmen, so ist das Gesetz der Natur. Niemand darf ungestraft den Status quo verletzen. Der Schwächere muss den Stärkeren respektieren, zumindest hier draußen auf der Straße. Im Büro mag der kissenpupende, bleichgesichtige Leptosom von Bürochef das Sagen haben, aber auf freier Wildbahn interessiert sich keiner für seinen Gehaltszettel oder den Vorzugsparkplatz mit seinem Namensschild. Hier draußen muss er bescheiden zurücktreten, wenn ihm richtige Männer entgegenkommen, die über 150 kg auf der Bank drücken und 44 cm Oberarme haben. So sind die ungeschriebenen Regeln, die jeder Mensch kennen und einhalten muss, wenn er nicht die Ordnung stören und in seine Schranken gewiesen werden will.“*
Natürlich hatte die Mutter recht, das ist ihm klar, und er hatte sich falsch verhalten, denn man geht in unserer Republik nicht bei Rot über die Straße, aber er kam gerade vom Urlaub aus London, wo selbst Polizisten nicht einschreiten, wenn man ohne Verkehrsgefährdung bei Rot die Straße überquert. *„Die sind eben nicht so verkniffen deontologisch und rechthaberisch wie wir Deutschen“*, sinniert L., der einmal ein paar Semester Philosophie studiert hat. *„Wie würde es mir gefallen“*, fragte sich L., *„wenn jeder, in meine Situation versetzt, aufgrund der Verkehrslage selbst entscheidet, ob er die rote Ampel respektiert oder nicht?“* fragt er sich, Kants kategorischen Imperativ anwendend, und er kommt zu dem Schluss, dass er in so einem Land lieber und freier leben würde.

Aber die Frau meinte, ihn vorfüh-

ren zu müssen, vor ihrem Mann und vor ihrem Sohn, und hierin lag seiner Meinung nach ihre Schuld, die unverhältnismäßig größer war als seine; denn die Folgen ihrer Bemerkung hätten in einer Katastrophe enden können: Wäre er einer jener Heldensöhne, Spross einer Kultur der Ehre, dann hätte er ihren Mann ohrfeigen müssen, um die Beleidigung mit Blut abzuwaschen. Aber die Frau hatte genau hingesehen, bei wem sie sich so etwas herausnehmen kann. Bei einem Kutte tragenden Biker hätte sie sich das nicht getraut. Sie hatte die Regeln verletzt, wohl wissend, dass er Kavalier und zivilisiert genug war, sich nicht an einer Frau zu vergreifen.
Dabei hatte es sie nicht gekümmert, in welchem aufgewühlten emotionalen Zustand er sich hinterher ins Auto gesetzt hätte. Er wäre möglicherweise so vorgereizt gewesen, dass er bei der kleinsten weiteren Provokation durch aggressives Fahren einen Unfall verursacht hätte.

Als L. mir diese Story erzählte, fragte ich ihn, wie es wohl gewesen wäre und wie er reagiert hätte, wenn ein Bär von einem Mann einem anderen Holzfällertypen im karierten Hemd zugeknurrt hätte: *„Der könnte auch etwas schneller fahren. Der Dussel versperrt ja die ganze Straße."*
„Nichts wäre passiert", antwortete mir L. nach längerem Nachdenken, *„ich hätte einen selbstbewussten, aber nicht respektlosen Spruch hinüber geschickt, die Hand lässig zum Gruß gehoben, die „Kollegen" breit angegrinst und wäre weitergefahren."*
Was also war der letzte Grund hinter L.s Aggression? Dass er sich für überlegen hielt!

Das „Gefühl" der Überlegenheit kann aggressiv machen gegenüber dem Schwächeren, der die seit Jahrmillionen genetisch programmierte Ordnung nicht respektiert und damit Aggression als Reaktion hervorruft. Diese Aggression, bei Hunden wäre es Knurren, soll dem Schwächeren bedeuten: *„Respektiere meine alten Rechte, sonst muss ich dich in deine Schranken verweisen!"* Wird dieses Knurren (die kampfvermeidenwollende Aggression) nicht beachtet, dann wird aus der Warnung Gewaltanwendung. Um den einmal unbewusst gestarteten Prozess

zu stoppen, haben wir nur ein 0,2-Sekunden-Vetorecht. Nehmen wir es nicht wahr, weil wir zu wütend oder betrunken sind, müssen wir zuschlagen.
Dass Angst vor Strafe, gesellschaftlicher Ächtung, vor unziemlichem Auffallen oder im seltenen und besten Fall Einsicht und der Wunsch, das Gute zu wollen, die Katastrophe meist verhindern, steht auf einem anderen Blatt.
Gerade berichten die Medien, dass ein sich beleidigt fühlender Halbwüchsiger zwei Altersgenossen abgestochen hat: Das kommt davon, wenn man sich vergisst.

Wie ist dem Problem beizukommen? Im Glücksfall dadurch, dass zwei Personen aufeinandertreffen, von denen zumindest eine an sich gearbeitet hat. Entweder der Schwächere, egal ob Mann oder Frau, so dass er sich in die Gedanken- und Gefühlswelt anderer hineinversetzen kann. Oder der Stärkere, der bewusst genug ist, nicht mehr immer nur mechanisch und reflektorisch zu reagieren. Hoffen wir, dass er, wie L. beim Erkennen seiner Aggressivität, sich *an sich erinnert*, statt sich zu vergessen!
Der Weg dazu ist:

1. Die Erkenntnis, dass wir nicht besser sind als irgendein anderer, was das Gefühl der Überlegenheit relativiert

2. die Praxis des *Sich-selbst-Beobachtens* und dann

3. die WingTsun-Technik der „geteilten Aufmerksamkeit“, die auf psychologische Weise verhindert, dass man „sich vergisst“. Darüber werde ich an anderer Stelle sprechen.

Am Ende möchte ich mich bei den Leserinnen für das Niederschreiben einiger *scheinbar* frauenfeindlicher Gedanken unseres „Helden“ entschuldigen. Tatsächlich ist er mir gut bekannt und ganz das Gegenteil eines Frauenfeindes. Aber ein Sieger ist er wirklich, denn er hat sich selbst besiegt. Seine Aggressivität wurde nicht in Gewalt umgesetzt.
In einem habe ich Big L. korrigiert: Wenn mir einer ins Gesicht schlägt und mich damit körperlich verletzt, dann kann man ihm wohl die Schuld zuweisen. Aber

wenn mich einer *durch eine Beleidigung* verletzt, dann ist das auch meine Schuld, denn *ich* bin es ja selbst, der aus *mehreren Möglichkeiten* die gewählt hat, sich beleidigt zu „fühlen“. Weder die beiden lästernden Frauen noch die oberlehrerhafte Mutter waren schuld an seiner Wut, nicht *sie* haben ihn, sondern *er* hat sich geärgert. Sie haben nur den Impuls gegeben. Er hatte die Freiheit (und sie lobenswerterweise auch richtig genutzt), darauf entweder mechanisch zu reagieren oder die Kraft des Ärgers zu „borgen“, um sich an *sich zu erinnern.*

29.02.2004

Lau Chung Lek!

oder: Warum man (in der dritten Ebene seine Aufmerksamkeit teilen soll

Als ich im vorigen Editorial von dem stolzen Cadillac-Besitzer mit dem 44er Oberarm schrieb, der sich selbst beobachten konnte und dadurch seine Aggression rechtzeitig erkannte und in den Griff bekam, versprach ich heute von der Technik der „geteilten Aufmerksamkeit" zu sprechen oder davon, wie man vermeidet sich zu identifizieren und sich zu vergessen.

Meiner Erfahrung nach ist das zusammen mit unserer Beeinflussbarkeit unsere größte Schwäche, die uns daran hindert, bewusst zu werden und unser eigener Meister.
Am 20.12.2003 war ich beim Boxen in der Kieler Ostseehalle: Wladimir Klitschko gegen Danell Nicholson.
Über den langweiligen „Krampf" will ich gar nicht viel schreiben, außer, dass es mir bei dem erfolgreichen Clinchen des Gegners wieder einmal bewusst wurde, dass Boxen alleine selbstverteidigungsmäßig wenig Sinn macht, wenn es nicht durch Ringen ergänzt wird. Während ich aus den gezeigten Techniken wenig Nutzen ziehen konnte, bot die Reaktion des Publikums mir viel Gelegenheit, unsere menschliche Natur zu studieren.
Da ich nur alle zehn Jahre zu einem Massensportereignis gehe, hatte ich mir eine unverschämt teure Karte geleistet, was aber nichts daran änderte, dass meine Platznachbarn – wie in Deutschland üblich (woanders lässt man eher genitalfixierte Sprüche ab) – die gleichen meist analfixierten Zwischenrufe und Kommentare herausschrieen wie auf den preisgünstigeren Plätzen.
Ein Publikum, das so begeistert mitging, wie es sich der Veranstalter nur wünschen kann. Was kann falsch daran sein, wenn man sich so ereifert und sich selbst in die Rolle von z.B. Klitschko hineinversetzt, ihm Tipps zuruft oder sich mit ihm freut, als hätte man selbst zugeschlagen? Nichts oder alles, wenn man es sich als höchstes Ziel gesetzt hat, bewusster zu werden und verantwortlich für seine Taten.
Immer wenn wir uns vergessen, weil wir ganz in einer Sache aufgehen, hören wir dann auf, be-

wusst zu sein oder überhaupt zu sein? Das kann ein distanzierter Beobachter bei Sportveranstaltungen, vorm Fernseher, beim Tabledance und auch bei anderen Massenpsychosen wie Lynchmorden und der demagogischen Frage: *„Wollt Ihr den totalen Krieg?“* studieren. Wer als größte Schwäche des Menschen unsere Beeinflussbarkeit entdeckt hat, hat damit auch den schlimmsten Feind unseres Zieles, bewusster zu werden, ausgemacht.

Immer wenn wir uns dabei ertappen – und das kann eigentlich nur jemand nach vielen Jahren harter Arbeit an sich –, dass wir uns bei einem Argument in Eifer reden, andere Meinungen nicht gelten lassen, uns über Bemerkungen anderer ärgern oder aggressiv werden, unsere Gedanken immer nur grüblerisch um ein Thema kreisen, dann hat eine Identifikation von uns mit einer Sache stattgefunden, so dass wir selbst zu dieser Sache geworden sind und als Individuum zu existieren aufgehört haben.

So ist es eine wichtige Übung der 3. Ebene, seine Aufmerksamkeit zu teilen, in der Weise, dass wir einen Scheinwerfer auf die Sache richten, aber einen zweiten auf uns selbst.

Keinen Augenblick lang dürfen wir uns vergessen, egal wie spannend die Sache, um die es geht, sein mag. Während man im äußeren Leben „bei der Sache sein soll“, ist es im Sinne der dritten Ebene kontraproduktiv, „sich völlig auf eine Sache zu konzentrieren.“

Dass jemand, der distanziert die Dinge um sich herum und zugleich sich selbst sieht, auf seine Umwelt einen eher blutleeren und temperamentlosen Eindruck macht und wenige begeistern kann, weil er ja selbst eben nicht begeistert ist, sondern absichtlich Abstand hält, ist ein Nachteil, der sich aber nur in der 1. und 2. Ebene auswirkt. Auf dem Weg zu (mehr) Bewusstsein und zur Möglichkeit, nicht nur auf Ereignisse und Stimmungen reflexartig und mechanisch zu reagieren, sondern (gelegentlich) selbst zu entscheiden, ist es eine unerlässliche Voraussetzung.

Beim Chi-Sao oder gar beim Kampf (oder beim Motorradfahren, meiner wiederentdeckten Lei-

denschaft) darf man seine Aufmerksamkeit aber *nicht* teilen das könnte lebensgefährlich werden.
Während wir in der dritten Ebene von Identifikation, von sich vergessen oder in einer Sache ganz aufgehen sprechen, entspricht dies in der zweiten Ebene einem Sich-zu-weit-aus-dem-Fenster-Lehnen, sich zur Zielscheibe von Kritik machen, alles auf eine Karte setzen, und in der ersten, der körperlichen Ebene, der Gewichtsverlagerung etwa nach vorne, dem Sich-in-den-Schlag-Hineinlegen. Das taoistische Wu Wei spricht vom absichtslosen Handeln, sozusagen „sine ira et studio". Genau darum geht es. Und nicht umsonst ermahnt uns das WingTsun-Motto *„Lau Chung Lek"*, dass wir (wörtlich übersetzt) „unsere Center-Force zurückhalten", also nicht alles hineinlegen sollen, um nicht identifiziert oder „verhaftet" zu sein.
Stattdessen gilt es, die Aufmerksamkeit zu teilen, um unser Gleichgewicht, das körperliche und das psychische im Sinne des konfuzianischen „Maß und Mitte" zu bewahren.
Man kann nicht hypnotisiert werden, wenn man seine Aufmerksamkeit geteilt hat bzw. sich selbst beobachtet. In hypnoseartigen Halbschlaf zu geraten setzt eine Verengung der Aufmerksamkeit voraus. Nicht ohne Grund suggeriert der Hypnotiseur: *„Sie hören jetzt nur meine Stimme und fühlen wie Sie immer schläfriger werden."*
Allerdings wird für viele die Frage der Anwendbarkeit aufkommen. Wie kann ich meinen Beruf bewältigen, wenn ich mich nicht „voll reinhänge"? Was wird meine Frau/Freundin sagen, wenn ich mein „Temperament" zügele? Wie reagiert mein Umfeld, wie meine Freunde auf mein neues „Ich"?
Zweifellos erscheint jemand lebendiger und dynamischer, der selbst begeistert und leidenschaftlich ist, jemand, der sich ereifert, über andere lästert, schnelle und einseitige (Vor-)Urteile fällt und vor allem Negatives ablässt und über andere klatscht. Kurz, jemand der selbst von den Dingen hypnotisiert ist.
Aber in der sog. 3. Ebene lernt man auch sich von dem Eindruck, den andere von einem haben mögen, freizumachen. Wer sich das aufgrund seiner

Position in der Welt nicht leisten kann oder will, der darf sich nur *innerlich* ändern, aber nicht *äußerlich*. Der „muss" mit den Kollegen um die Wette lästern und so tun, als ob ihn der Firmenklatsch und die letzten Fußballergebnisse interessieren, der „muss" über Machowitze mitlachen oder selbst welche reißen. Natürlich „muss" er nicht wirklich, sondern er hat sich nur entschlossen, den Weg des Karma-Yoga (siehe mein entsprechendes Editorial) zu gehen, um seine (Lebens-)Rolle zu spielen, die das Leben (im Falle, dass er eine Art Prince Charles ist) oder er sich selbst auferlegt hat.

Wenn so ein Mensch die Rolle eines Führers auf sich genommen hat, dann muss er sich „künstlich" über die Fehler eines Untergebenen „aufregen" und den Aufgebrachten und Wütenden mimen (spielen), da der andere dieses Verhalten von ihm erwartet. In einer Beziehung muss er vielleicht sogar Eifersucht darstellen, damit ihm (falsch verstandene) Liebe geglaubt wird (wobei Eifersucht und objektive Liebe einander ausschließen).

Natürlich spielen wir im Leben alle eine Rolle oder sogar mehrere. Aber eine Rolle über viele Jahre *bewusst* zu spielen und sie *gut* zu spielen erfordert einen Grad an Bewusstheit, der aufgrund fehlender Energie nur von sehr wenigen erreicht werden kann.

PS:
Gelegentlich erhalte ich Briefe von Lesern, die zwar betonen, dass ihnen meine Editorials gefallen, sich aber ärgern, dass ich so tue, als ob es solche Inhalte *nur* in der 3. Ebene des WT gäbe. Falls ich diesen Eindruck erweckt haben sollte, so lag das nicht in meiner Absicht, WT hat solche Gedanken nicht für sich gepachtet. Jeder, der dafür eine Ader, ein „magnetisches Center", hat, wird über solche Themen nachdenken. Wenn ich sie als der dritten Ebene des WT zugehörig bezeichnete, dann nicht, um einen Alleinvertretungsanspruch zu stellen, sondern um zu verdeutlichen, in *welchem* Stadium des WT-Lernens derartiges Denken seinen Platz hat. Es gehört nicht in die erste und körperliche Ebene und auch nicht in die zweite, auf der man damit beschäftigt ist, sich in der äußeren Welt zu behaupten.

Manche fragen mich auch, ob es nicht möglich ist, alle drei Ebenen, mit sozusagen WT-typischer dreifacher Gleichzeitigkeit in Angriff zu nehmen. Vielleicht denkt Ihr einmal darüber nach und teilt mir Eure Ansicht dazu gelegentlich mit?

30.03.2003

Mach Dich frei von der Vorstellung, dass Du frei bist

„Wir sehen die Dinge nicht wie sie sind, wir sehen sie, wie wir sind."
Anais Nin

Die meisten von uns glauben zwar nicht mehr, dass die Erde der Mittelpunkt der Welt und eine Scheibe ist, um die die Sonne kreist, aber anderen viel wichtigeren Illusionen über uns selbst sind wir immer noch erlegen. Zum Beispiel der Illusion, dass wir wach, bewusst und frei sind, in der Lage zu tun, was wir wollen, dass wir Entscheidungen treffen und an ihnen festhalten könnten, dass wir eine einzige, permanente Person seien, die wir „Ich" nennen, und positiven Willen hätten. Solange wir aber im Aberglauben verhaftet sind, frei zu sein und unser Gefängnis nicht sehen, kommen wir nicht frei; denn wozu an Fähigkeiten arbeiten, die man schon zu besitzen glaubt? Wohl dem, der sich wie Sam im folgenden Limerick keine Illusionen über seine Lage macht, sondern alle Kräfte zu der möglichen Verbesserung einsetzt!

„An earnest young seeker called Sam
Said, "I think I've found out what I am.
I'm a creature that moves
In predestinate grooves.
I'm not even a bus; I'm a tram."

(Ein ernsthafter junger Suchender namens Sam
Sagte „Ich denk', ich weiß jetzt was ich bin.
Ich bin ein Geschöpf, das sich bewegt
In festgelegten Bahnen.
Ich bin nicht mal ein Bus; ich bin eine Straßenbahn.")

Sam ist insofern ein Gewinner, als dass er sich nicht mehr über sich selbst täuscht. Aber seine Situation ist nicht ganz so desolat und aussichtslos, wie er glaubt. Nicht alles ist determiniert und schon gar nicht für die Wenigen, die bereit sind, hart an sich zu arbeiten.

All die Eigenschaften, die wir uns wie selbstverständlich zuschreiben, sind nämlich unser angestammtes Geburtsrecht. Sie sind auch ursprünglich bei der Konstruktion des „homo sapiens sapiens" angelegt worden, aber sie sind nicht freigeschaltet. Nur wir selbst können durch unablässige und große eigene

Anstrengungen dieses Potential aktivieren. Solange wir das nicht tun, können wir nicht wirklich neue Dinge tun. Bis wir soweit sind, wird die Zeit nur immer im Kreis gehen. Alles wird eine Wiederholung alter, schon erlebter Situationen, Probleme und Gefühle sein. *„Hat man Charakter, so hat man auch sein typisches Erlebnis, das immer wiederkommt"*, wusste schon Friedrich Nietzsche.
Wir werden immer auf dieselben Personen „hereinfallen" und immer in denselben Schwierigkeiten stecken. Obwohl unsere Uhr rund ist in intuitiver Erkenntnis, dass die Zeit im Kreis geht und eine Wiederholung ist, und obwohl wir sehen, dass sich in der Natur alles zyklisch bewegt: Tag/Nacht, Sommer/Winter, glauben wir unerschütterlich daran, dass das reine Verstreichen der Zeit uns die Erfüllung unserer Träume bringt.
Wir Menschen stehen wie die anderen Tiere mit den Füssen auf dem Boden der Erde. Unser Kopf aber ragt ins Universum, denn wir haben ein bisschen Bewusstsein. Wir sind vielleicht nach „göttlichem" Bilde erschaffen und tragen diese Möglichkeit individueller psychologischer Evolution in uns.
Aber, wie ich nicht müde werde zu warnen: Es ist keine kollektive Evolution wie bei den nichtmenschlichen Tieren. Diese scheint mir eher mit dem Zusammenbruch der Zweikammer-Mentalität als abgeschlossen. Der Einzelne kann sich vervollkommnen. Aber die Menschheit als Ganzes wird weder besser noch schlechter.
Wir haben den Fahrstuhl verlassen und müssen jetzt – jeder einzeln – zu Fuß den Weg weiter nach oben finden.
Und wir können uns von den Anstrengungen der eigenen Arbeit auch nicht durch Mitgliedsbeitrags- oder Ablasszahlungen freikaufen. Kein Gott, kein Heiliger, kein Guru, kein -ismus, kein Buch, kein Mantra, keine Reise an sog. heilige Orte kann uns zu mehr Bewusstsein und eigener Verantwortung verhelfen, solange wir unser altes „Ich" überall mit hinnehmen.

PS:
Diese Erkenntnisse sind nicht mein geistiges Eigentum, sie ge-

hören allen. Ich widme sie denen, die sich auf einem nie endenden Guru-Trip befinden und niemals bei sich ankommen.

Was haben diese meine Absonderungen nun mit WingTsun zu tun? Mit der ersten und zweiten Ebene eher nichts, aber mit der dritten schon sehr viel.

Heißt es in der ersten, der körperlichen Ebene, *„Mache Dich frei von Deiner eigenen Kraft!“* und praktiziere „Siu-Nim-Tau“ (Kleine Idee), dann entspricht das in der dritten, der psychologischen Ebene, sich auf sich selbst zu besinnen, ganz von vorne anzufangen, alles in Frage zu stellen, nichts zu glauben und zuerst an sich selbst zu zweifeln und zu überprüfen, ob die Dinge wirklich so sind, wie unsere Sinne es uns glauben machen wollen.

30.04.2004

Der Letzte wird der Erste sein

Das Geheimnis effektiver Selbstverteidigung

Ausschnitt aus Großmeister Kernspechts Buch, das die logische Fortsetzung seines Werkes „Angriff ist die beste Verteidigung“ darstellt.

Woher wir wissen können, wann der Gegner angreifen wird.

Die warnenden Hirnströme

1965 haben zwei deutsche Neurologen entdeckt, dass zwischen einer und einer halben Sekunde, bevor wir eine einfache Handlung aus eigenem Antrieb beginnen (etwa den Finger krümmen), bestimmte Hirnströme bei uns zu erkennen sind. Diese große Zeitspanne zwischen dem Bereitschaftspotential für eine Handlung und der Handlung selbst erschien einem amerikanischen Gehirnforschungsprofessor ziemlich lang, so dass er herausfinden wollte, wann es dem Menschen denn bewusst wird, dass er eine solche willkürliche Handlung begehen will.
Seine Versuchsanordnung kann von uns in diesem Rahmen vernachlässigt werden. In jedem Fall entdeckte er, dass dem Menschen das Vorhandensein einer solchen Absicht erst ca. 0,2 Sekunden vor der Handlung bewusst wird. Mit anderen Worten, erst nach verstrichenen 0,3 Sekunden wird uns Menschen bewusst, dass wir (was eigentlich von uns?) eine Handlung beschlossen haben. Der Entschluss zu einer willkürlichen Handlung entsteht also ohne unser Wissen, die Handlung selbst startet unbewusst!
Dabei wird uns allerdings von unserem Gehirn vorgegaukelt, wir hätten den 0,3 Sekunden alten Entschluss gerade jetzt bewusst gefasst. Unser Bewusstsein betrügt uns also schamlos!

Was nützen uns nun diese Forschungsergebnisse für unsere *Blitz*Defence-Situation im ritualisierten Kampf?
Es ist ja interessant zu wissen, dass sich die Absicht zu einer willkürlichen Handlung schon 1 Sek. oder mindestens 0,5 Sek. (bei einfachsten Handlungen) als sog. Bereitschaftspotential im Gehirn abzeichnet. Aber in der Praxis können wir unserem

wutentbrannten Kontrahenten in der Kneipe kaum Elektroden am Kopf befestigen, um mittels mehrfacher Elektroenzephalogramme (EEG) anhand der Veränderungen des elektrischen Feldes bestimmen zu können, dass eine Vorwarnung vorliegt.

Die verräterische Körpersprache

Erst 0,2 Sekunden vor der Tat weiß der Angreifer, dass er zuschlagen will. Aber sein Gehirn und sein Körper wissen es schon 0,3 Sekunden vorher. Während der Angreifer noch ahnungslos ist, hat der Körper schon mobil gemacht: Die Hormone werden ausgeschickt. Die Geschütze werden ausgefahren. Die Geschosse werden ins Rohr geladen. Alles ist bereit, um die Lunte zu zünden. Die Motoren laufen auf voller Kraft. Die Muskeln bereiten sich schon auf den Rückstoß (*reactio*) vor.

Der künftige Angreifer selbst weiß noch nichts davon, aber der Verteidiger weiß mehr über ihn als er selbst.

Die vielen Millionen bit, die nicht in sein Bewusstsein vorgedrungen sind und ihm nicht zugänglich sind, können vom Verteidiger mit etwas Erfahrung gelesen werden. Sie sind für den, der Körpersprache versteht, die nötige Erfahrung hat und seiner Intuition traut, ein offenes Geheimnis.

Wer nur auf seinen Einsatz wartet und auf die verräterischen Zeichen des Körpers reagiert und nicht von der Angst gelähmt ist, der hat jetzt mehr als eine gute Chance, schneller zu sein als der Angreifer. Denn er kann jetzt früher als der Angreifer selbst oder zeitgleich mit ihm wissen, dass dieser gleich zuschlägt. Die rechte (sprachlose) Gehirnhemisphäre erkennt kreuzweise über das linke Auge, ohne dass wir sagen könnten woran, die Angriffsvorbereitungen des anderen.

Da wir mit einem vorher einprogrammierten WingTsun-Gegenangriff **re**agieren, können wir uns die Mindestreaktionszeit von 0,1 Sek. zuschreiben. Rechnen wir den Gegenangriff mit ebenfalls 0,1 Sek, ergibt sich eine Gesamtzeit von 0,2 Sekunden. Der Angreifer hat keine Reaktionszeit, wohl aber eine nicht zu unterschreitende Vorbereitungszeit von 0,5 Sekunden.

Wenn wir ihm dazu eine Angriffszeit von 0,1 Sek. addieren, ergibt sich für ihn eine Gesamtzeit von 0,6 Sek.
Für den wirklich rein theoretischen Fall, dass unser Verteidiger bei minus 0,5 Sek. (Bereitschaftspotential) den Beginn der Angriffsvorbereitung erkennt, könnte er den Angreifer 0,1 Sek. vorher am Kopf treffen, bevor dieser sich bewusst ist, dass er angreifen will. Vielleicht ist dies die Erklärung dafür, dass manche Möchtegernschläger, nachdem sie „was an den Kopf bekommen haben", stammeln: *„Aber ich wollte doch gar nichts machen."*
Da ich bei meinen Experimenten den „Gegner" oft treffe, wenn dem nach eigener Aussage gerade klar geworden ist, dass er angreifen will, gehe ich davon aus, dass ich oft schon bei etwa -0,2 Sek. das Bereitstellungspotential „unbewusst" erkenne und den „Gegner" treffe, wenn dem gerade bewusst wird, dass er angreifen will.
Selbst wenn der Verteidiger erst um -0,1 Sek.das „Bereitschaftspotential" erkennt und in den um 0,0 Sek. startenden Angriff des Gegners hinein kontert, wird seine Reaktion zeitgleich mit der Aktion des Angreifers sein. Aufgrund der überlegenen Angriffspositionen und -winkel des WT-Fauststoßes wird der *Blitz*Defence-Anwender den Arm des Gegners kontrollieren und selbst treffen.

Die Re-Aktion ist immer schneller als die Aktion!

Immer wieder lese oder höre ich von z.T. hohen Meistern auch verwandter Stile, dass die Aktion schneller sei als die Reaktion und dass wir doch Akteure sein mögen, die das Spiel aktiv bestimmen und initiieren. Erst nach jahrzehntelangem Forschen und Experimentieren erkannte ich die Wahrheit. Diese Leute rechnen nur von dem Beginn der Bewegung des Gegners aus und halten den Angreifer deshalb für überlegen, weil er keine Reaktionszeit benötigt. Tatsächlich wird der Angreifer aber durch eine Vorbereitungszeit, die in unserem Falle fünfmal so lang ist, gebremst. Erkennt der Verteidiger unbewusst rechtshemisphärisch das Bereitschaftspotential, dann kann er dem Agierenden – reagierend – leicht zuvorkommen. Da das

rechte Hirn aber nach Ansicht einiger Wissenschaftler schneller betrunken wird als das linke, sollte man in der Disko besser abstinent sein, wenn man Trouble erwartet oder anzieht ...
Es macht auch durchaus Sinn, dass die Natur die Reaktion schneller angelegt hat als die Aktion. Während derjenige, der tätig werden will, zuerst plant, sich in eine günstige Position bringt, „durchrechnet", wie er möglichst ausbalanciert die Wucht des Auftreffens im Arm und im Stand verarbeitet und über die Konsequenzen seines Tuns **vor**denkt, darf sich, muss sich der Verteidiger als Reagierender solche Gedanken nicht machen. Während der Angreifer zu einer Entscheidung finden muss, bedarf es beim Verteidiger nur einer semi-reflexartigen konditionierten Reaktion mit minimaler Vorbereitungszeit, wie der Schwanzschlag eines Reptils.

Weshalb der faire Held in den Western so oft gewinnt

Kein Geringerer als der Wissenschaftler Niels Bohr kam zu einem ähnlichen Schluss, als er darüber sinnierte, ob die romantischen Western recht haben, wenn sie bei Duellen den fairen, weiß gekleideten Helden gewinnen lassen.
Er schickte seine Studenten aus, um Spielzeugpistolen und Holster zu kaufen, und bewies ihnen, indem er einen nach dem anderen im Zweikampf besiegte, dass der Faire, der dem anderen den Vortritt lässt, gewinnen muss*. Und zwar nicht, *obwohl* er wartet, sondern *weil* er den anderen zuerst zum Eisen greifen lässt. Der Böse muss entscheiden, wann er ziehen will, dadurch braucht er länger als der Gute. Unser Held reagiert auf das Ziehen des anderen mit einer konditionierten Reflexhandlung, zu der er viel weniger Zeit benötigt als der Bösewicht.
Keine besonderen Entscheidungen (bits) dabei sind nötig, da der gegnerische Angriff nicht näher identifiziert werden muss und die Reaktion der vorher viele tausend Mal geübte eigene Schuss ins Zentrum des Angreifers ist.

Die Freiheit des Willens und das Vetorecht

Das Gehirn scheint seine Entscheidung verborgen und von

uns unbewusst zu treffen und teilt sie uns dann freundlicherweise mit Verspätung mit.
So vorteilhaft wie diese Verspätung des **Bewusst**seins für uns als Angegriffene im ritualisierten Kampf oder in einer Revolverduellsituation ist, so gemischt sind meine Gefühle, was die damit verbundene Freiheit unserer Entscheidungen angeht. Haben diejenigen recht, die sagen, dass der Mensch „nicht(s) tun kann?“ Das wirft Rechtsprobleme auf, denn wie kann man jemand für etwas bestrafen, für das er nicht selbst die Entscheidung getroffen hat?
Wie kann der Durchschnittsmensch die **Ge**bote des Neuen Testamentes einhalten, wenn er nur **Ver**bote mittels Vetorecht befolgen kann?
Es ist ein schwacher Trost, dass wir zumindest noch 0,2 Sekunden Zeit haben, den vom Gehirn (?) für uns (wem?) unbewusst geplanten Entschluss wieder abzublasen, nachdem wir uns dessen bewusst geworden sind. Mit anderen Worten, der Mensch hat 0,2 Sekunden lang ein Vetorecht. Grund genug, sehr bewusst zu leben und immer wieder in sich hineinzuhorchen und z.B. die Siu-Nim-Tau in Zeitlupe zu üben. Nur bei Zeitlupen-Übungen können wir achtsam genug sein, die Chance der zwei Zehntelsekunden zu nutzen, die den Unterschied zwischen Maschine und Mensch darstellt.
Immer wieder müssen wir in der täglichen Praxis versuchen, vor Einleitung einer jeden Handlung – sei es bevor wir zum Glas greifen oder den Schlüssel in die Tasche stecken – den Entschluss dazu bewusst zu fassen.

Unseren Zustand zu erkennen und ändern zu wollen, um uns selbst über die Maschine „Mensch“ zu erheben, d.h. den Roboter in uns zu überwinden und selbst die Verantwortung und Herrschaft über uns zu übernehmen, muss das wichtigste Ziel eines jeden Menschen sein!

Mache Dich frei von mechanischem Lügen

Wir Menschen lügen von morgens bis abends

Eine provozierende, eine unerhörte Behauptung, nicht wahr? Denn wieso „wir“? Die anderen oder viele Zeitgenossen, ja das mag sein. Aber wir, was ja „ich“ mit einschließt?

Na ja, so eine kleine harmlose Notlüge („white lie“) ist ja wohl ganz ok, wenn mir z.B. die Tante noch ein kleines Stückchen ihres harten pappartigen, geschmacklosen Karottenkuchens anbietet, und ich mich, akute Magenprobleme vorschützend, dem Druck elegant entziehe.
Oder wenn ich ihren grässlichen Kuchen artig aufesse und überschwenglich versichere *„mmh, wie lecker der schmeckt.“*
Was kann falsch daran sein, anderen liebenswürdig die Unwahrheit zu sagen oder mich selbst von unnötigen Erklärungszwängen zu befreien?
Heiligt der Zweck nicht die Mittel? Sind nicht gerade die Zeitgenossen besonders grob und verletzend, die stolz darauf sind, jedem auch die – für den anderen – unangenehmste Wahrheit aufzudrängen: *„Du, dein neues Auto hätte ich mir aber nie gekauft, ich finde es stilistisch völlig misslungen, allein dieses unausgewogene Heck ...“*
Es gehört zu den Grundlagen (vierte Vorschrift) des Buddhismus, dass man nicht lügen soll. Dabei wird Lügen definiert als die Unwahrheit sagen, um andere zu betrügen. Was ist nun, wenn man die Wahrheit nicht weiß, dann wäre das doch keine Lüge, oder? Und wenn man zu den Leuten gehört, die nichts erzählen können, ohne alles maßlos zu übertreiben?
Oder wenn man dem Lehrer „vorschwindelt“, man habe die Hausaufgaben zwar gemacht, aber nur zu Hause vergessen? Wäre das noch im grünen Bereich? Nun gibt es allerdings Religionen, die es ihren Anhängern verbieten, selbst einen Mörder zu belügen, der wissen will, wo der Herr des Hauses sich verbirgt. Ist es nicht sogar in manchen Dingen z.B. gewissen Religionen so, dass man anderen die Wahrheit nur dann verständlich machen kann, wenn man ihnen die Unwahrheit sagt?
Darf man lügen, um andere zu schützen? Darf man nicht lügen, wenn man sich geprüft und bei sich selbstsüchtige Motive ent-

deckt hat? Haltet Ihr es mit mir also für eine moralische Schwäche, wenn ein tückischer Anwender sog. weiser chinesischer Strategeme hinterhältige Tricks und Intrigen benutzt, um andere zu täuschen, zu seinem Vorteil zu benachteiligen und in Misskredit zu bringen? Aber um all diese Arten von verabscheuenswerten, aber auch harmlosen „Not-Lügen" geht es mir hier überhaupt nicht. Ich will versuchen, das Problem des Lügens vom Standpunkt der höheren Ebene des WingTsun zu erhellen. Im WT dreht sich alles darum, frei und bewusst und selbstbestimmt zu werden, um Befreiung von der eigenen Kraft, von der Kraft und dem Einfluss von anderen.

In meinem gerade erschienenen Buch *„Der Letzte wird der Erste sein"* spreche ich von der aktuellen von führenden Hirnforschern vertretenen (aber meines Erachtens noch zu relativierenden) Ansicht, dass der Mensch, so wie ihn „die Natur" geschaffen hat und wohl haben will, keine wirkliche Willens- und Entscheidungsfreiheit besitzt und dadurch nicht für sich und seine Handlungen verantwortlich sein kann. Somit kann der „untrainierte" maschinenartige Mensch auch seine Lügen nicht bewusst kontrollieren, ja er kann auch nicht „bewusst" lügen. Dennoch ist bewusstes Lügen leichter als mechanisches zu verhindern.

Da bewusst zu werden unser oberstes Ziel ist, bewerten wir Lügen jetzt nicht nach moralischen Kriterien, sondern lehnen es zunächst ab, weil es mechanisch geschieht. Um „automatisches Lügen" mehr und mehr abzulegen, müssen wir uns den Akt des Lügens erst einmal bewusst machen, indem wir z.B. eine Woche lang jeden Tag fünf „unschädliche", d.h. weiße Lügen, an den Mann oder die Frau bringen. Nur wenige „Naturals" können das auf Anhieb, den meisten bereitet selbst das Auftischen der harmlosesten und „altruistischsten" *white lie* großen Stress, so dass die damit einhergehende Selbstbeobachtung (wo ein „Ich" ein anderes beobachtet) mit großem Gewinn erfolgt.

Apropos verschiedene Ichs oder Teile (*subpersonalities*): Nach Ansicht mancher Wissenschaftler und nach meiner persönlichen Erkenntnis schlagen in jedes Menschen Brust nicht nur *„ach, zwei Seelen“*, sondern viele solcher *subpersonalities* teilen sich einen Körper. Da es sich um einen Körper handelt, der folgerichtig nur einen Namen hat, glauben wir Menschen, wir wären auch jeweils nur einer. Das Gefühl „das bin ich“ rührt von der Erfahrungen unserer Sinne her: Ich sehe meine Hand vor mir. Sie ist an meinem Arm dran und folgt meinem Befehl. Berührt sie ein anderer, dann fühlt sich das anders an, als wenn ich sie selbst anfasse. Alles, was mit mir passiert, ist etwas Besonderes. Ich bin der einzige wahre VIP meines Lebens (*„Wissen Sie nicht, mit wem Sie es zu tun haben?!?“)*.

Daher stammt unsere Illusion (unsere Täuschung), dass wir von anderen Lebewesen getrennt sind, dass wir eine permanente und einzige Person (*personality*) sind. Tatsächlich sind wir mehrere (*subpersonalities*) – mit der Bibel gesprochen „eine Legion“: Ein Ich ist z.B. stinkefaul und will lange schlafen, ein anderes ist bienenfleißig, ein weiteres ruhmsüchtig und besessen von Ehrgeiz. Ein ganz anderes hat Angst aufzufallen, ein anderes braucht Aufmerksamkeit, um sich sicher zu fühlen.

Allerdings tummeln sich in uns nicht nur harmlose Ichs, sondern in den Slumgebieten unseres Körpers auch hochgefährliche, kriminelle Ichs, denen niemand im Dunkeln begegnen möchte und die niemand beschwören, sondern besser schlummern lassen sollte.

Nicht ohne Grund heißt es bei Konfuzius im *Dschun Yung* sinngemäß, wir müssen besonders auf uns aufpassen, wenn uns keiner beobachtet und wir allein mit uns sind.

Aufgrund äußerer Einflüsse, Stress oder mechanischer Anstöße übernimmt irgendeines dieser sog. *subpersonalities* die Herrschaft über uns und nennt sich allein „Ich“. Dann passiert irgendwas Negatives. Jemand sagt etwas, das Wetter wird schlecht. Und ein anderer Teil von uns bemächtigt sich der Kommandozentrale. Wir sind ein morsches Segelschiff ohne permanenten Kapitän. Der Steuermann ist betrunken und die Mannschaft sieht sich Porno-Videos an, während das Schiff abwechselnd von

Stürmen gebeutelt und darauf von Windstille zur Bewegungslosigkeit gezwungen wird.
Da wir kein einziges und permanentes Ich haben, können wir, so wie wir von Natur aus sind, auch nicht die Kontrolle über uns ausüben. Wir können kein Ziel längere Zeit verfolgen und, jetzt komme ich endlich zum Punkt, wir können nicht zwischen Lüge und Nichtlüge unterscheiden, denn wir „müssen" uns selbst belügen, um mit unseren verschiedenen *subpersonalities* und deren Widersprüchen leben zu können. Wenn wir z.B. erkennen würden, dass in uns ein grausames, sadistisches Ich neben einem warmherzigen und selbstaufopfernden wohnt, dass ein geiziges, kleingeistiges, krämerisches Ich sich diesen Körper mit einem großzügigen Freigeist teilt, dann würden wir wohl daran ver**zwei**feln und vielleicht den sog. Verstand verlieren.
Damit das nicht passiert, hat „die Natur" uns ab Geburt mit festeingebauten Schockabsorbern (*defense mechanism*) ausgerüstet, die auf mechanische Art verhindern, dass wir mit den Abgründen und Widersprüchen unserer Psyche unabgefedert konfrontiert werden.
Diese *defense mechanisms* verhindern durch Dämpfer, dass es uns allzu deutlich bewusst wird, wenn ein Ich in uns das andere ablöst. Die Schockabsorber dämpfen aber nicht nur den harten Aufprall eines widersprechenden Teils von uns mit einem anderen, sie dämpfen auch unser Bewusstsein, indem sie es möglich machen, dass wir uns selbst belügen können, ohne uns dessen bewusst zu sein. Darin liegt der Segen und die Gnade der Selbstlüge, aber genauso die Gefahr. Sie macht uns unfrei und zu einer bemitleidenswerten Maschine, die selbst nicht einmal weiß, dass sie eine ist.

Der Mensch ist aber im Gegensatz zum Tier ein Mensch-Computer (*man-computer*), der weiß, oder besser durch Selbstbeobachtung, das heißt durch jahrelange Arbeit an sich, wissen „kann", dass er eine Art Automat ist. Und allein die Erkenntnis, ein Automat zu sein, nämlich ein Mensch, der durch Autopilot gesteuert wird, muss uns verändern und uns einen zunächst winzigen, klitzekleinen Teil von Freiheit, von eigener Entscheidung geben. Deshalb die nützliche Anfangsübung des „bewussten“ harmlosen Lügens. Maschinen sind ohne Verantwortung, ohne Schuld. Erst wer bewusst zu lügen gelernt hat, kann sich später „entscheiden“ zwischen Wahrheit und Lüge. Die Maschine selbst ist nicht gut und nicht böse. Erst der (wahre) neue Mensch, der nämlich, der nicht immer nur Automat ist, hat die Möglichkeit, nicht lügen zu müssen.

Erst nachdem er seine Maschinenhaftigkeit (*mechanicality*) überwunden hat, kann er anfangen, über Moral und dann aber auch über eine höhere, eine objektive Moral nachzudenken, die jenseits von der Mode des Zeitgeistes ist. Vorher ist jedes Philosophieren über Moral nur leeres Geschwafel und Zeitverschwendung wie die Frage, wie man Ungerechtigkeit, Grausamkeiten und Kriege verhindern kann.
Zurück zu den Dämpfern: Sie werden schon in jungen Jahren gebildet und haben oft damit zu tun, unser unvermeidliches Leiden erträglich zu machen und bestehen in der Regel aus Lügen und Selbstbetrug.

Beispiele für mechanisches Selbstbelügen:

- Eine Blondine, die der Schwarm seiner Jugend war, hat Egon auf grausame Weise vor seinen Kumpels abgewiesen und ihn der Lächerlichkeit preisgegeben. Von diesem Augenblick an könnte er noch bis ins hohe Alter mit verächtlichen Bewegungen und Verachtung reagieren, wenn von einer Blondine die Rede ist. In der Psychologie spricht man hier wohl von *reaction formation.*

- Ein unschuldiger Ausländer wird von Karls Kumpels schlimm behandelt. Karl weiß, dass er ihm helfen müsste und hat deshalb ein schlechtes Gewissen, aber er unterdrückt es und stellt sich nicht gegen seine Freunde, um diese nicht zu verlieren. Diese *suppression* ist ein Selbstschutz, der aber zumindest aufgrund des Erwachens des sog. schlechten Gewissens uns für einen Augenblick unangenehm bewusst macht. Hieraus lernen wir übrigens am Rande, dass Bewusstsein oft mit unangenehmen Gefühlen verbunden ist, umso mehr Grund für den Automat Mensch, dem Bewusstsein weiträumig aus dem Weg zu gehen.

- Hunde sind für viele der wahre und ehrlichste Freund und Begleiter des Menschen. Dennoch gibt es Menschen, die sie hassen. Da sie aber wissen, dass solch eine Einstellung nicht akzeptabel ist, benehmen sie sich wie die größten Hundefreunde. Sie gestehen sich selbst nicht einmal ihre wahren Gefühle ein (*repression*). Aber wenn man ihre Körpersprache beim Streicheln eines Hundes betrachtet, verrät sie alles.

- Ein Mensch beherbergt ein „Ich", dass es genießt, grausam zu Tieren zu sein. Aber andere „Ichs" verabscheuen Grausamkeit gegenüber anderen Lebewesen. Also distanziert sich der Mensch besser von diesem aufkommenden grausamen Wunsch: *„Oh, das war nur so eine Eingebung, eine vorübergehende verrückte Idee, das war nicht Ich". (identification)*

- Petras Mutter hat ihr das ganze Leben eingetrichtert, dass man zu Gästen freundlich sein muss. Nun ist die alte Dame längst nicht mehr am Leben, aber Petra bringt es nicht fertig, den unverschämten Gast, der sie bedrängt, vor die Tür zu setzen, denn sie muss dem Bild ihrer Mutter in ihr Genüge tun. Ihre Mutter ist wirklich so etwas wie ein introjekter Teil in ihr (*introjection*).

- *Projektion* nennt man es, wenn jemand seine eigenen Gefühle, statt sie anzuerkennen, bei einem anderen sieht. Ich erlebe es gelegentlich, dass mir ansonsten durchaus selbstkritische und sogar meditierende Schüler bzw. Kollegen Gefühle oder Motive unterstellen, die wirklich nicht auf mich, sondern auf sie selbst zutreffen. Allerdings darf man die Kritik anderer nicht leichtfertig mit: *„Ach, das ist nur eine Projektion"*, abtun, denn oft trifft der Vorwurf besonders dann zu, wenn man besonders laut protestiert. Unser Schmerzlaut zeigt dann, dass der andere voll getroffen hat. Einer meiner Schüler ist ein liebenswürdiger und hilfsbereiter Mensch, aber wie jeder in seiner Nähe (nur er selbst nicht) weiß, in bestimmten Bereichen sehr, sehr geizig. Einmal war ich dabei, wie seine Freundin es ihm vorwarf. Wir saßen in seinem Wohnzimmer und er flippte völlig aus, griff seine kostbarste chinesische Vase und drohte das superteure Ding – als Beweis seiner Nicht-Geizigkeit wutschäumend an die Wand zu werfen … *(Schau mal, was für teure Sachen ich besitze! Ich kann es mir sogar leisten, sie kaputt zu machen! Wie kannst du mich da geizig nennen? Würde so ein Geiziger handeln?)* Genau so handelt ein Geiziger, der es hasst, geizig zu sein und sich selbst nicht ertragen könnte, wenn er es wüsste. Gut, dass ihn seine körpereigenen Schockabsorber (*defense mechanism*) vor dieser Einsicht bewahren!

- Fridolin hat schon als Schüler die Erfahrung gemacht, dass er seine „Minderwertigkeitsgefühle" vergisst und sich wichtig und altruistisch vorkommt, wenn er anderen Ratschläge geben kann, wie sie ihre Probleme lösen können. Wenn er jemand trifft, der (auch) irgendwelche Schwierigkeiten hat, dann werden ihm seine eigenen bewusst, aber dieses Gefühl eigener Minderwertigkeit kann er dadurch übertünchen (*rationalization*), dass er sich vorlügt, dem anderen wie ein Samariter aus völlig uneigennützigen Motiven zu helfen. Und da die meisten Menschen sowieso einen mehr oder weniger stark entwickelten Hang haben, anderen zu helfen, vermischt sich dieser mit dem Schutzmechanismus, der seine eigenen Defizite überdeckt oder den Schock seiner Erkenntnis absorbiert. Je mehr Wahrheit sich mit dem Schutzmechanismus vermischt, desto glaubhafter und rationaler erscheint Fridolin seine *rationalization.*

- Unter Günters Oberfläche schlummert ein Abgrund von körperlicher Aggressivität. Da Günter aber weiß, dass seine Aggressivität gesellschaftlich nicht akzeptabel ist und es ihn in große Schwierigkeiten bringen würde, wenn er seinen Mitmenschen den Hals umdreht, „sublimiert" er seine Energie und lenkt sie auf das unkörperliche Gebiet, wo er seinem Mitbewerber genussvoll geschäftlich „den Hals abschneidet". *Sublimation* ist so etwas wie ein Ersatz, der nicht ganz so befriedigend wie der ursprüngliche Drang ist, aber dennoch genug Druck ablassen hilft. Wenn diese Transformation bewusst geschieht, dann um so besser. Aber in den meisten Fällen belügen wir uns und benutzen auch noch *rationalization* und andere *defense mechanisms*, um unsere jeweilige *sublimation* zu unterstützen.

Ist es Euch schon einmal aufgefallen, wie sehr wir unsere Augen schließen und im buchstäblichen Sinne wegsehen, wenn wir z.B. irgendetwas tun, für das wir uns schämen? Wir blenden dieses schamvolle und unerträgliche Ereignis sogar aus unserem Gedächtnis aus, so dass z.B. eine Kindsmörderin vor Gericht überzeugend aussagen kann, dass sie es nicht war, weil sie selbst nicht ertragen könnte, ihr Kind umgebracht zu haben. Jemand, der seinen Freund bestohlen hat und nicht damit leben kann, könnte die Erinnerung an diese peinliche Tat völlig verdrängen oder das Ganze so umdenken, dass am Ende der Freund daran schuld ist.
Durch langjährige und unermüdliche Arbeit an uns, durch Selbstbeobachtung und Meditation, können wir unsere verschiedenen Schutzmechanismen durchschauen und unsere wahren Motive und echten Gründe hinter den Gründen und damit „uns selbst" erkennen und vielleicht am Ende doch ein kleines Stück Willensfreiheit erreichen.

Diese Vorgehensweise, die zu immer mehr Bewusstsein, zur Befreiung von unserem tranceartigen Zustand und zum Erwachen eines objektiven Gewissens führt, ist aber verbunden mit sehr unangenehmen Gefühlen, so dass die meisten Menschen den Kampf gegen den Schlaf des Bewusstseins gar nicht erst aufnehmen oder nach kurzer Zeit wieder aufgeben.

30.06.2004

Elefant oder Fliege?

Das Problem, das uns alle über die Maßen beschäftigt und über dessen Lösung wohl nicht nur ich immer wieder tiefsinnige Grübeleien anstelle, ist ohne Zweifel folgendes:
Eine Fliege kann an der Decke herumspazieren, ohne herunterzufallen. Aber warum können wir das nicht?
Mit der Lösung dieses Problems könnten wir nicht nur die Wohnungsnot in Hongkong bekämpfen, und unsere Trainingsräume doppelt nutzen, wir könnten auch zwei WT-Schulen dort zulassen, wo nur eine reinpasst.
Aber wir wollen nicht vorgreifen und kehren zum Biologie-Unterricht zurück:
Würde unsere Fliege zur Größe eines Menschen anwachsen, könnte sie dann weiter so elegant an der Decke rumturnen? Nun, ihre Saugnäpfe wären tausendmal so stark wie jetzt, aber sie würde leider das Millionenfache wiegen und deshalb abstürzen und auf ihrem Insektenrücken landen und liegen bleiben wie Gregor Samsa als Käfer in Kafkas Metamorphose. Denn unabdingbar einher mit dem Größerwerden geht auch eine Zunahme an Gewicht. Leider wird die Fliege aber nicht in gleichem Maße schwerer wie sie größer wird. Nein, so leicht macht sie es uns nicht. Während die Größe, also die Oberfläche nur im Quadrat (x2) zunimmt, steigt das Gewicht in der 3.Potenz (x3).
Für unbeleckte Nichtmathematiker wie mich: Bei zweifacher Größe (Höhe) 2x2, aber vom Gewicht her: 2x2x2!).
Größer werden heißt also zwangsläufig unproportional (!) schwerer werden. Größer und schwerer werden hat die Vorteile, stärker und einflussreicher und bedeutender zu werden, und mit längerem Hebelarm kräftiger zuschlagen zu können, aber als Nachteile müssen wir Unbeweglichkeit, Schwerfälligkeit usw. dagegensetzen. Kein Vorteil ohne Nachteil, so ist das Gesetz des Lebens. Ein Elefant kann nicht hüpfen!
Die EWTO ist so ein starker Elefant geworden. 1967, als sie noch Budo Zirkel hieß und ich sie im Kieler Abendgymnasium gründete, war sie ein leichter Hüpfer von einer Fliege.
Am Anfang konnte ich noch alles bis ins Letzte leiten, regeln und kontrollieren. Aber jetzt reicht der Schöpfungsstrahl schon

lange nicht mehr bis in die letzte Zelle. Aber weshalb soll es mir besser gehen als mit meinem Körper? Meinen Armen kann ich noch befehlen sich zu heben, meiner Faust noch befehlen sich zu ballen, den Gelenken meiner Finger noch sich zu beugen, aber mein Wille reicht nicht bis in die letzte Ader oder in die letzte Nervenzelle. Ähnlich verhält es sich mit meinen Nachrichten an die Ausbilder und Mitglieder der EWTO: mein Wort erreicht nicht mehr alle! Hier müssen neue Kommunikationswege geschaffen werden!

Wäre es vielleicht besser nicht zu wachsen oder in unserem Falle zurückzuwachsen? Nein, ein Zurückwachsen gibt es nirgendwo, nur ein Schrumpfen, wie bei alten Menschen.

Wachstum ist das Charakteristikum des Lebens. Was nicht mehr wächst, das beginnt zu sterben. Die EWTO wächst beständig immer weiter und dies trotz Unkenrufe von Pessimisten und trotz törichter hausgemachter Störungen und Sabotageversuche von außen. Der Elefant wird immer größer und stärker. Und das ist gut so. Denn ein Elefant muss groß sein. Ein ausgewachsener, aber kleiner Elefant wäre ein Witz, genauso wie eine menschengroße Fliege ein Widerspruch in sich selbst wäre. Eine kleine, künstlich geschrumpfte EWTO wäre keine EWTO mehr.

Der Taoismus lehrt uns, dass das Gegenteil zu einer Behauptung oder in diesem Teil einer Strategie genau so richtig sein kann wie die ursprüngliche These. Daraus folgt, dass Kleines ebenso gut überleben kann wie Großes. Das Kleine, weil es sich besser verstecken kann, und das Große, weil es sich nicht verstecken muss, denn es ist ja stark genug, alle Widersacher zu besiegen.

Eine EWTO kann aber nur leben, wenn sie groß bleibt und wächst, denn sonst würde sie zwar weiterleben können, aber aufhören die EWTO zu sein.

Wichtig ist aber, dass das Wachstum nicht nur in Richtung Quantität geht, auch die Qualität muss wachsen. Das heißt Forschung (Unistudium), Ausbildung, Image fördernde Maßnahmen, Service gegenüber den Schulleitern, verbesserte Kommunikation, Werbung usw. Mit dem Weiterwachsen ist notwendigerweise Veränderung verbunden, denn nur der bleibt sich treu, der sich verändert. Veränderung ist das Alpha und Omega des WingTsun. Ebenso wie das Survival-Gesetz Nr.1: Die Anpassung. Wir erinnern uns: Worin ein WT-Anwender wirklich schnell sein muss, das ist die Anpassung an neue Situationen. Wir müssen uns mit der Veränderung der Situation verändern. Ein Status quo-Denken ist das Gegenteil von WingTsun. Es gilt, sich ständig an die sich verändernde Lage, an den Markt und den Zeitgeist anzupassen. Nur wenn wir das können, und täglich immer aufs neue unter Beweis stellen, sind wir trotz Größe und Gewicht anpassungsfähig und flexibel!

Als Nächstes brauchen wir eine Bestandsaufnahme der Ist-Situation, um neue Ziele zu fassen. Da sind alle Schulleiter zur Zusammenarbeit gefragt. Wir müssen unter anderem über andere Wege der Fortpflanzung nachdenken, denn die einfache Zellteilung greift nicht mehr. Vor 25 Jahren war es mein erklärtes Ziel, in jeden größeren Ort eine WT-Schule zu pflanzen, dieses Ziel war schon vor einigen Jahren übererfüllt, nun müssen wir unsere Ziele verändern, damit auch der Nachwuchs seine Chance hat. In der Natur ist jede Zelle nahezu gleich groß, der Elefant hat keine größeren Zellen als die Maus – nur viel mehr davon. Wir können aber – anders als die anderen Tiere – in die Zukunft planen, und wir können bewusst unsere Zellen vergrößern. Mit Hilfe unserer Experten, und niemand hat davon mehr als die EWTO, und auf die Erfahrungswerte unserer erfolgreichsten Schulleiter aufbauend, müssen wir die Zukunft nicht wie das *Schick*-Sal auf uns zukommen lassen, sondern wir können sie zum *Mach*-Sal machen und selbst schaffen!

Die EWTO ist zu groß geworden, als dass ich sie noch alleine und ohne die Hilfe der Schulleiter und Experten lenken könnte. Deshalb ist jeder Schulleiter hiermit aufgefordert, mit uns auf den künftigen Schulleitertreffen persönlich die neuen Ziele und damit den Kurs für die nächsten Jahre zu bestimmen.

Die EWTO, das seid Ihr, das sind wir alle, und gemeinsam sind wir stark!

30.06.2004

Der ‚missing link' zwischen Affe und Mensch sind wir selbst

Sinn und Zweck meiner monatlichen Editorials ist es, Euch zu helfen, Euch an Euch selbst zu erinnern, dass Ihr Euch nicht vergesst; denn es ist schwer bis unmöglich, sich selbst wachzurütteln.

Wie könnte ein Schläfer sich selbst oder gar andere wecken? Deshalb müssen wir abwechselnd wachen. Es muss immer einer da sein, der nicht ganz eingeschlafen ist und wecken kann. Das Schlimmste wäre es, wenn Ihr Euch zufrieden zurücklehnt, weil Ihr denkt, dass es genug ist, diese Editorials wie das *„Wort zum Sonntag"* zu lesen. Bitte verwechselt Lesen und Studieren nicht mit praktischer Arbeit an Euch selbst! Das theoretische Studium ist eine Sache, es ist die Voraussetzung, aber dann muss die persönliche Arbeit einsetzen. Jeder muss mit eigenen Augen sehen, sich dabei ertappen, wie er wie ein Automat reagiert. Dann wird vielleicht der Wunsch in ihm erwachsen, immer öfter kein Automat, kein Maschinenmensch mehr zu sein.

„Wazawai wa getai ni shozu", heißt es bei Gichin Funakoshi, dem Begründer des modernen Karate: „Unglück geschieht immer durch Unachtsamkeit." Unachtsamkeit, das heißt *schlafen*, in Trance sein, *mechanisch* reagieren, identifiziert sein, *sich vergessen*. Mechanisch zu reagieren ist die *wahre* Sünde, durch die wir unser Ziel, achtsam und verantwortlich zu handeln, verfehlen.
Wir müssen uns selbst als der *„missing link"* zwischen dem Affen und dem Menschen begreifen, denn solange wir nicht selbst die Kontrolle über uns haben, solange wir für unsere Handlungen nicht verantwortlich sein können, solange wir nicht anders handeln können, sind wir noch lange nicht die Krone der Schöpfung, sondern nur Menschen in Anführungsstrichen, „Menschen", die ihr Geburtsrecht auf Selbst-Vervollkommnung noch nicht wahrgenommen haben. Aber sputen wir uns, falls alles stofflich ist, dann ist es auch die Zeit, und unsere Option läuft vielleicht schneller aus, als wir meinen.

31.07.2004

Wie befreit man sich von seiner eigenen Kraft?

„Der Mensch wird frei geboren, aber er liegt überall in Ketten.“

Jean-Jacques Rousseau

Wer befehlen will, muss erst sich selbst gehorchen lernen; wer seine eigene Kraft einsetzen will, muss erst lernen, wie er sich von seiner eigenen Kraft befreit; denn nur wer sich von seiner eigenen Kraft befreien kann, kann sich von fremden Kräften frei machen.

Alles beginnt bei uns selbst, und es beginnt mit dem kleinsten Schritt, der uns fast unwichtig erscheint. Sich von der eigenen Kraft befreien, nennt man Entspannung. Nun ist es schwer, jemand Entspannung zu lehren, indem man ihm sagt: *„Entspann Dich!“* Das Gegenteil, nämlich alle Muskeln anzuspannen, erlernt sich schneller.

Richtige Entspannung beginnt mit den kleinen Muskeln, mit der Gesichtsmuskulatur, mit den Muskeln der Finger und der Zehen. Solang die Muskeln um Ihren Mund, um Ihre Augen und Ihr Augenmuskel selbst angespannt sind, müssen alle Versuche einer effektiven Entspannung scheitern. Wenn ich einen angestrengten Blick und verspannte Kiefern bemerke, weiß ich, dass die Person Gefangener ihrer eigenen sinnlos angespannten Muskeln ist. Unser modernes Leben mit seiner rastlosen Hektik produziert ständig Spannungen in unserer Muskulatur, besorgten Gesichtsausdruck und damit eine ungeheure Energieverschwendung. Energie, die wir dringend nötig haben, um wachsam und bewusst zu leben.

Wenn jemand permanent Benzin verliert, dann kann er entweder an jeder Tankstelle nachtanken oder er kann die Löcher im Benzintank schließen, durch die unaufhaltsam Treibstoff entweicht. Neue Energien zu gewinnen, ist ein schwieriger Vorgang, leichter ist es zunächst, alle Lecks zu schließen. Durch verspannte Muskeln und durch negative Emotionen (darüber sprechen wir später) verlieren wir mehr Energie, als wir bestenfalls dazu gewinnen könnten.

Wer niedergeschlagen und

ängstlich ist, wird auch äußerlich eine entsprechende Haltung und einen entsprechenden Gesichtsausdruck zeigen, denn die über hundert kleinen Gesichtsmuskeln spiegeln den Gemütszustand, die Emotionen am besten wider.

Nun bestimmt das Innere das Äußere, aber auch das Äußere das Innere. Ändere Deinen Gesichtsausdruck und Deine Körperhaltung. Gehen Deine Mundwinkel wieder hoch, glätten sich Deine Stirnfalten, lockert sich Dein Kiefer und entspannen sich Deine Hände, dann muss sich auch zwangsläufig Dein Denken und Dein negativer Gemütszustand zum Positiven verändern.
Wer bemerkt, dass er leicht geballte Fäuste und angespannte Kiefernmuskeln hat, der kann sein emotionales Stadium, z.B. Vorgereiztheit, rechtzeitig erkennen und damit die Eskalation zur großen Katastrophe verhindern. Hast Du einmal beobachtet, wie sich Deine beginnende Aggressivität in bestimmten Verspannungen, in einem bestimmten Gesichtsausdruck und in bestimmten Körperhaltungen ausdrückt? Wohl kaum, denn gerade in solchen Krisensituationen vergessen wir uns leider völlig und gehen restlos in dem betreffenden seelischen Zustand auf, mit dem wir uns identifizieren. Wir werden selbst zur Wut, zum Neid, zur verletzten Gerechtigkeit und haben aufgehört noch außerhalb dieses negativen und unnützen Empfindens zu existieren. Wir sind untrennbar eins geworden mit unserer negativen Emotion, so dass wir keinen Abstand gewinnen und uns nicht beobachten können. Wir sagen zu der negativen Gemütsbewegung, zu Hass, Eifersucht, Neid *„Ich“* und sind rettungslos ihr Gefangener geworden. Wir können uns von der Emotion nicht befreien und auch nicht von der Muskelverspannung, die damit einhergeht.

Sei aufmerksam, solange es noch nicht zu spät ist. Erkenne den Zustand der Vorgereiztheit an den sich verspannenden Muskeln, die dabei sind, einen steifen (oder dicken) Hals zu bilden.

Gehe gewohnheitsmäßig in bestimmter Reihenfolge alle Muskeln Deines Körpers durch und entspanne sie nacheinande. Fange mit den Muskeln um die Augen herum an. Entspanne ebenso die Muskulatur um die Nase, die Dir diesen verächtlichen, hochmütigen Ausdruck verleihen; danach mache Dir bitte den Spannungszustand der Muskeln um Mund und Kinn bewusst. Anschließend lockere die Partien vorne am Hals und am Genick und Hinterkopf, die Dir den verspannten („dicken") Hals verursachen. Hebe zur Kontrolle die Schultern hoch und lasse sie wieder fallen, damit Du weißt, dass sie wirklich unten sind. Weiter geht es von den Schultern über die Arme bis in die Hände. In dieser Weise arbeite Dich über die großen Muskeln bis zu den kleinen Zehenmuskeln hinunter. Natürlich nimmt das Zeit in Anspruch, aber es lohnt sich. Wenn Du nur wenig Zeit hast, machst Du die große Tour durch den ganzen Körper nur einmal pro Woche. Ansonsten muss es dann genügen, wenn Du pro Tag nur die Muskeln entspannst, die bei Dir gewohnheitsmäßig verspannt sind. Die Gesichts- und Schultermuskulatur und auch die Handgelenke spielen dabei meistens Schlüsselrollen.

Negative Emotionen (Hass, Neid, Eifersucht, Misstrauen usw.) resultieren u.a. in angespannten (Gesichts- und Glieder-)Muskeln. Angenehme Emotionen entspannen und öffnen.

Meist bewirkt die Emotion die Körperhaltung, aber umgekehrt kann eine verkrampfte Körperhaltung die Ursache einer negativen Emotion sein. Vergiss nie, dass bestimmte verkrampfte Körperhaltungen eine bestimmte ebenso starre geistige Haltung, unflexibles Denken und negative Emotionen hervorrufen: innen wie außen und außen wie innen. Alles ist miteinander verbunden. Die Trennung von Gemüts- und Körperzustand gibt es nur in unserem Denken.

Andererseits kannst Du über bestimmte befreiende Körperhaltungen (die sich u.a. in unseren Formen, besonders beim Chi-Kung finden), über das Stammhirn auf Dein Bewusstsein einwirken und es verändern. Achte z.B. einen Tag „bewusst" darauf, Deine Stirn nicht missbilligend zu runzeln, und alle Deine missbilligenden Gedanken werden verschwinden! Wir sind Gefangene unserer angewöhnten und von Eltern usw. abgeschauten Körperhaltungen. Diese bestimmen u.a. auf mechanische Weise unsere Emotionen. Gelingt es Dir, Deine Körperhaltungen wahrzunehmen und zu ändern, dann wird sich Dein Denken und Dein ganzes Wesen ebenfalls ändern. Aber es ist schwer, sich daran zu erinnern und nicht in die alten Haltungen zurückzufallen, wenn das hektische „Leben“ uns hypnotisiert, einschläfert, in seinen Bann zieht und zu Maschinenmenschen macht. Das mit sich machen zu lassen, sich entmenschlichen zu lassen und den Dingen zu erlauben, uns zu roboterisieren, das ist vielleicht die eigentliche „Sünde“ (*hamartano*), die Ver-Fehlung, von der in den Evangelien und Gleichnissen Jesu die Rede ist. Hier ist „Buße tun“ (*Metanoia*), was eigentlich *„neu überdenken“* und *„anders denken“* heißt, nötig, wenn man ein neuer Mensch werden will.

Dies ist die wahre Bedeutung von „Wiedergeburt“: sich verändern und bewusst werden. Der unbewusste Mensch muss *psychologisch* (nicht wirklich *körperlich*) „sterben“, damit der bewusste geboren werden kann; denn ein bewusster Mensch, d.h. ein neuer Mensch kann nicht gewalttätig und böse sein. Gewalt entsteht durch Unbewusst- und Mechanischsein. Bewusstes Bösesein, Gewalttätigsein ist eigentlich nicht möglich. Auch Verbrecher nehmen sich nicht selbst als böse wahr. Sie glauben, im Recht zu sein ...

Lege besondere Beachtung auf das Entspannen der Handgelenks- und Fingermuskulatur, vor allem, wenn Du in Zeitnot bist. Wenn Deine Hände, Deine Finger, bis in den Daumen entspannt sind, wird es Dir schwer fallen, gewalttätig zu sein. Konzentriere als Übung Dein Bewusstsein in Deinen rechten Daumen, danach in den linken.

Negative Gefühle „unterdrücken"?

GM Keith R. Kernspecht beantwortet Fragen zu seinem Buch „Der Letzte wird der Erste sein"

Raten Sie wirklich dazu, Gefühle zu unterdrücken?
Sehr geehrter Autor, ich finde auch Ihr neues Buch unglaublich lesenswert und empfehle es allen meinen Sportkameraden, weil es sich so sehr von normalen Selbstverteidigungsbüchern abhebt.
Dennoch bin ich als Psychologiestudent nicht einverstanden mit Ihrem Ratschlag auf S. 8. Ich zitiere: *„Die Fähigkeit, bei sich selbst aufkeimende Impulse rechtzeitig zu erkennen und zu unterdrücken, sollte uns ebenso auszeichnen wie das Hineinversetzen in andere, um ihre Emotionen zu verstehen."*
Dass das rechtzeitige Erkennen von Emotionen unerlässlich ist, sehe ich ein. Das Hineinversetzen in andere macht ebenso für mich Sinn, aber das Unterdrücken von Gefühlen ist meiner Meinung nach immer falsch.

Karl Gebhard, Hamburg

Sehr geehrter Herr Gebhard,
Sie beziehen sich auf das Vorwort zu meinem Buch. In der Tat muss ich um Nachsicht bitten, denn ich hätte diese Andeutung im weiteren Text unbedingt näher erklären müssen, damit kein Missverständnis entsteht.
Wenn ein Leser, der meine Technik nicht kennt und meine Terminologie, die möglicherweise in der modernen Psychologie, Philosophie oder sonst einer Spezialdisziplin anders besetzt bzw. benutzt wird, könnte er mich für einen Verfechter des „positiven Denkens um jeden Preis" halten und gründlich missverstehen.
Nun liegen meine eigenen Studienjahre schon lange zurück, was mich aber nicht daran hindert, ein leidenschaftliches, *dilettantisches* Interesse an solchen Themen zu haben, wobei es mir aber immer um die *praktische* Umsetzung und den Bezug zum WingTsun geht.

Ich hätte mich, was aus Platzmangel nicht möglich war, wie folgt ausdrücken müssen: *„Ich sehe es als eine lohnende Praxis* (aber nur für Leute mit gesundem Selbstwertgefühl und auf keinen Fall für solche, die ihren Ärger nicht zeigen können, selbst wenn sie wollten) *an,* *nicht gewohnheitsmäßig und mechanisch jeder negativen Emotion sofort Ausdruck zu verleihen.“* Das gilt als Übung schon für das automatische Stöhnen über das schlechte Wetter oder Langeweile und ganz besonders bei aufkommenden unangenehmen und energieraubenden Gefühlen wie Aggression, Neid, Eifersucht, Ärger, verletzter Gerechtigkeitssinn usw.

Wenn ich neutral von „unterdrücken“ oder „nicht ausdrücken“ sprach, dann meinte ich damit nicht das Verleugnen (*denial*), Verbergen (*concealment*) oder die Repression (*repression*) negativer Emotionen. In bestimmten Ländern, in bestimmten Gesellschaftsschichten ist es tabuisiert, Gefühle zu zeigen. Aber das meinte ich keineswegs. Mir geht es nicht darum, negative Gefühle zu „verdrängen“, „in sich hineinzufressen“ oder „sich einzureden, dass man sich z.B. gar nicht ärgert“. Ganz im Gegenteil soll die Technik des inneren Kampfes, negative Emotionen *nicht auszudrücken*, dazu führen, dass sich der Betreffende ihrer eben *besonders* bewusst ist. Wie heißt es im *Dschun Yung*, der Lieblingsphilosophie des verstorbenen Großmeisters Yip Man: *„Das was man verbergen will,* ist (einem selbst) das Allerdeutlichste!“ Wir wollen die negative Emotion *nicht* in unser Unterbewusstsein herunterdrücken. (Wobei ich es mir nicht verkneifen kann, zu bemerken, dass ein *Unter*bewusstsein ja eigentlich vom Namen her die Existenz eines Bewusstseins voraussetzt.) Um *mehr* Bewusstsein geht es uns, und jedes unangenehme Ereignis ist für den, der das Leben zum Lehrer nimmt, eine günstige Chance, wenn auch nur für kurze Zeit, bewusst zu sein. Indem wir nämlich inneres Krafttraining machen und dem Impuls nicht nachgeben, sondern die mechanische Äußerung z.B. des Ärgers über den weggenommenen Parkplatz nicht „unterdrücken“, aber auch nicht ausblenden, werden wir uns unseres inneren Zustandes deutlich bewusst und wir können ihn als Zeuge und Beobachter gut verfolgen, indem wir aus den Augenwinkeln zu uns sehen, wie zu einem exotischen Tier, das man studiert.

Ich sage meinem Schüler etwa: Du beobachtest Dich aus der Distanz, teilst Deine Aufmerksamkeit, siehst die Angelegenheit und Dich selbst mit Deinem Ärger. Aber Du kannst nicht mehr eins werden mit der Wut, Du kannst Dich nicht mehr mit dieser Emotion identifizieren und selbst zur Wut werden. Nutze jede Gelegenheit, wenn etwas nicht so läuft, wie Du möchtest, indem Du das scheinbar Unangenehme in eine innere Übung verwandelst und der Emotion keinen Ausdruck verleihst, ihr nicht nachgibst, aber die Irritation die ganze Zeit fühlst. Und Du solltest sie auch so körperlich wie möglich fühlen, etwa als leichtes Brennen im Magen. Spüre diesem Brennen nach. Koste es aus und Du wirst nach einiger Zeit des In-Dich-Hineinhörens spüren, wie diese Irritation sich selbst verbraucht und nicht einfach nur verschwindet, sondern als neue Energie in Dein System recyclet wird. Du hast den Ärger verbrannt und musst ihn nicht länger mit Dir herumschleppen!

Dies ist nur eine oberflächliche Erklärung der Technik, mit negativen Gefühlen zu kämpfen, und nicht meine Erfindung. Tatsächlich steckt viel mehr dahinter, denn wie immer im Taoismus geht es um Energien und in diesem Fall um 1. Stopfen von Energielecks und 2. Transformation (Wandelung) negativer Gefühle in positive Energie.

Aber auch eine innere Technik wie diese ist eine Technik und mit guter Anleitung erlernbar. Am Anfang wirst Du Dich erst beobachten können, wenn der Impuls schon vorüber ist. Später mit der entsprechenden hartnäckigen Praxis wirst Du schon den Ansatz des Impulses erkennen.

Ich möchte gerne sagen, dass es sich hier um eine ausschließliche WT-Technik der 3., also der höchsten und inneren Ebene handelt. Aber mir ist sie auch aus anderen inneren Lehren bekannt.

Bei den Alchemisten sollte so das „Blei“ der normalen Erfahrung in das „Gold“ des Bewusstseins verwandelt werden. Nur exoterische, also oberflächliche, Alchemisten glaubten an die Verwandlung eines unedlen Metalls in Gold. Hitze ist zur Verwandlung in Energie-Gold nötig, nicht ohne Grund sprechen die Chinesen vom Entfachen des Ofens mit dem Blasebalg, wenn von der ChiKung-*Siu-Nim-Tau*-Form und *Chi*-Gewinnung die Rede ist. Auch dort zittern die Beine und es tritt ein ähnlicher Effekt ein wie bei der Friktion (Reibung), die durch den inneren Kampf mit den Irritationen entsteht.

Auch im inneren Christentum spricht man in diesem Zusammenhang von „Feuer“ und Christus sagt in der Offenbarung des Johannes, Kapitel 3, Vers 18: *„Ich rate dir, dass du Gold von mir kaufst, das im Feuer geläutert ist, damit du reich werdest.“*

30.09.2004

Jan Silberstorff zur 1. Auflage von „Der Letzte wird der Erste sein“

Jan Silberstorff, Jahrgang 1967, ist der direkte Schüler seines Großmeisters Chen Xiaowang. 1989 absolvierte er die staatliche Lehrerprüfung für Taijiquan in der VR China. 1994 gründete er unter der Schirmherrschaft von Großmeister Chen Xiaowang die WCTAG (World Chen Taiji Association Germany), den heute wohl größten Taiji-Verband Europas. Er spricht fließend Chinesisch und wurde bekannt durch seine zahlreichen Turniersiege in Europa und der VR China sowie durch regelmäßige Publikationen über Taijiquan in Fernsehen und Presse.

Sehr geehrter Herr Kernspecht,
mit Freude und Genuss habe ich nun Ihr Buch gelesen und bin aus vielen Anlässen heraus hocherfreut.
Zum einen, weil es augenscheinlich ist, dass wir derzeit an ähnlichen Konzepten arbeiten. Zum anderen, weil es mich freut, dass mir eine mir selbst unangenehme Arbeit, die Ihnen sehr viel mehr zu liegen scheint, durch Sie abgenommen wurde: und zwar der Versuch, unsere Konzepte wissenschaftlich zu hinterlegen.

Ich selbst argumentiere in der Regel lieber aus der Erkenntnis, welche mir aus dem praktischen inneren Training meines Taijiquan erfahrbar wird, sowie der Bestätigung durch die erfolgreiche Umsetzung in der Praxis. Daher neige ich eher dazu, meine Theoreme mit „Geschichten“ aus meinem Leben zu ergänzen und versuche so, meine angeborene Faulheit gegenüber wissenschaftlicher Recherche und Quellenangaben, auszutricksen.

Ich finde mich daher sehr in dem von Ihnen zitierten unbenannten indischen Mystiker und Professor (Vorwort) wieder, der da sagte, dass der östliche Verstand nur pseudowissenschaftlich sein könne. Vielleicht habe ich deshalb so viel Zeit meines Lebens in diesen Regionen verbracht …
Bei Ihnen entdecke ich eine angenehme Mischung von beidem. Das freut und erleichtert mich. Ich kann in Zukunft auf Ihr Buch verweisen und darf daher weiter bei meinen „Geschichten“ bleiben …
Auf Seite 34 erwähnen Sie einen klassischen Grundsatz chinesi-

scher Kampfkunst (er spielt im Taijiquan eine tragende Rolle, ist aber traditionell ebenso im Shaolinquan verankert): *„Wenn der Feind sich nicht bewegt, bewege ich mich auch nicht. Sobald der Gegner sich bewegen will, bewege ich mich zuerst.“* Ich denke, dies ist inzwischen ein gemeinsamer Ausgangspunkt unserer beider Arbeit. Ich habe mir jedoch innerhalb meiner Verbandsarbeit erlaubt, die Übersetzung dieses Satzes (im Taijiquan wörtlich: *„Der Gegner bewegt sich nicht, ich bewege mich nicht. Der Gegner bewegt sich, ich bewege mich vor ihm.“)* etwas anders zu übersetzen bzw. zu ergänzen: „Der Gegner bewegt sich nicht, ich bewege mich nicht. Der Gegner bewegt sich, ich bin schon da.“

Damit bringe ich mich nicht nur in die Situation, zwar als Letzter zu starten und mich dennoch als Erster zu bewegen (was Sie sehr schön durch die neurologischen Untersuchungen ergänzt haben), sondern ich stelle gleichsam noch sicher, dass ich auch wirklich erfolgreich als Erster ankomme, ja mehr noch, wo immer der Gegner ansetzt, bin ich schon angekommen, ich werde also quasi zu seinem Albtraum, denn wohin immer er gehen möchte, warte ich bereits auf ihn. In den „Schiebenden Händen“ üben wir dies, in dem wir versuchen, weit in den Gegner „hineinzugehen“ und ihn in seiner Bewegung bereits vom tiefsten für uns wahrnehmbaren Zentrum aus zu begleiten, eigentlich sogar eher zu führen. Bei guter Praxis erfahren wir dabei einen Quellpunkt der Bewegung des Gegenüber, der ihm selbst jedoch mangels „Einfühlungsvermögen“ unbekannt ist. Natürlich können wir beim Gegenüber nur eine Tiefe von Bewegung wahrnehmen, wenn wir diese generell bei uns selbst wahrnehmen können. Daher kommt zuerst immer die Selbst(er)kenntnis. In der Praxis bedeutet dies: Immer steht das Formentraining vor den Schiebenden Händen. Es erklärt sehr gut den alten Spruch von Laotse: *„Wer den anderen kennt, ist klug, wer sich selbst kennt, ist weise.“* Oder auch den Klassiker: *„Man muss zuerst den inneren Feind besiegen, bevor man den äußeren Feind besiegen kann.“* Wir nehmen das sehr wörtlich.

Daher spielt die Energiearbeit bei uns eine so große Rolle. Eine jegliche Regung, sei es physisch oder mental, ist aus unserer Sicht immer erst eine Folge innerer Energetik. Ähnlich wie man normalerweise nicht die Energie selbst, sondern immer erst deren Wirkung wahrnimmt. Dschuang Dsi spricht hier vom „Fasten des Herzens", um auf eine Ebene hinzuweisen, die vor den uns bekannten Wahrnehmungen (unseres Selbst und darüber auch des anderen) liegt. Das bedeutet, man muss den Bereich wahrnehmen, der vor dem Fühlen liegt. Daoistisch: Man muss das Nicht-Fühlen fühlen. So kann der Weise *„im Verborgenen handeln"* bzw. *„nicht handeln und doch bleibt nichts ungetan"* (Laotse); denn dieses Handeln findet in einem Bereich statt, der vor der Wahrnehmung eines Untrainierten liegt und bleibt ihm daher verborgen bzw. er kann keine Handlung erkennen. So sagt unser Stilbegründer Chen Wangting (17. Jahrhundert): *„Niemand kennt mich, wobei ich alle kenne."*

So ähneln wir uns auch in dem Satz auf Seite 37 Ihres Buches: *„Verfolge nicht die Arme, sondern den Körper".* Aufgrund vorangegangener Darstellung würde ich jedoch eine Stufe weiter (nach innen) gehen und sagen: *„Folge nicht den Bewegungen des Gegners, sondern seinem Zentrum."* Dieser Satz wird auch bei den meisten Ausübenden im Taijiquan falsch verstanden. Sie versuchen, den Bewegungen (und so schließlich und endlich auch den Armen) zu folgen, und dies sogar auch dann noch, wenn sie durch diese real gar nicht mehr bedroht werden oder vielleicht tatsächlich auch nie bedroht wurden (und dies nur nicht bemerkt haben).

Folge oder besser (beg-)leite ich jedoch die Bewegungen des Gegners aus seinem Zentrum, übernehme ich die Schirmherrschaft gleich von Anfang an. Im Ideal hieße das: Der Gegner kommt in dem Sinne gar nicht erst vor und der Kampf wird zu einem „Nichtkampf". In der Praxis bedeutet dies den Sieg im allerersten Moment.

Immer mehr zur Quelle der Bewegung vorzudringen bedeutet, dass die Bewegungen immer kleiner und daher auch subtiler werden, worauf wiederum folgender Satz innerer Kampfkunst beruht: *„Große Bewegungen* *sind nicht besser als kleine Bewegungen. Kleine Bewegungen sind nicht besser als Nicht-Bewegungen. Aus der Nicht-Bewegung entsteht wahre Bewegung."*

Um all diese Phänomene wahrzunehmen, müssen wir natürlich eine tiefe Reise in uns selbst antreten. Das erklärt die Ausübungsweise des Taijiquan und seine so genannte „innere Energiearbeit", das Qigong. Daher wird Taijiquan und speziell der Inhalt von Formentraining von Außenstehenden oft missverstanden. Wichtig ist daher, nicht die Formen einfach zu machen, sondern ihre wirkliche tiefgehende Bedeutung zu verstehen und sie daher als Werkzeug innerer Arbeit zu verstehen und nicht bloß als äußere Technikansammlung. Letztere hätte als solche keinen Wert, und Sie selbst wissen, wie Sie mir erläutert haben, um den Wert des „Zeitlupentrainings".

Es ist interessant, zu meiner Anfangszeit habe ich mich gefragt, wie man mit so einem langsamen Training bloß „kämpfen" könnte, und guckte ein wenig neidisch zu meinen Freunden in der äußeren Kampfkunstwelt hinüber. Inzwischen scheint es mir genau gegenteilig: Es ist mir fast unverständlich, wie man durch „schnelles Training" überhaupt eine gewisse Tiefe erreichen kann.

Natürlich kommt man durch diese Praxis schnell auf das spirituelle Konzept der „Ich-Aufgabe", um nämlich genau die Dimensionen dahinter – besser: davor – kennenzulernen und sich besser in diesem Bereich zu positionieren.

Hier sehe ich auch ein weiteres Konzept zu Ihrer Idee auf Seite 50 und vor allem Ihren Ideen der „Angstbewältigung": Die Angst ist schon noch da, nur man selbst ist quasi nicht mehr dort, wo die Angst ist. Es ist, als wenn es zwar immer noch regnet, aber ich stehe nicht mehr im Regen, sondern sitze drinnen (innen) im Trockenen und bin quasi nur noch Beobachter des Regens bzw. dieser Angst.

Natürlich ist die Dimension vor dem „Ich" in dem Sinne nicht mit dem „Ich" wahrnehmbar, was aber auf diese Weise erklärt, warum ich so viel effizienter (bei richtigem Training) agiere in Zeitmomenten, die „ich" im wahrsten Sinne nicht mitbekomme. Zum Beispiel in einer wirklichen, aber spontanen oder überraschenden Auseinandersetzung, in der

die Angst ebenso wenig Zeit hat, die Situation zu realisieren und zu entstehen, wie „ich" es selbst habe. „Angst" und Erkennen kommen erst in dem Moment, wo der andere schon geschlagen am Boden liegt. Es ging also sozusagen viel zu schnell, um verlieren oder auch Angst haben zu können. Erst im Nachhinein realisiere ich das Geschehene und eine quasi „Nachangst" setzt ein. Eine intuitive Situationskontrolle ist gegeben durch das Konzept des Taijiquan *„Bewegt sich der Gegner langsam, bewege ich mich langsam. Bewegt er sich schnell, bewege ich mich schnell."* Dies bedeutet konkret, dass ich mich immer in der Energie des Gegenübers bewege. Simpel: Ist der Angriff ernsthaft, bin ich es auch, ist er nur sporadisch, bin ich auch nicht anders. So laufe ich nicht Gefahr, über- oder unterzureagieren. Diese Prozesse jedoch verlaufen zu schnell, als dass ich sie über den Verstand kontrollieren könnte. Natürlichkeit und richtige Energetik sind also wieder einmal ausschlaggebend; denn die (Re-)Aktionen sind im Ernstfall intuitiv und meist nicht bewusst gesteuert.
Sehr gut hat mir Ihr Beispiel gefallen, wie Aggression gerade dazu dienen kann, Gewalt zu verhindern, während Emotionslosigkeit hochgradig gefährlich sein kann (S.14 - 15). Sicherlich ist aber auch hier ein hohes „Einfühlungsvermögen" und dadurch eine richtige Einschätzung der Person und Situation erforderlich, um nicht doch im falschen Moment zu provozieren.
Was mich aber letztendlich besonders gefreut hat, ist Ihre Hervorhebung der so genannten Außenposition. Die Außenposition ist mir schon immer die liebste und hat mir oft einen angenehmen Vorteil eingebracht. Die Außenposition ist in unseren Schiebenden Händen immer die vorrangige, was mich bisher immer zu der Einsicht brachte, dass hier u.a. ein Unterschied zwischen unserem Taijiquan und Ihrem WingTsun-System liegt. Ich freue mich daher, dass ich diesen Gedanken nun über Bord werfen darf.

Ich hoffe, nicht zu lang ausgeführt zu haben, und verbleibe mit lieben Grüßen und vielleicht ja bis bald,

Jan Silberstorff

GM Keith R. Kernspecht antwortet:

Sehr geehrter Herr Silberstorff,
Für Ihre Ausführungen zur 1. Auflage meines Buches danke ich von ganzem Herzen, denn ich fühle mich verstanden, obwohl Sie einen ganz anderen Stil praktizieren. Ich darf aus Ihrem Brief zitieren: *„Der Gegner bewegt sich, ich bin schon da."* Dies entspricht dem Beispiel vom Rennen zwischen dem Hasen und dem Igel aus meinem Buch *„Vom Zweikampf"*, wo der Igel sagt: *„Ich bin schon da."*
Ihre Forderungen: *„Man muss zuerst den inneren Feind besiegen, bevor man den äußeren Feind besiegen kann"*, und *„Zuerst kommt immer die Selbst(er)kenntnis"*, oder *„Wer den anderen kennt, ist klug, wer sich selbst kennt, ist weise"*, finden sich auch in der höheren oder inneren Ebene des WingTsun. *„Wir versuchen, weit in den Gegner hineinzugehen und ihn in seiner Bewegung bereits vom tiefsten für uns wahrnehmbaren Zentrum aus zu begleiten, eigentlich sogar eher zu führen"*, könnte eine WT-Beschreibung sein, ebenso wie Ihre Feststellung: *„Immer steht das Formentraining vor den Schiebenden Händen."* Dem WT-Kämpfer, der glaubt, dass das taktile Erspüren das letzte Ziel im WT sei, könnte man mit Ihnen vorhalten: *„Man muss den Bereich wahrnehmen, der vor dem Fühlen liegt."*
„Folge nicht den Bewegungen des Gegners, sondern seinem Zentrum!" ist eines der bekannten WT-Mottos, ebenso wie der „Sieg im allerersten Moment" unser Ideal ist. Ihre Worte zur Angstbewältigung: *„Die Angst ist schon noch da, nur man selbst ist quasi nicht mehr dort, wo die Angst ist. Es ist, als wenn es zwar immer noch regnet, aber ich stehe nicht mehr im Regen, sondern sitze drinnen im Trockenen und bin quasi nur noch Beobachter des Regens bzw. dieser Angst"*, entspricht unserer Auffassung ebenfalls. Sehr gefreut hat mich Ihr Satz *„Bewegt er sich schnell, bewege ich mich schnell"*, denn dies ist die WT-Einstellung zur Geschwindigkeit, die bei uns – auch aufgrund des Chi-Saos und unserer kurzen Wege – nicht die überragende Rolle spielen muss wie in anderen Stilen. Wir sprechen im WT davon, dass wir selbst nicht schnell sein müssen, weil wir auch die Schnellig-

keit vom Gegner borgen.
„Was mich aber letztendlich besonders gefreut hat, ist ihre Hervorhebung der so genannten Außenposition." Dass Sie sich darüber gefreut haben, freut nun wieder auch mich, denn obwohl die Außenposition m.E. eine größere Sicherheit als die Innenposition bietet, was besonders für nicht so Chi-Sao-Erfahrene von Bedeutung ist, habe ich dafür schon Kollegenschelte (schmunzelnd) ertragen.
Wir beide haben nur gegenseitig die Bücher des anderen gelesen und einmal beim Essen ein sehr angenehmes Gespräch gehabt, wobei wir – ohne die Arme kreuzen zu müssen – feststellten, dass wir dieselbe Sprache sprechen und mit unseren Auffassungen von Kampfkunst sehr dicht beieinander liegen, während ein oberflächlicher Beobachter, der uns bei der Arbeit zuschaut, meinen würde, dass sich unsere Methoden erheblich unterscheiden. Ein klügerer Mann als ich benutzte dafür den Turmbau zu Babel als Symbol. Wir erinnern uns, dass es dabei um die *„Verwirrung der Sprachen"* ging und darum, dass jeder danach eine andere Sprache benutzte und die anderen nicht mehr verstand. So ist es heute mit den verschiedenen Religionen, aber auch mit viel profaneren Dingen wie Kampfkünsten. Jeder glaubt, im Besitz der alleinigen Wahrheit zu sein und lächelt offen oder insgeheim über das, was der andere für richtig hält. Der normale Kampfkunstausübende sieht nur die äußere Form der Bewegung, die Technik, die Formen, die Übungen, die Reihenfolgen der *„Partner-Tänze"*. Er kann Schnelligkeit, Kraft, Dynamik, Gelenkigkeit und Artistik würdigen, aber sein Verständnis dringt kaum unter die Oberfläche. Ein Meister aber muss den Dingen auf den Grund gehen, und sein Verständnis muss in die Tiefe dringen, wobei in die Tiefe nach *„innen"* bedeutet, zur Mitte. Ich denke, dies meinen Sie, lieber Herr Silberstorff, mit der „tiefen Reise in sich selbst", die zugleich eine tiefe Reise in die Kampfkunst ist. Unser Wesen, unser Verständnis bestimmt dabei auch unser Verständnis von der Kampfkunst.
Ich möchte zur Verdeutlichung das Bild eines Kreises benutzen. Auf der Oberfläche des Kreises

habe ich x-beliebige Stile eingetragen wie WingTsun, Aikido, Taijiquan, Escrima, Shaolin, Muai-Thai, Pakua. Ich hätte auch Judentum, Christentum, Islam, Buddhismus, Taoismus, Konfuzianismus oder Hinduismus schreiben können, denn auch Religionen haben ihren oberflächlichen Anteil wie Kampfkünste und auch die Reise zu den Religionen ist immer die Reise zu sich selbst.
In den großen „exoterischen“ Kreis habe ich einen zweiten Kreis gezeichnet, der den Radius drittelt, diesen nenne ich den „mesoterischen“ Kreis. Noch dichter am Mittelpunkt ist der „esoterische“ Kreis. Der Name „esoterisch“ ist heutzutage u.a. durch unseriöse Marktschreier in Verruf geraten, so dass man sich fast schämt, dieses Wort zu gebrauchen, das eigentlich nur soviel wie „innen“ bedeutet. Esoterisches Wissen ist nur „Insiderwissen“ von Leuten, die in den inneren Kreis vorgedrungen sind.
Was ist nun der Weg des WingTsun oder des Aikido oder des Shaolin? Meine Zeichnung zeigt es ganz deutlich: Der Strahl, der von dem entsprechenden Stil direkt zum Mittelpunkt des Kreises zielt, ist das, was man gemeinhin als Do, als Tao oder als den „Weg“ bezeichnet. Und so wie viele Wege nach Rom führen oder zum Mittelpunkt der Erde, so führen viele verschiedene Wege zu dem, was alle Kampfkunst im Innersten zusammenhält.

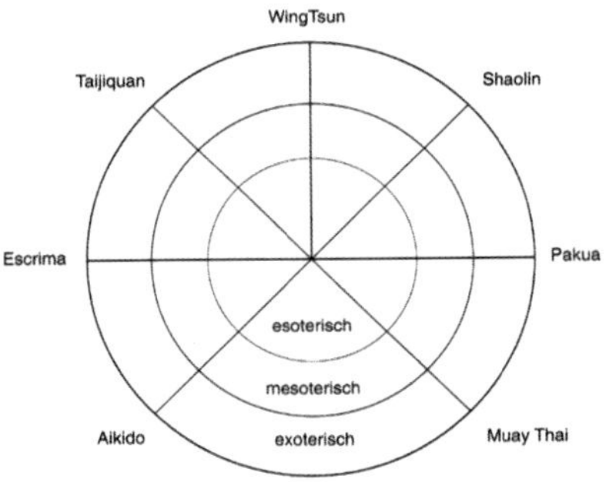

Und nun wird auch klar, weshalb zwischen uns beiden, obwohl wir zwei deutlich verschiedene Stile vertreten, eine größere Übereinkunft, eine verständnisvollere Nähe und eine stärkere Affinität besteht als z.B. zwischen Ihnen und den meisten Praktizierenden Ihres Stiles. Unsere Schüler achten auf vertraute Körperhaltungen, auf technische Ausführungen, auf Sequenzen, kurz auf Äußerlichkeiten. Wir sehen mit dem Herzen.

Halten wir fest, dass es exoterisches, mesoterisches und esoterisches WingTsun und äußeres, mittleres und inneres Taijiquan gibt ebenso wie es z.B. Aikido-Leute geben muss, die äußere, mittlere und innere Aikidoka sind – je nach ihrem Verständnis.

An der Oberfläche (exoterisch) sind WingTsun und Taijiquan weit voneinander entfernt. Dies ist der Ort und die Phase, in der wohl 70% unserer Schüler stecken.

Fortgeschrittene gehören zum mesoterischen Kreis und haben sehr viel mehr Verständnis für andere, die zum mesoterischen Kreis anderer Stile gehören. Wer aber nach etlichen Jahren der inneren Beschäftigung mit dem Thema in den innersten (esoterischen) Kreis seines Stiles Eingang gefunden hat, wird sich dort auf intimer Tuchfühlung mit dem Intimkenner eines anderen Stiles befinden, wie sehr sich dieser auch oberflächlich unterscheiden mag.

Bezeichnenderweise können wir zwei uns auch besser verständigen als ich mich z.B. mit einem Meister eines anderen wing-chun-Stiles, obwohl seine Stilrichtung der meinen eigentlich näher ist als Ihre. Dies liegt daran, dass Stile, die sich anfangs nur in wenigen Punkten unterscheiden, diese wenigen Unterschiede besonders herausarbeiten und zu einer unüberwindlichen Mauer ausbauen, um sich noch mehr zu unterscheiden. Dies liegt in der Natur der Bildung einer „reference -“ oder „psychological group“, weshalb ich mich resignierend wieder unserem Thema zuwende.

Wenn nun der Radius der jeweilige Weg des Stiles ist, ist dann jeder Weg gleich schnell? Ist dieser Weg in jedem Stil schon bis zum Ende durchschritten worden? Ist ein Weg beschwerlicher als ein anderer? Gibt es für jeden Weg Reisende, die schon da waren und als Reiseführer dienen können?

Und was hat es mit dem Spruch auf sich, dass der Weg wichtiger ist als das Ziel? Wofür ist der Weg das Ziel? Was ist das Ziel? Bleibt der nicht in Gefahr, ein ewiger Schüler zu sein, ein ewig Suchender zu bleiben, der ständig seinen Si-Fu oder Sensei oder Guro wechselt, der sich selbst programmiert hat, nicht ankommen zu „wollen“? Aber erkannte nicht auch Max Planck, sich auf

Lessing stützend, dass nicht der Besitz der Wahrheit, sondern das erfolgreiche Ringen um sie das Glück (des Forschers) ausmacht; denn alles Verweilen ermüdet und erschlafft auf Dauer. Darüber sollten wir uns das nächste Mal beim Essen unterhalten.

Ihr
Keith R. Kernspecht

PS: Je tiefer man gräbt, je mehr man von der Oberfläche nach innen, zum Ursprung, zur Mitte vordringt, desto weniger wirkliche Unterschiede, die Wahrheit betreffend, findet man. Das mag auch der geheimnisvolle Satz: *„Ich bin der Gott Abrahams (Brahma), Isaaks (Isis) und Jakobs (Iacchus)"* bedeuten, den Moses aus dem brennenden Busch hörte. Es gibt nur ein höheres Geistwesen, das schon die Inder, die Ägypter und die Griechen verehrt haben. Das wird mir jetzt wieder bewusst, wo ich mich in die Bedeutung der Qumran-Rollen vertiefe, die man zwischen 1947 und 1956 rund 30 km östlich von Jerusalem in Höhlen fand. Dieses brisante Material hob zwar nicht die christliche Kirche aus ihren Angeln, wie manche voreilig prognostizierten, da sie heute eher eine soziale, kulturelle, politische und ökonomische Funktion erfüllt. Aber, um M. Baigent zu zitieren, „... (die Schriftrollen vom Toten Meer) *lassen die drei dem Nahen Osten entstammenden großen Religionen in einem neuen Licht erscheinen. Je näher man diese Religionen in Augenschein nimmt* (ich würde sagen, je tiefer man zum Inneren vordringt), *desto mehr stellt man fest, wie sehr sie sich überschneiden und wieviel sie gemeinsam haben – ja, dass sie im Grunde genommen alle derselben Quelle* (ich würde sagen „Mitte") *entspringen und dass das Ausmaß der Streitigkeiten unter ihren Anhängern, wenn sie nicht auf Missverständnissen beruhen, weniger aus geistlichen Werten herrühren als aus der Politik, aus Neid, Selbstsucht und einer Interpretation unter dem Blickwinkel voreingenommener Arroganz."* Dieser Aufzählung würde ich gerne noch den blinden Fanatismus mancher Anhänger hinzufügen – diese schlimme Ausdrucksform der Identifikation.

Sind wir doch Killeraffen mit tierischem Territorialverhalten?

Leserfrage:
Lieber Si-Fu, ich interessiere mich für Verhalten von Tieren und habe gelesen, dass es entgegen Deiner Aussage, die früher vorherrschte, durchaus ausgeprägtes Territorialverhalten und sogar Mord bei Menschenaffen gibt.
Andre Leverkusen, Ulm

Lieber Andre,
Ich fürchte, Du hast recht. Ich habe solche Forschungsergebnisse schon vor der Veröffentlichung meines Buches gefunden, aber es aus verständlichen Gründen wohl nicht wahrhaben wollen, zumal mein Vater einen eigenen Privatzoo hatte und bei uns zu Hause ein Schimpanse namens „Monkey" wohnte, mit dem mein Vater durch die Straßen Kiels spazierte. Die Forscherin Jane Goodall *(The Chimpanzees of Gombe: Patterns of Behavior, 1986* und *In the Shadow of Man, 1971)* hat Schimpansen beobachtet und kommt ihrerseits zu der Erkenntnis, dass Schimpansen sehr wohl Territorialverhalten zeigen.
Angesichts der Tatsache, dass wir über 98% unserer Gene (DNA) mit dem gemeinen Schimpansen (Pan troglodytes) teilen, von dem uns nur ca. sechs Millionen Jahre trennen, durchaus beunruhigend.
... Offenbar hat die freundliche, gesellige Art der Schimpansen ihre Grenzen und erstreckt sich ausschließlich auf Mitglieder ihrer eigenen *Gruppe* (nicht einmal Art). Zu einer Schimpansengruppe gehören zwischen 30 und 50 Tiere, die sich alle untereinander kennen, so dass ein Fremder oder Einzelgänger sofort als solcher ausgemacht und angegriffen wird, wenn er auf ihr Territorium gerät. In sozialer Hinsicht teilen die Schimpansen also die Welt ähnlich wie wir Menschen in „wir" und „die anderen" ein. Jane Goodall berichtete sogar über Serien von Überfällen einer Schimpansengruppe auf Abspalter, die sich getrennt hatten, um eine eigene Gruppe zu gründen. Diese Angriffe, die mit Werkzeugen wie Steinen geführt wurden, führten zur völligen Vernichtung der abgespalteten Gruppe derselben Art. Demnach gibt es den Genozid

(= Völkermord) unter Affen, was andere Forscher allerdings bestritten. Ashley Montagu (1978) hatte die auch von mir wunschgedachte (!) Meinung vertreten: *„Es gibt keinen Kriegsinstinkt."* Zu diesem Zeitpunkt („Blumenkinder") hielt man Krieg und Liebe für unvereinbar. Montagu wandte sich vor allem gegen den Begriff „Instinkt", den er (anders als z.B noch Nietzsche) nicht auf Menschen angewendet haben wollte. Denn wie könnten wir uns dann dagegen wehren? Wäre es nicht schrecklich, wenn wir Menschen doch eine Art Instinkt für das Kriegsführen von unseren Vorfahren, den Primaten, geerbt hätten? So spricht Jane Goodall zwar nicht von *„Instinkt"*, sondern von „preadaptation", also Anlagen, über die die Schimpansen wahrscheinlich verfügen, die das Entstehen eines Krieges zulassen. Beispielsweise: Leben in Gruppen, Territorialität, Jagdtechniken und eine Aversion gegen Fremde. Außerdem haben männliche (!) Schimpansen eine Disposition, Aggressionen attraktiv zu finden, insbesondere gegen Nachbarn gerichtete Aggressionen.
Sind wir doch nicht das freundliche Gemeinschaftswesen, sondern der nackte Killeraffe? Charles Darwin hielt beides für miteinander vereinbar, *„denn die sozialen Instinkte erstrecken sich niemals auf alle Individuen derselben Art."*

Das gerade neu auf dem Berg Sinai empfangene Gebot: *„Du sollst nicht töten"*, hielt – wie J. Harris richtig bemerkt – Josua keinesfalls davon ab, alle Bewohner von Jericho, Ai, Makkeda, Libna, Lachis und Eglon grausamst niederzumetzeln. Auf den Gedanken, Gott habe ihm verboten, diese, also eine fremde Gruppe, zu töten, kam er gar nicht. Der Evolutionsbiologe Richard Wrangheim (*Double Mystery, The New Yorker,* 45-62, 7. August 1995) schreibt:
„Der Krieg zwischen Gruppen ... ist schon seit Jahrmillionen Teil unseres menschlichen und vormenschlichen Erbes." Vielleicht begannen unsere Affen-Vorfahren irgendwann damit, die Nachbarn anzugreifen, weil sie mehr Raum oder die Weibchen von nebenan wollten, dann verselbstständigte sich dieses Muster und wurde zum automatischen Verhalten nach dem Motto: *„Lasst*

uns die anderen töten, bevor sie uns töten.“ Nicht ohne Grund gilt mir mechanisches, automatisches Verhalten, also unbewusster Halbschlaf, als die wahre Sünde des Menschen. Hass, geboren aus Xenophobie (= Fremdenangst), ist wohl der hässlichste Teil unseres tierischen Erbes.

Dawkins meint, wir werden egoistisch geboren, aber Eibl-Eibesfeldt glaubt, wir kämen als Fremdenhasser auf die Welt. Es müsste vornehmliche Aufgabe der Erziehung sein, dem in sinnvoller Weise entgegenzuwirken; denn selbst wenn wir uns nicht ändern könnten, können wir uns doch *bessern*!

Die einzige Freiheit des Menschen

„Die einzige Freiheit des Menschen ist seine Freiheit, seine Eindrücke beliebig zu behandeln. Den einen anzunehmen, den anderen abzulehnen. Die ganze menschliche Geschichte wird davon geprägt. Hätte Paris auf seinen Eindruck auf Helena anders reagiert, so wäre der trojanische Krieg nicht ausgebrochen und eine große Stadt und ihr Volk wären nicht zerstört worden.
Hier sehen wir, wie viel von Reaktionen auf Eindrücke abhängen kann. Daher ist Wachsamkeit eine lebensnotwendige Notwendigkeit, denn wer nicht wachsam ist, der wird bald überwältigt. Der Steuermann braucht nur einen Augenblick zu schlafen, und schon ist das Schiff verloren."
(Epiktet)

„Nichts geht von außen in den Menschen hinein, was ihn zu verunreinigen vermag, sondern was aus dem Menschen herauskommt, das ist es, was den Menschen verunreinigt …
… Denn von innen her, aus dem Herzen der Menschen, kommen die bösen Gedanken hervor: Unzucht, Diebstahl, Mordtaten, Ehebruch, Habsucht, Bosheit, Arglist, Ausschweifung, Scheelsucht, Lästerung, Hochmut, Unverstand."
(Jesus in: Markus 7,15-23)

Mache Dich frei von den Eindrücken des Lebens!

Wir müssen uns immer wieder darüber klar werden, dass das äußere Leben nur in gefilterter und vorzensierter und selektierter Auswahl über unsere Sinne in uns einfällt. Von Millionen bit/Sek. an Eindrücken werden uns dabei nur 6 bis 16 bit/Sek. wirklich bewusst, die wir verarbeiten.
Du kannst Dir das so vorstellen, als ob jemand vor Deinem Hauseingang steht und Eintritt begehrt. Es könnte sich um einen angenehmen Gast oder um einen unangenehmen, bösen Besucher handeln. Du darfst nicht alles ungeprüft zu Dir hineinlassen, genau so wenig wie Du jede E-Mail ungeprüft öffnest und jedes Programm blauäugig herunterlädst, denn es könnte üble Viren enthalten, die Dir alles zerstören.
Nicht alles an sich herankommen zu lassen, sondern auszuwählen, heißt Eindrücke *bewusst* aufzunehmen. Dies ist

der Anfang zu einem bewussten, selbstverantwortlichen Leben. Der Durchschnittsmensch reagiert und denkt mechanisch, das heißt unbewusst. Er lässt alle Eindrücke ungeprüft zu sich herein, übernimmt sie und denkt von ihnen weiter, indem er sich mit ihnen identifiziert. So wird er in der Gewalt des Treibriemens äußerer Umstände zum Spielball des Lebens, zu einer Funktion der täglichen Lebens- und Sachzwänge, zum Sklaven jeder negativen Emotion.
Er mag Politiker, General, Industriekapitän oder Universitätslehrer sein, aber er ist dennoch nur eine menschliche Maschine, die unter der Illusion steht, ein bewusster und frei entscheidender Mensch zu sein. Sei deshalb misstrauisch gegenüber allen Eindrücken, die von außen hereinwollen, akzeptiere sie nicht gutgläubig, damit Du nicht von jedem Virus angesteckt wirst, denn:

„Der Gedanke legt den Grund für die Tat."
(Moltke)

Die guten Gedanken annehmen und die schlechten abwehren

Das Bild vom perfekten Verstand (der über seine Gedanken herrscht) wird von der Person des Centurionen des Evangeliums gut dargestellt. In der Geschichte über ihn wird die moralische Kraft, die die Möglichkeit gibt, nicht von jedem hereinkommenden Gedanken fortgetragen zu werden, sondern stattdessen nach eigenem Urteil die guten Gedanken anzunehmen und die widrigen ohne Schwierigkeiten fortzutreiben, mit folgenden Worten beschrieben, wenn man sie bildlich auffasst:

„Denn ich bin ein Mann mit Autorität und habe Soldaten unter mir. Sage ich zu einem ‚gehe', so geht er, und sage ich zu einem anderen ‚komme', so kommt er, und sage ich zu meinem Diener ‚tue dies', so tut er dies."
(J. Cassian, Konzil von Nizäa, 360 - 435 n.Chr.)

„Unser täglich Brot gib uns heute", heißt es in der Bibel. Damit ist nur im bildlichen Sinne wirkliches Brot gemeint. In Wirklich-

keit geht es um Eindrücke, um Ideen.

Der Mensch lebt von Nahrung, wobei wir mit G. drei Sorten verschieden hoch entwickelter Nahrung unterscheiden:

1. normale Nahrung wie Kartoffeln oder Beefsteak
2. Sauerstoff
3. Eindrücke

Während man ohne normale Nahrung noch einige Wochen überleben kann, hält man es ohne Luft zum Atmen nur wenige Minuten aus. Ohne Eindrücke aber kann der Mensch keinen Augenblick „überleben".
Ein Anruf seines verlorenen Sohnes kann das Leben eines todkranken Vaters sensationell verändern und bewirken, wozu die teuersten Medikamente und alle lebensverlängernden Apparaturen in seinem Krankenzimmer nicht in der Lage waren. Ein SMS des Geliebten kann einer Verzweifelten neuen Lebensmut geben. Aber wie wichtig ist es, dass man sich von den richtigen Eindrücken nährt und die falschen verschmäht wie die Kuh auf der Wiese giftige Gräser. Wenn wir uns aber einmal bewusst machen, worin die täglichen Eindrücke des Durchschnittsmenschen bestehen, kommen wir ins Grübeln. Öffnen wir die Boulevard-Zeitung oder schalten wir eine Talkshow an, werden wir mit einer Flut negativer, perverser und pathologischer Informationen überschüttet. Die ganze Welt scheint nur aus Sex und Gewalt zu bestehen. Dieses kranke und krankmachende Material drängt ständig in Dich ein, denn Dein Anti-Virus-System ist nicht installiert. Lohnschreibende Professoren einer mächtigen, degenerierten, gewissenlosen Unterhaltungsindustrie wollen uns glauben machen, all dies hätte keine Wirkung auf uns und die Jugend!

Werde zum selektierenden Analphabeten!

Der unbewusste Mensch, der Mensch-Automat, hat keine Wahl. Er muss Eindrücke jeder Art aufnehmen. Der wache Mensch aber, der Mensch, der öfter wach bleiben kann, hat die Möglichkeit, Eindrücke zu selektieren. Während ein großer Teil der Menschheit immer noch zu ihrem Leidwesen Analphabeten sind, leiden wir hier darunter, dass wir *unabsichtliche* Leser sind. Der menschliche Automat muss alles, was ihm vor die Linse kommt, lesen und geistig aufnehmen. Durch diese Gewohnheit werden wir zu Sklaven jeder in Schwarz auf Weiß geschriebenen Idee. Deshalb müssen wir uns von diesem mechanischen ungeprüften Lesen befreien, indem wir den Lernprozess rückgängig machen. Wir müssen mit Absicht und Vorsatz zu *selektierenden* Analphabeten werden. Fällt unser Blick auf etwas, das wir nicht in uns aufnehmen wollen, dann müssen wir auf einen Schlag zu Menschen werden, die des Lesens nicht mächtig sind. Lasse keine Eindrücke unautorisiert in Dich eindringen, denn sie könnten auf fruchtbaren Boden fallen und wie ein Virus unbewusste Prozesse in Dir einleiten.

Transformation von Eindrücken

Im taoistischen WingTsun geht es grundsätzlich um Verwandeln, Ändern, Umformen, Anpassen. Endgültig ist das Ziel die Transformation des ganzen Menschen zu einem neuen, besseren Menschen, der seine latenten Anlagen erkennt, aktiviert und ausprägt. Alles geschieht durch Transformation: Bong-Sao transformiert sich zu Tan-Sao, das Feuer in Deinem Feuerzeug entsteht durch Transformation, das Korn wächst aufgrund von Transformation, Transformation macht aus der Raupe den Schmetterling, die Idee in Deinem Kopf transformiert sich in einen gesprochenen Satz. Das gegessene Beefsteak wird in Deinem Magen zu Höherem transformiert, Luft wird in Deinen Lungen zu Höherem transformiert. Alles im Menschen wird irgendwie durch ein Organ zu Höherem transformiert. Aber mit einer Ausnahme: Eindrücke, die in unseren Verstand eindringen, werden nicht in entsprechender Weise in etwas Feineres verwandelt.

Ohne solch ein „Organ“ können wir die Eindrücke des Lebens, die unangenehmen Ereignisse des täglichen Lebenskampfes und die sog. Schicksalsschläge nicht richtig und vollständig verdauen.

Die Natur hat uns so etwas nicht vollentwickelt mitgeliefert. Deshalb müssen wir *selbst* so ein Organ in uns heranbilden, das die Eindrücke, die täglich ungehindert durch unsere Eingangspforten – Augen und Ohren – hereinkommen, verwandelt, damit wir sie verdauen können. Weil das entsprechend ausgebildete Organ (oder nennen wir es Katalysator) nicht haben, leiden wir Menschen, so wie wir beschaffen sind, an einer chronischen psychischen Mangelernährung.

Wie man diesen Katalysator heranbildet? Durch eine besondere Qualität der Aufmerksamkeit, durch Nicht-Identifizieren, d.h. durch „Sich-nicht-Vergessen“. Manche Leute nennen es Meditation, ein Wort, das ich wegen seiner Abgegriffenheit gerne vermeide.

31.12.2004

Mache Dich frei von dem Verhalten anderer Dir gegenüber!

Beobachte Dich regelmäßig wie ein unbekanntes Wesen. Aber gehe dazu mit einem Plan vor. Mache Dir z.B. eine Liste, welche Verhaltensweisen anderer Dir besonders und immer wieder zu schaffen machen.

Hätte Dich jemand zuerst begrüßen müssen? Hätte Dir jemand ein SMS schicken müssen? Hat man vergessen, Dich einzuladen? Kurz: Hätte man Dich anders behandeln müssen?

Wir alle neigen dazu, eine Art ständiger innerer Kontoabstimmung, eine Abrechnung mit anderen durchzuführen. Was habe ich für ihn getan und was hat er dafür für mich getan? Entspricht die Aufmerksamkeit, die ich ihm schenke, seiner Gegenleistung? Werden meine besonderen Werte und Anstrengungen, wird meine Person genügend gewürdigt und anerkannt? Im Allgemeinen neigen wir dazu, unsere Wichtigkeit und die unserer Beiträge höher einzuschätzen als die der anderen. Wir erwarten immer zuviel und täuschen uns, was unsere Bedeutung angeht. Misst der andere nach anderem Maßstab, dann sind wir enttäuscht und negativ. Dieser Zustand, der bei manchen Menschen viele Stunden pro Tag andauert, kostet viel wertvolle Kraft. Außerdem haben wir in diesem Zustand aufgehört zu existieren, weil wir in ihn aufgegangen und uns in ihm verloren haben. Es nützt nichts, wenn Du Dir gegenüber vormachst, dass diese Behandlung bzw. Vernachlässigung Dir gar nichts ausmacht, wenn sie Dir etwas ausmacht. Dann bildest Du nur eine harte Kruste zwischen Dir und anderen Menschen. Tatsächlich muss diese Schutzmauer eingerissen und ersetzt werden durch Verständnis.

Wir müssen verstehen, dass wir mechanisch auf die Dinge reagieren, keine permanente Person und nicht wirklich bewusst sind. Aber nicht nur wir sind solche menschlichen Maschinen, der andere ist es auch. Wenn Du dann den anderen aburteilst: Der ist soundso ..., dann erinnere Dich bitte daran, dass es um Deinen Zustand keinesfalls besser bestellt ist, was Du ihm vorwirfst, trifft genau-

so auf Dich selbst zu, nur Du bist Dir dessen nicht bewusst. Du hältst andere Menschen für schwierig, aber Du weißt nicht, dass Du für andere kaum weniger schwierig bist.
Und es gibt noch einen Gedanken, der Dir helfen kann, scheinbare Vernachlässigungen besser hinzunehmen: Während wir alle immer wieder glauben, dass der andere die Dinge *extra* tut, um uns besonders weh zu tun, ist dem eigentlich nie so. Der andere vernachlässigt uns ebenso wenig mit Willen und Wollen wie wir es tun, er ist einfach nicht bewusst, er ist sich nicht *bewusst*, dass er Dich verletzt. Denken wir noch einmal ans *körperliche* WT. Wir können den anderen nicht wegdrücken, also drücken wir uns von ihm weg. Wir können nichts an seinem Verhalten ändern, aber wir alleine können *unsere Reaktion* auf sein Verhalten kontrollieren. Wir können uns ändern. Wir können bestimmen, wie wir reagieren. Nicht die Handlung oder Unterlassung des anderen macht uns notwendigerweise und zwingend negativ. Er gibt uns nur einen Impuls dazu. Dieser Impuls berechtigt uns nicht, negativ zu werden. Wir haben mit G. das Recht, nicht negativ zu reagieren, nicht Sklave automatischer bzw. angelernter Reaktionen zu sein. Negativ zu reagieren ist immer falsch, und zwar ist es eine Sünde sich selbst gegenüber, denn es macht uns krank. Solches Denken führt zu schrecklichen inneren Krankheiten. Dennoch *genießen* es viele Leute solche negativen Emotionen zu haben. Sie würden eher ihre Gesundheit opfern, als ihre negative Einstellung, die all ihre Kraft raubt, die sie dringend bräuchten, um wach zu werden. Wir müssen aufhören, uns selbst so wichtig zu nehmen. Statt über andere zu lachen, sollten wir mehr über uns selbst lachen.
Früher gab es Hofnarren, die den Fürsten ungestraft an seine eigene Lächerlichkeit erinnerten.

Seien wir unser eigener Hofnarr!

I AM THAT
I Ging

31.01.2005

Warum können wir nicht loslassen?

„Warum können wir nicht loslassen? Weshalb fällt es uns so schwer, uns zu befreien von Dingen oder Lebensumständen, die uns einengen und unfrei machen?“

Als ich diese E-Mail-Frage meiner Schülerin beantwortete, half mir dies, mir auch meiner eigenen Schwäche schmerzhaft bewusst zu werden, denn auch ich bin ein Sammler, ein Anhäufer und dies in erster Linie aus Angst; denn aus Angst können wir nicht loslassen.

Und das führt zur Sucht, nämlich zur Sucht, alles haben zu müssen, was uns helfen kann, angstfrei zu leben und uns das (trügerische) Gefühl geben kann, unsterblich zu sein: Eigentum, Macht, Ansehen.

Je umfangreicher unser Körper ist, sei es durch eine Muskel- oder Fettpanzerung, desto mehr fühlen wir uns in seinem Inneren geschützt. Noch sicherer fühlen wir uns, wenn wir unsere Grenzlinie erweitern, z.B. indem wir unsere Arme wie ein Frühwarnsystem nach vorne schieben, um uns hinter diesem Zaun (engl. *fence*) besser verteidigen (*defence* = Verteidigung) zu können.

So blähen und plustern wir uns künstlich auf, indem wir immer weitere Schichten um uns herumlegen. Es kann sich dabei um Besitz handeln wie Häuser, Grundstücke, Möbel. Aber auch mit Autos, Yachten, Privatflugzeugen lässt sich unser Territorium, unser Einflussbereich (*Hast Du was, bist Du was*) enorm erweitern, so dass der andere nicht so schnell an uns herankommen kann. Auch Personen, Freunde, Freundinnen, Hunde, Pferde usw. helfen, einen großen unsichtbaren Kreis um uns zu ziehen. Innerhalb dieses Kreises glauben wir uns magisch geschützt, niemand kann uns dort etwas anhaben. Unser Besitz soll uns Sicherheit und Schutz geben.

Aber schon nach kurzer Zeit empfinden wir, dass der Schutzwall noch lange nicht weit genug von uns weg ist, noch immer nicht so stark und hoch ist, wie er sein könnte, und deshalb müssen wir noch mehr Autos, Motorräder, Freunde, Frauen usw. um uns scharen (*Mein Haus, mein Auto, meine Yacht, meine Freundin*). Die Angst, ungeschützt und angreifbar zu sein, macht uns gierig. Wir umgeben uns mit Bücherregalen, die wir bis unter die Decke mit Büchern vollpropfen. Wenn wir die Gedanken schon nicht selbst gedacht haben, wenn wir sie nicht verinnerlicht haben (und wer hat schon noch eigene Gedanken?), dann wollen wir sie zumindest in ihrer äußeren Form als Buch besitzen. Und jeder Besucher wird in Ehrfurcht erstarren und uns nicht intellektuell angreifen, wenn er sieht, wie belesen und gebildet wir sind.

Aus Angst und in tiefer Erkenntnis der eigenen inneren Wertlosigkeit häufen wir in der Außenwelt Sammlungen und Besitztümer an. Und es ist wohl kein Zufall, dass gerade das starke Geschlecht die größten Sammler stellt:

Frauen, Autos, Motorräder, Uhren, Modelle, Briefmarken, Bierdeckel, seltene Bücher, Reiseziele, Gourmet-Restaurants usw.

Wir fahren in unserem BMW vor und beginnen, uns durch unseren Besitz, mit unserem Haben zu definieren. Wir identifizieren uns mit unserem BMW und unserem Konsum. Wir und unser BMW (oder Mercedes ...) Und wenn jemand nach uns fragt, dann bekommt er zur Antwort: *„Das ist Peter, der fährt einen BMW."*

Irgendwann erwacht der Drang nach Höherem in uns, nach gesellschaftlichem Ansehen, nach akademischer Anerkennung, so dass wir auch diesen befriedigen. Nun haben wir den akademischen Titel, sind Honorarkonsul, Ehrensenator, Vize-Vereinsvorsitzende, Ehrenindianerhäuptling, Ehrenhauptmann der Südstaatenarmee ...

Aber es reicht nie, denn in Wirklichkeit geht es nicht um die äußeren Dinge, die sind nur Ersatz für unsere innere Leere, unser tiefes Wissen um unsere Wertlosigkeit.

Wir fühlen uns im Inneren immer noch nicht sicher, denn alles Äußere können wir immer noch verlieren, durch Naturereignisse, Börsencrashs, Verbrechen oder Krankheit spätestens alle durch den Tod.

Dunkel dämmert es in uns, dass es das Wertvollste und Wichtigste ist, eine seelische Stärke zu erlangen, die uns alle Schicksalsschläge ertragen lässt. Dazu müssen wir lernen loszulassen. Denn nicht nur wir haben den Besitz, er hat uns auch! Und wenn wir uns mit ihm identifizieren, dann werden wir deckungsgleich mit ihm und verschwinden mit und in ihm. Dann existieren wir nicht mehr wirklich, sondern sind unser Besitz.

Wir alle müssen loslassen lernen, bevor das Leben uns dazu zwingt.

30.03.2005

Unsere Gesellschaft leidet an zuviel Selbstsucht

Blicken wir doch einmal auf den Grund der Dinge. Räumen wir einmal alles an Einstellungen und Verhaltensweisen Einzelner (!) ab, die uns den Tag verderben und die Sicht versperren:

- Anderenorts geschaffene Probleme, die nicht von uns verschuldet sind, aber mit denen wir leben müssen
- Die Dummdreistigkeit gewisser Mitbewerber und deren Abkupfern unseres Originals
- Si-Fus (leider auch in unserem Verband), die – gestützt auf die Autorität ihres von uns verliehenen Titels – vertrauensvolle Schüler schamlos ausbeuten
- Ausbilder, die nach oben buckeln und nach unten treten
- Jene, die andere nicht hochkommen und niemanden an die Krippe lassen, selbst wenn sie selbst keinen Hafer mögen
- Jene, die untergraduierten Schülern „höhere" Techniken anbieten, mit denen diese in der Praxis nichts anfangen können, nur um mit diesem Trick den Kollegen vom Nachbarort auszustechen und ihm vielleicht neugierige Schüler abzuwerben oder um konkurrenzfähig zu bleiben, weil der Nachbar damit angefangen hat
- Ausbilder, die eigene Technikkreationen nicht als das, was sie sind, nämlich als Produkt wünschenswerter Schöpfungskraft, sondern als „authentische chinesische Geheimtechnik" bezeichnen und damit Verwirrung stiften und die Mitglieder anderer EWTO-Schulen anlocken;
- Jene, die immer wie das hypnotisierte Kaninchen gebannt auf das Problem „Mitbewerber" starren, statt sich auf ihre eigenen Stärken zu besinnen, vor denen sich die Mitbewerber viel mehr sorgen müssten; denn warum nur immer das *Problem* sehen, warum nicht lieber WT-mäßig alle Aufmerksamkeit auf die *Lösung* konzentrieren, die da lautet: *„Unterrichte Deine Schüler ehrlich, menschlich und hilf ihnen, ihre Ziele zu erreichen!"*

- Ein „Meister“ (Ex-Nationaltrainer und inzwischen aus dem Verband ausgeschlossen), der EWTO-Prüfungsurkunden fälscht und eigene Ausbilderurkunden herstellt. Man beachte auf der Schülerurkunde im Graduierungskästchen den verräterischen Schnitzer „M´yttelstufe“ statt „Mittelstufe“.)

Räumen wir das alles einmal ab, blicken wir auf den Grund der Dinge – und wir schauen eine Kraft, die sich am stärksten in den Vordergrund drängt: Selbstsucht. Die klaren Vorteile, die die Zugehörigkeit zur EWTO bietet, werden gerne genutzt, aber selbst tut man wenig für seinen Verband. Man betrügt ihn sogar, ebenso wie die eigenen Schüler, wenn es nur kurzfristig Profit verspricht.
Selbstsucht und ihre hässliche Schwester Materialismus haben wie in allen Bereichen unserer Gesellschaft weithin die Herrschaft übernommen. Opferbereitschaft, Nächstenliebe und Sinn für die Gemeinschaft sind ihre Feinde, Anstand und Ethik bleiben auf der Strecke.
Für Selbstsüchtige ist das eigene Wohlergehen der höchste Wert. Mehr Geld bei weniger Pflichten, mehr Vergnügen bei weniger Verantwortung! Höhere und schnellere Graduierungen, mehr Geld für weniger Arbeit. Mehr, mehr, mehr; schneller, schneller, schneller, haben, haben, haben; ich, ich, ich! Aber doch nicht Erkenntnisse mit den Kollegen teilen, für andere arbeiten oder gar den Kopf für sie hinhalten! Wenn man Erfolg hat, hat man ihn nur sich zu verdanken, nicht der jahrzehntelangen Arbeit der EWTO, die den Boden durch Pionierarbeit, Veröffentlichungen, PR, Werbung, Ausbildungslehrgänge, Universitätsarbeit bereitet hat.

Jede kleine Technik, jede Kombination, auf die man glaubt, selbst gekommen zu sein, weil man, wie von einem Lehrer zu erwarten ist, die Prinzipien richtig anwendet, hält man für das ureigenste Produkt seiner Einzigartigkeit und Genialität als „Kampfkünstler“. Deshalb hält man sie geheim und bezichtigt jeden des geistigen Diebstahls, der es wagt, sie ungefragt und unlizenziert vorzuführen. Dass man selbst nichts konnte, bevor

man von seinem eigenen Si-Fu lernte, ist ausgeblendet und vergessen. Dankbarkeit ist unnötige Gefühlsduselei. Auf seiner Webseite oder DVD nennt man deshalb natürlich weder seinen Si-Fu, noch die EWTO, und *Blitz*Defence wird zur eigenen Schöpfung.
Selbstsucht ist ein machtvoller Urtrieb des zweibeinigen Dreihirners Mensch. Nur drei Institutionen konnten ihm in der Geschichte Paroli bieten: die Religion, die Gemeinschaft (ob Stamm, Stand oder Staat) und die Familie. Den dreien gelang es zeitweilig, die selbstsüchtigen Interessen des Einzelnen ihrer Moral unterzuordnen.

Die drei gaben dem Leben einen Sinn. Sie bildeten das Fundament, auf dem Kultur und Zivilisation des Abendlandes erblühten. Selbstsucht, so weit sie den Einzelnen auch tragen mag, hätte nie Griechenland oder Rom zu erbauen vermocht. Doch heute stecken Gott, Gemeinschaft und Familie im Altersheim. Glaube, Religiosität und Spiritualität sind selbst dort oft an der Garderobe abgegeben worden oder werden als heuchelnde Lippenbekenntnisse wie ein Schild vor sich hergetragen, um unter seiner Deckung Leichtgläubige noch besser ausnutzen zu können. Gleichzeitig suchen Ausverschämte nur ihre Vorteile in der EWTO, statt an einem Strang zu ziehen und die Gemeinschaft zu stärken. Individualismus regiert überall. Selbstsucht hat Oberwasser.

Wie können wir dem entgegenwirken oder spiegelt sich bei uns in der EWTO nur die moderne Gesellschaft wieder, von der wir ein Querschnitt sind?
Alles das hat es auch in der Historie schon ähnlich gegeben.
„Die Seele der Bürger wird empfindlich“, beobachtete Plato (427 - 347 v.Chr.) über den Individualismus in Griechenland, *„so dass sie, wenn ihnen jemand auch nur ein wenig Zwang antut, unwillig werden und das nicht ertragen können. Schließlich kümmern sie sich auch nicht mehr um die Gesetze, weder um die geschriebenen noch um die ungeschriebenen, um ja auf keine Weise mehr einem Rechenschaft geben zu müssen.“*

Über Selbstsucht in Rom notier-

te Amerikas größter Historiker Will Durant in seiner achtzehnbändigen „Kulturgeschichte der Menschheit“: *„Die Geschlechtlichkeit hatte sich in Freiheit ausgetobt, während die politische Freiheit verfiel.“*
Klingt fast vertraut. Leider sind dies alles keine Verhaltensweisen, die den Aufbau und Erhalt einer großen Gemeinschaft gewährleisten.

Vielleicht sollten wir uns doch lieber wieder mit dem Quatsch und Qualm beschäftigen, der uns den Tag verdirbt und die Sicht versperrt, statt zu versuchen, einen Blick auf den derzeitigen Zustand der Wurzeln der EWTO zu werfen. Der erste Schritt der Heilung besteht darin, dass man sich selbst als erkrankt erkennt. Dann muss man die Ursachen der Erkrankung finden und – wie uns Konfuzius lehrt – bei sich selbst anfangen.

Meine Diagnose mag negativ klingen, aber ich habe überhaupt nicht resigniert, nicht aufgegeben und bin ohne Bitterkeit, denn ein neuer Geist, ein neues Zusammenhaltsgefühl wird – gerade unter den Schulleitern der jungen Generation – immer deutlicher erkennbar! Durch Gespräche auf Lehrgängen, während unserer Uni-Studienwochen und per E-Mail habe ich persönlichen Kontakt mit sehr vielen guten und ehrlichen Schulleitern, für die der Schüler im Zentrum ihrer Anstrengungen steht und nicht nur selbstsüchtige Motive.

Diese guten Beispiele sind meine Hoffnung, denn sie haben erkannt, dass der eigene Erfolg, auch der geschäftliche, sich automatisch ergibt, wenn man sich auf den besinnt, um den es geht: um den Schüler.
Wenn unser Selbstreinigungsprozess erfolgreich ist und es sich weiter herumspricht, dass die Arbeit jedes Einzelnen von uns gleichzeitig (!) in drei Richtungen gehen muss, dann wird uns die Arbeit mit dem WT noch mehr Spaß bringen und die Erfolge können nicht ausbleiben.
Hier nun das „Gesetz der drei Richtungen der Arbeit“, das – wie das Meiste – nicht auf meinem Mist gewachsen, sondern jahrtausendealtes Wissen unserer Altvordern ist:

1. Jeder muss zunächst an sich und für sich selbst arbeiten, sonst kann er niemandem helfen. Wir müssen uns beobachten und immer mehr bessern. Das gilt nicht nur für unsere WT-Technik und Unterrichtsmethodik, sondern auch für unseren Charakter.
2. Jeder muss dem anderen, seinem Nächsten helfen, besser zu werden, seinem Schüler, seinem Kollegen – ja auch dem!
3. Jeder muss für seine WT-Familie, seinen Verband, für das WT überhaupt arbeiten. Er muss die übergeordneten Ziele verstehen lernen und mitentwickeln und mittragen.

Die Belohnung für die Mühe der Arbeit in drei Richtungen: Nur wer in drei Richtungen arbeitet und dieses nach einiger Zeit möglichst gleichzeitig, kann sich selbst vervollkommnen.
Paradoxerweise erreicht der, der so arbeitet, wirklich das, was der kurzsichtig Selbstsüchtige nie erreicht: Erfolg auf allen Ebenen und Zufriedenheit.

Ich wünsche allen, die diesen Königsweg noch nicht gelernt haben, das Gefühl tiefer Freude und Befriedigung zu erfahren, das die Arbeit in drei Richtungen schenkt!

Übrigens:

Ich habe diese Mahnung nicht selbst verfasst! 90% meines Textes hättet Ihr in der Bild-Zeitung vom 12.3.05, Seite 2, lesen können, und zwar im Bild-Kommentar von Claus Jacobi (Mein Tagebuch) *„Selbstsucht ist wohl die stärkste Kraft der deutschen Gegenwart“.*

Es ist also nicht allein unsere EWTO, die an den Wildwüchsen der grassierenden Selbstsucht leidet. Wir haben es mit einem Phänomen unserer Zeit zu tun, das ganz Deutschland betrifft! Ich brauchte nur Worte wie „Deutschland“, „Abendland“ usw. durch „EWTO“ zu ersetzen, einige aktuelle WT-Beispiele und das Gesetz der Arbeit in drei Richtungen hinzuzufügen und fertig war mein Artikel.

PS:
Bei solch einem Rundum-Appell bleibt es nicht aus, dass sich

auch (oder gerade) die (sensiblen) „Guten“ irrtümlicherweise angesprochen und abgestempelt fühlen. Diese sind aber eben nicht gemeint, denn sie sind das Salz unseres Verbandes!
Mit dieser Ermahnung will ich nicht die Mehrzahl aller meiner tüchtigen und über jeden Zweifel erhabenen Kollegen ansprechen, sondern nur die aufrütteln, die es wirklich betrifft, von denen wir uns zum größten Teil aber auch schon getrennt haben.

31.04.2005

Mache dich frei von versklavenden Wörtern!

Lärm erregt Aggression

Das Wörtchen „ist" trägt die Schuld an allen Wahnvorstellungen, Illusionen, (Selbst-) Täuschungen und mentalen Krankheiten, und die Grammatik löst zwangsläufig Streit und Krieg aus:
Bei dem Hauptverantwortlichen handelt es sich um die sog. Russellschen „Propositionellen* Funktionen", um Sätze, die in Wirklichkeit keine logischen Sätze darstellen, sondern eher algebraischen Funktionen mit mehreren Bedeutungen ähneln. Bezeichnenderweise nennen manche Semantiker nicht durchschaute propositionelle* Funktionen „Lärm", denn weder der Sprechende noch der Kontrahent wissen, was der Satz wirklich bedeutet. Wie auf dem Affenfelsen erzeugt Lärm aber auch beim Menschen Gefühle wie Wut und Angst und damit Aggression.

(In diesem Zusammenhang möchte ich noch darauf hinweisen, dass im 19. Jh. John Highlings Jackson den Begriff *propositionell* eingeführt hatte, um die Dominanz der linken Hemisphäre beim Sprechen usw. in dem Sinne zu charakterisieren, dass sie in Propositionen, also in Aussagen, denke.)

Als Gegensatz zum Ausdruck propositionell prägte Joseph Bogen, einer der Pioniere der Kommissurotomie (= spezielle Herzoperation), den Begriff *appositionell,* um die Informationsverarbeitung in der rechten Hemisphäre bei Rechtshändern bei deutlicher Lateralisierung (= den Gehirnhemisphären bestimmte Funktionen zuordnen) zu kennzeichnen. Er trat kämpferisch dafür ein, dass in den Schulen ein appositionelles Denken entwickelt und gefördert wird.

Ein deutscher Kämpfer für das appositionelle Denken an den Schulen (diesen Hinweis habe ich von Karl „v. d. Küste" Koch) ist Dr. Gerhard Huhn (*Kreativität und Schule, Risiken derzeitiger Lehrpläne für die freie Entfaltung der Kinder – Verfassungswidrigkeit staatlicher Regelungen von Bildungszielen und Unterrichtsinhalten vor dem Hintergrund neuerer Erkenntnisse der Gehirnforschung*).

„Sein" oder nicht „sein"

Es gibt gute Argumente für die Abschaffung des Wortes *„sein"* (und aller seiner Formen wie „bin", „bist", „ist", „seid", „sind", „war", „gewesen" usw.) in jeder mündlichen und schriftlichen Äußerung – aber besonders im Denken.

Bevor Ihr mich jetzt für einen *Ver*rückten haltet, was bei mir als Kompliment gilt, möchte ich kurz auf die philosophischen und psychologischen Gründe dafür eingehen.

Erlaubt mir als jemand, der durch über vierzig Jahre Körperarbeit und Meditation die taoistische Philosophie erfahren hat, zunächst am klassischen aristotelischen Axiom der Gleichheit oder Identität zu rütteln.

Mit Heraklit, einem anderen griechischen Philosophen, glaube ich, dass wir nie zweimal in denselben Fluss steigen, dass alles fließt und sich ständig verändert. In dem Augenblick, in dem ich etwa eine „Bong-Sao"-Technik sehe und sie so nenne, hat sie sich schon in etwas anderes verwandelt.

Ebenso verhält es sich mit Menschen oder Dingen. Der Satz *„Peter ist dumm"* raubt Peter bis zum Ende seines Lebens die Intelligenz und steckt ihn in eine Schublade, während der Sprecher nur ausdrücken wollte, dass Peter sich in einem einzigen Fall anders verhalten hat, als er, der Sprecher, es von einem vernünftigen Menschen erwartete. Kein Wunder, wenn Peter wütend reagiert. Die nicht weniger schlimme Wirkung einer sich selbst erfüllenden Prophezeiung hat der Satz: *„Ich war schon immer schlecht in Deutsch."* Hindert er den, der so spricht oder denkt, doch sein Leben lang daran, den Mut zu fassen, einen wichtigen Brief zu schreiben. Und das alles nur, weil er in der Schule einmal eine schlechte Deutschnote hatte. Ich selbst hatte als Deutschnote in der Obertertia des Gymnasiums eine Sechs und beim Abitur eine Eins. Wohlgemerkt mit demselben Lehrer als zweiten Prüfer.

Die Verwendung des Wortes „sein" erweckt die Vorstellung von Ewigkeit, Statik, Starre. Wer so spricht und damit denkt, der erschafft sich eine künstliche, tote Welt, in der es keine Veränderung gibt, keine Hoffnung. Wer z.B. von sich selbst denkt:

„Ich bin ein Kämpfer“, der hat sich damit jeder Zukunft, jeder Möglichkeit der Weiterentwicklung beraubt; denn er „ist“ entweder ein Kämpfer oder er „ist“ gar nicht. Das Wort „ist“ lässt nur Gegenpaare wie ja oder nein zu, keinen Mittelweg, keine Zwischenstufen der Veränderung wie in der Natur.
Wenn ein junger Mann vom Überwinden von Widerständen und vom Kämpfen begeistert ist, handelt es sich nur um eine kurze Entwicklungsstufe seines Lebens. Wenn er älter wird, muss er erkennen, dass „Kämpfen“ immer ein „Gegen“ bedeutet und dass sich jedes „Gegen“ gegen die Natur, gegen die Existenz und damit gegen ihn selbst richtet. Indem er aber von sich als „Kämpfer“ denkt und andere ein entsprechendes Verhalten von ihm erwarten, kann er sich nicht aus dem Gefängnis seiner eigenen Programmierung befreien (*„Ein Mann ist wie ein Mann ist.“*).

Namen geben und sagen, ein Ding ist dieses oder jenes, kommt einem Akt der Aggressivität gegen sich und andere gleich. Einen Löwen ein „Raub“-Tier zu nennen und einen Sklaven „gut“, beleuchtet nicht nur die Entwicklung unserer „Moral“-Vorstellungen, sondern es lenkt unser Denken, mehr als uns bewusst ist. Der Satz *„Das ist die Wahrheit“* will glauben machen, dass es so etwas wie „die“ Wahrheit überhaupt gibt. Ohne das schlimme Wort „sein“ könnten wir uns nicht vergleichen, gebe es weniger Neid und Aggressionen, und wir könnten uns nicht einmal fragen: *„Wer ist der beste Kämpfer?“*

Aus dem Gesprächskiller „Der Film war phantastisch“ würde dann nur die subjektive, diskutierbare Meinung „Ich fand den Film toll, weil ...“ Und es gäbe die lebensfeindliche Passivform (*„Infolge der X-Seuche mussten 450.000 Rinder getötet werden“* oder Ronald Reagan: *„Mistakes were made“* = Es wurden Fehler gemacht) hinter der sich der Täter (Subjekt des aktiven Satzes) ungenannt verstecken kann, nicht mehr. Wir würden ein Stück verantwortungsbewusster werden und wir würden uns auch nicht mehr als ein von der anonymen Welt bedrohtes Opfer (*„Ich bin entlassen worden.“)* sehen, sondern unser Leben selbst in die Hand nehmen. Jedesmal, wenn wir eine Form von „sein" benutzen, belügen wir uns oder andere. Deshalb Misstrauen, wenn Ihr eine Form des Wortes „sein" lest, hört oder selbst denkt oder ausspricht.

Unproblematisch erscheint mir aber die Benutzung als Hilfszeitwort, um z.B. Perfektformen wie *„ich bin gelaufen"* darzustellen. Als gefährlich und missverständlich empfinde ich vor allem „sein" in der Funktion der Identifikation: *„Angst ist der beste Lehrer"* (Angst = der beste Lehrer?) oder als Prädikat: *„Die Zitrone ist gelb."* (Tatsächlich stellt gelb keine Eigenschaft der Zitrone dar, denn nur gesunde menschliche Augen nehmen sie als gelbfarben wahr. Farbenblinde würden sie als grau empfinden.) Goethe erkannte in seiner Farbenlehre, wovon heute führende Wissenschaftler überzeugt sind: Der Beobachter (verändert nicht nur, sondern) erschafft sich durch Beobachten erst die Welt.

Wenn Ihr jemanden torkelnd eine Kneipe verlassen seht und Euch sagt: *„Der ist betrunken"*, dann wird er keine Hilfe von Euch erwarten können. Formuliert Ihr in Gedanken aber: *„Er macht den Eindruck eines Betrunkenen"*, dann könnte Euer Zweifel Euch dazu bringen, genauer hinzuschauen und dem potentiellen Opfer eines Gewaltverbrechens das Leben retten. Seien wir uns immer bewusst, dass jeder auch nur gedachte Satz nach Realisierung strebt und uns programmiert. Ihr seid das, was Ihr von Euch denkt.

Aber auch der andere ist das, was Ihr von ihm denkt! Seien wir also vorsichtig, mit solchen „Bestellungen", und ebenso mit jeder Art von propositionellen Aussagen. Wenn jemand in Zukunft zu Euch sagt: *„Das ist eine dumme Idee"*, dann könnt Ihr es Euch in „Sein-loses-Deutsch" (D1) übersetzen und ihm *„Was gefällt Ihnen daran nicht?"* antworten, statt: *„Quatsch, das ist eine gute Idee, nur Sie sind zu blöde!"* Wenn der andere Euch beschimpft: *„Sie sind ein Idiot!"*, dann gewinnt Ihr Distanz, indem Ihr es Euch in D1 übersetzt: „Sie haben mich sehr verärgert!" Wenn Ihr vor einem Problem steht und denkt: *„Das ist unmöglich"*, denkt Ihr besser: *„Das scheint mir im Moment unmöglich"* und findet die Lösung.

Es soll übrigens Sprachen geben, die ohne „sein“ auskommen: Mandarin, Russisch und Ungarisch. Und ich war bis hierher auch bemüht, in diesem Text (bis auf Zitate u.ä.) in D1 zu schreiben.
Die englische Form des Infinitivs „sein“ entspricht dem schnöden und unspektakulären Wort „(to) be“. Es leitet sich aus dem Sanskrit (indische Hoch- und Gelehrtensprache) ab und heißt dort „bhu“, was wachsen lassen oder wachsen bedeutet. In der 1. bzw. 3. Person Singular Präsens „am“ und „is“ erkennen wir, dass es die gleiche Wurzel hat wie das Sanskritwort „asmi“ (= atmen). Damals hatten die glücklichen Menschen noch kein Wort für „sein“! Buddha hatte recht, als er als Rezept zur Überwindung des Leidens z.B. das „richtige Sprechen“ verordnete (*„Vom Zweikampf“*, S. 260).

31.05.2005

Mache Dich frei von zwanghaftem Denken!

Solange wir der falschen Vorstellung anhängen, dass wir eine einzige, permanente Persönlichkeit sind, nur weil wir einen Namen und einen Körper besitzen, solange können wir nichts verändern, uns nicht beobachten.

Dann werden wir uns immer mit jeder unserer Rollen, mit jeder unserer negativen Stimmungen und mit jedem Gedanken identifizieren, der (bei) uns einfällt. Um sich nicht zu vergessen, darf man sich nicht mit jedem einfallenden Gedanken verwechseln. Man darf nicht zu jedem Gedanken „*Ich*“ sagen.

Und wie oft erkennen wir bei anderen Menschen, Doktoren, Lehrern oder Juristen, dass sie sich mit ihren Gedanken und Meinungen identifizieren, rechthaberisch und streitlustig sind, wobei es weniger um die Sache, sondern mehr darum geht, wer Recht behält.

Man kann lernen, sich von falschem Identifizieren frei zu machen, obwohl es schwer ist. Zunächst muss man verstehen, dass Gedanken sich nicht wirklich stoppen lassen. Um sich nicht mit ihnen zu identifizieren, muss man sie, ohne zu urteilen, beobachten. Man darf sich dabei nicht sagen: „*Ich*“ denke; denn dann sagt man auch „*ja*“ zu ihnen. Der Teufel, heißt es, schickt viele Gedanken in unseren Kopf, aber wir dürfen sie niemals für „unsere“ Gedanken halten. Gedanken und Denken muss man gut unterscheiden.

Wir sind nicht verantwortlich für unsere Gedanken, aber für unser Denken. Ob Du einen Gedanken, der Dir einfällt, weiterdenkst, von ihm aus weiterdenkst, dafür bist Du verantwortlich. In WingTsun-Sprache: *Du musst passiv gegenüber Deinen Gedanken werden*, indem Du Dich nicht mit Ihnen verwechselst und identifizierst.

Denke immer daran: *Du bist nicht Deine Gedanken!* Sobald Du glaubst, dass es „Deine“ Gedanken sind, gewinnen die Gedanken Macht über Dich und wollen sich verwirklichen.

Anstelle von „*Ich denke*“ solltest Du in Zukunft besser „*Es denkt*“ sagen, um den nötigen Abstand zu gewinnen.

Wenn Du abends im Bett liegst und die Gedanken kommen, die kleinen neidischen, eifersüchtigen, negativen, die Dich herunterziehen wollen, die Dein Selbstmitleid, Deinen sog. Gerechtigkeitssinn, noch ausstehende Abrechnungen mit anderen, Rachegelüste usw. betreffen, dann lasse sie einfach passieren. Es sind nicht Deine Gedanken! Beobachte amüsiert, wie diese *Ein*fälle in Deinen Kopf einfliegen und ihn dann wieder verlassen. Wenn Du das kannst, findest Du inneren Frieden. Und um inneren Frieden geht es uns bei der Arbeit an uns selbst. Wir kämpfen mit uns, um Harmonie und inneren Frieden zu erlangen.

Während man im äußeren, im körperlichen WingTsun die Muskeln entspannt, um sich von der Verkrampfung zu befreien, so muss man im inneren, im geistigen WingTsun jede Verbindung zwischen den Gedanken und sich selbst trennen. Um zu verhindern, dass unser Verstand in fruchtloses Phantasieren abgleitet, uns geistige Diarrhoe überfällt und dass wir unser zwanghaftes Denken, das immer wieder um den gleichen Gegenstand kreist, nicht abstellen können, ist auch das Auswendiglernen und Aufsagen von Texten eine praktische Methode.

Kürzlich vertraute mir eine liebe Freundin an, dass sie oft dem Alkohol zuspricht, um sich von quälendem Grübeln zu befreien. Sie täte besser daran, Schillers Gedicht von der Glocke auswendig zu lernen!

Wer sich fragt, warum gläubige Christen, Hindus oder Moslems auch noch heute im Zeitalter der Fotokopierer und Computer ihre heiligen Schriften auswendig lernen, der kennt jetzt den Grund:

Das Auswendiglernen *(learn by heart ...)* ist eine Art geistige Survivalmethode, um unser Gehirn von fruchtlosem mechanischen Denken zu befreien; denn es hat immer nur Platz für einen Gedanken zur Zeit.

31.07.2005

So werden wir mit verbalen Angriffen fertig

Vor einiger Zeit fragte mich ein Leser meines Buches „*Blitz-Defence – Angriff ist die beste Verteidigung*“, wie man sich im *Pre*Fight (in der verbalen Phase) gegen nichtkörperliche Angriffe schützt und ob das WingTsun-System auch dort Lösungen anzubieten habe.

Da körperliche Angriffe oft die Fortsetzung verbaler Aggressionen eben mit körperlichen Mitteln sind, müssen wir uns als WT-Anwender, die den sinnlosen Kampf nach Möglichkeit vermeiden wollen, mit ihren Gesetzmäßigkeiten beschäftigen.

Grundsätzlich greifen bei verbalen Angriffen dieselben WT-Prinzipien wie bei physischen Angriffen, so dass ich einige von ihnen hier aufzählen möchte.

Während es bei der körperlichen Selbstverteidigung darum geht, dass z.B. der Fauststoß des anderen uns nicht erreicht, gilt es gegenüber sprachlichen Angriffen, sich nicht von den Worten des anderen treffen zu lassen.

Eigentlich ist dies viel leichter, denn während wir vom Fauststoß des Gegners getroffen werden, wenn wir uns nicht schnell genug bewegen, müssen wir uns gegenüber den Worten des anderen überhaupt nicht bewegen.

Wir allein entscheiden, ob wir (verbal) getroffen worden sind. Wenn seine Worte unser psychisches Gleichgewicht so gestört haben, dass wir uns provozieren lassen und unsere Wut nicht kontrollieren können, dann hat er einen Treffer erzielt.

„Es ist unmöglich, jemandem ein Ärgernis zu geben, wenn er es nicht nehmen will.“
(Friedrich v. Schlegel)

WT-Prinzip: Nicht gegen etwas angehen!

Genauso wenig wie wir uns im WT auf einen Schlagabtausch (Sparring) einlassen, kontern wir mit schlagfertigen Widerworten, die nur Energie kosten und den Streit unnötig verlängern oder gar ins Körperliche eskalieren lassen.

„Zanke nicht mit einem Schwätzer, dass du nicht Holz zutragest seinem Feuer.“
(Jes. Sirach 8,4)

Stattdessen konfrontieren wir den Aggressivling z.B. mit absurdem Verhalten, indem wir ihn wie eine Frohnatur anstrahlen: *„Genau, sage ich auch immer, ganz meine Meinung!“* erwidern, ihm zuwinken und zügig weiter- und weggehen, wobei wir den Verblüfften zurücklassen.

WT-Prinzip:
Den Angriff ins Leere gehen lassen!

Streiten wir kritische Bemerkungen also nicht ab und reagieren wir auch nicht mit Gegenkritik, sonst würden wir nur mit gleicher Münze zurückzahlen, wie es jeder Laie mechanisch machen würde. Der Aggressor muss bei unserer Entgegnung das Gefühl haben, in einen kaum durchsichtigen Vorhang zu schlagen, der mit dem Schlag zurückgeht und nicht zurückschlägt. Was der Gegner auf uns schleudert, prallt nicht von dem Vorhang ab, so dass er es nicht wieder neu gegen uns verwenden kann.

WT-Prinzip:
Versuche nicht den Gegner wegzudrücken, drücke Dich selbst weg!

Versuchen wir nicht, ihn zu überzeugen oder zu ändern! Genauso wenig wie wir im körperlichen WT versuchen, den körperlichen Angreifer von seinem Ziel abzubringen oder seinen Arm wegzudrücken, versuchen wir in der verbalen Selbst-Verteidigung gar nicht erst, den anderen von seinem Unrecht zu überzeugen oder ihn zu einem besseren Menschen machen zu wollen. Im körperlichen WT verändern wir *unsere* Position, statt, was viel schwieriger ist, den Angreifer wegdrücken zu wollen. Ebenso wenig versuchen wir, den Gegner zu einer Verhaltensänderung zu bewegen. Die anderen Menschen lassen sich nicht verändern. Nur wir selbst können *uns* verändern, wenn wir dies wirklich wollen.

Außerdem stehen die Aggressoren, mit denen wir es in der Praxis zu tun haben, oft unter Alkohol oder Drogen, so dass es selten Sinn hat, auf den Aggressivling verständnisvoll eingehen zu wollen. Da die rechte Gehirnhälfte durch Alkohol schneller betäubt ist, wird unser Gegenüber Schwierigkeiten haben, unseren emotionalen Sprachton richtig zu beurteilen, und er wird humorvolle und ironische Bemerkungen wörtlich verstehen.

WT-Prinzip:
Schütze Deine Mitte!

Damit der Kontrahent unser körperliches Gleichgewicht nicht stören kann, müssen wir unser Zentrum kennen und schützen. Damit unser psychisches Gleichgewicht nicht gestört werden kann, müssen wir unser inneres Zentrum, unseren wahren Kern, finden, erfahren und schützen. Wir müssen uns hermetisch versiegeln!
Unsere keilförmig positionierten Arme schützen – wie ein Zaun den Vorgarten – vor unserem Haus. Unsere selbstsichere Ausstrahlung setzt dem anderen wie ein unsichtbares Schutzschild Grenzen.
Wenn wir die Eskalation der Gewalt (vom Blick über die verbale Anmache zur körperlichen Gewalt) voraussichtlich nicht unterbrechen können, obwohl wir uns bemühen, gilt zur Vermeidung von Anflügen von eigener Angst das Folgende:

WT-Prinzip:
Richte Deinen Angriff auf die Mitte des Gegners, verfolge nicht die Arme!

Dringen wir gegen den inneren Kern des anderen vor!
„Hab' ich des Menschen Kern erst untersucht, so weiß ich auch sein Wollen und sein Handeln."
(Wallenstein in Schillers Wallensteins Tod 2,3)

Unsere Arme gehen in Richtung des Kerns, der inneren vertikalen Mittellinie („Dochtlinie") des Gegners vor. Unsere Worte (geistige Energie) dringen durch die Oberfläche zum Kern (Herz, Verstand) des anderen vor.
Körperlich gilt: Unsere Arme bewegen sich dabei auf der imaginären Mittellinie, der sog. kürzesten Entfernung zwischen unserer und der „Mitte" unseres Gegners. Wenn wir der Zentrallinie folgen, dem „mittleren Pfad", der uns mit unserem Gegner verbindet, kann der Gegner nicht an uns vorbei. Es sei denn, wir treten zur Seite und lassen ihm den Vortritt.
Auch unsere Konzentration darf feindliche, negativ beeinflussende, lähmende Angst, die uns der Aggressor in Form von Worten und Gedanken wie Pfeile ins Herz schießen will, nicht pas-

sieren lassen. Auch hier gilt das physikalische Prinzip: Wo ein Körper sich befindet, kann kein anderer sein. Für mich haben Gedanken auch eine stoffliche Qualität, halt nur feiner. Und es kann stets nur ein Gedanke in unserem Kopf Platz haben. Den des Gegners sollten wir nicht hereinlassen. Wie ununterbrochene Kettenfauststöße müssen unsere positiven Gedanken ohne Lücke nach vorne drängen.

Ähnlich wie die keilförmig vordrückenden Arme des WT-Anwenders die Arme des Gegners muss unser Energiefluss negative Gedanken ablenken. (Falls sie schon in unser Bewusstsein eingedrungen sind, wird eine Art mentale „3. Form“ nötig, um sie wie ein Exorzist wieder daraus zu vertreiben.)

„Deshalb zwingt der kluge Kämpfer dem Feind seinen Willen auf, aber er erlaubt es seinem Feind nicht, ihm seinen Willen aufzuzwingen.“

(Sun Tsu, Die Kunst des Krieges)

Im September-Editorial werde ich Euch dann Vorschläge und Anwendungsbeispiele für die Umsetzung der körperlichen Kraft- und Kampfprinzipien in die dritte Ebene des WingTsun geben.

Noch weiter schöne Sommertage, wo immer Ihr Euch aufhalten möget!

31.08.2005

Die Umsetzung der vier Kampfprinzipien und Kraftsätze ins Mentale

Vorschläge und Anwendungsbeispiele für die Umsetzung der körperlichen Kraft- und Kampfprinzipien des WingTsun auf der sprachlichen Ebene:

1. Satz:
Ist der Weg frei, gehe vor!

Körperlich: Wir schieben unsere Arme vor, um Kontakt mit den angreifenden Armen des Aggressoren aufzunehmen.
Verbal: Wir antworten dem Aggressor und schicken eine freundlich-selbstsichere Entgegnung an seine Adresse.

2. Satz:
Ist der Weg versperrt, bleibe kleben!

Körperlich: Wenn wir ihn nicht erreichen, weil wir auf seine größere Kraft treffen, ziehen wir unsere Arme nicht zurück, sondern bleiben „kleben".
Verbal: Wenn unsere Antwort die Aggression nicht entschärfen kann, halten wir Sprachkontakt, damit die Situation nicht ins Körperliche eskaliert.

3.Satz:
Ist die Kraft des Gegners zu groß, gib nach!

Körperlich: Wenn die Kraft des Angreifers unsere an einem Punkt übersteigt, geben wir nach, drücken uns von ihm weg und weichen ihm dadurch aus.
Verbal: Wenn seine Aggression andauert oder wächst, geben wir ihm einfach Recht, entschuldigen uns überschwänglich, aber auf keinen Fall ironisch:
„Sie haben völlig Recht, das war absolut idiotisch von mir. Meine Mutter sagt auch immer: Fridolin, glotz' die Leute nicht so an!"

Oder wir weichen aus, so dass sein Angriff ins Leere geht. Aber wir beantworten seine Beleidigung nicht mit einer Retourkutsche. Wir gehen nicht gegen seine Beschimpfung an, denn im WT gehen wir nie gegen den Angriff des Gegners an. Wir sind niemals gegen etwas, denn es lässt uns verkrampfen und erstarren, macht uns fixiert und bindet uns an den anderen. Wir blocken ihn nicht verbal, sondern lassen den verbalen Angriff einfach ins Leere laufen, indem wir ihn ignorieren, so tun, als ob er etwas Nettes gesagt hätte, oder indem wir eine paradoxe Antwort geben, die aber auch gar nichts mit seinem

Spruch zu tun hat: *„Haben Sie gewusst, dass die Bulgaren den Kopf schütteln, wenn sie Ja meinen?“*

Mit der paradoxen Antwort erreichen wir den Zweck, den ich im Buch „Angriff ist die beste Verteidigung“ mit dem Ankerwort (*„Deine Mutter, wann hat die Geburtstag?“*) beabsichtigte: Wir haben den Kontrahenten verwirrt, sein Verstand muss nun Sinn in die Unsinnsfrage bringen und ist voll beschäftigt, da jeweils nur ein Gedanke zur Zeit gedacht werden kann. Diese Zeit und Verwirrung nutzen wir, um uns umzudrehen und ihn stehen zu lassen.

4. Satz: Wenn der Gegner [sich] zurückzieht, folge!

Körperlich: Weicht der Gegner zurück oder zieht er z.B. seinen angreifenden oder abwehrenden Arm zurück, dann rücken wir sofort nach.

Verbal: Wenn der Gegner sich zurückzieht, weil er den Mut verloren oder vielleicht nur geblufft hat, können wir (wenn wir denn unbedingt wollen) nachsetzen und folgen, um vollends zum Gewinner zu werden.

Die Umsetzung der vier Kraftsätze

1. Satz von der Kraft: Befreie Dich von Deiner eigenen Kraft!

Körperlich: Beispielsweise, indem Du Dich (z.B. durch das Üben der Siu-Nim-Tau-Form) entspannen lernst, die sog. Antagonisten auszuschalten übst.

Mental: Befreie Dich von neurotischem, zwanghaftem Denken und Sprechen.

Befreie Dich von der Herrschaft der verbalisierenden (linken) Gehirnhälfte.

Befreie Deine Sinne von Dumpfheit.

Befreie Dich von Deinem übermächtigen Ego, erkenne Dich als Teil des Universums, in das Du am Ende Deines Menschenlebens zurückkehren wirst.

2. Satz von der Kraft: Befreie Dich von der Kraft des Gegners!

Mental: Wenn Du Dich von Deinem Ego befreit hast, kann die verbale Aggression Dich weder provozieren, noch können Worte Dich in lähmende Angst versetzen.

Lasse Dich nicht von der schlechten Laune des anderen anstecken, denn sonst gewinnt er Macht über Dich. Lasse seine Worte nicht in Dich eindringen.
Überhöre seine Bemerkung, denn: *„Sticks and stones will break my bones, but words can never hurt me."* („Stock und Stein bricht mein Bein, aber Worte vom Wicht verletzen mich nicht.")
Lasse Dich nicht darauf ein, auf kleinste Sticheleien zu reagieren. Ehe Du Dich versiehst, steckst Du mitten in einem handfesten Streit, weil ein Wort das andere nach sich zieht. Den Worten folgt der Gedanke und auf den Gedanken die Tat. Lohnt sich das Ganze? Nimm die Feindseligkeit nicht persönlich. Es hat nichts mit Dir zu tun. Gewinne Distanz, so dass die Aggression Dir nicht unter die Haut geht. Benutze dazu Atem-Techniken und Autosuggestion.

3. Satz von der Kraft: Verwende die Kraft des Gegners zu Deinem Vorteil!

Lasse Dich z.B. durch seinen Angriff in Sicherheit drücken.

Mental: Wenn Dein Gegner droht: *„Verpiss' dich oder ich mach' dich fertig!"*, dann gehe doch einfach weg.
Wenn er sich aufbläst und wichtig macht: *„Der Platz ist besetzt, hau' ab!"* dann bedanke Dich: *„Vielen Dank für den guten Rat, ich bin zum ersten Mal hier."* Mehr Energie und Zeit kannst Du gar nicht sparen bzw. gewinnen.

4. Satz von der Kraft: Ergänze die Kraft des Gegners durch Deine eigene Kraft!

Mental: Wenn der andere Dich beschimpft: *„Kannst du nicht aufpassen, du Trottel!"*, dann gib ihm nicht nur Recht, sondern haue selbstanklagend in dieselbe Kerbe und jammere theatralisch:
„Sie haben ja so Recht, ich bin ja sooo ungeschickt. Alles misslingt mir. Was ich auch anfasse, geht schief. Ich bin nur eine Belastung für meine Mitmenschen."
Ich habe es schon erlebt, dass der andere plötzlich umschwenkt und mich in Schutz vor mir selbst nahm und knurrte: *„Na ja, so schlimm ist es ja*

auch wieder nicht. Pass' nächstes Mal besser auf."

Achtung:
Mache Dir dabei bewusst, dass Du umso überzeugender auftreten kannst, je mehr Du Dich auf Deine körperlichen Selbstverteidigungsfähigkeiten verlassen kannst, denn nur der Starke darf sich schwach darstellen, nur der Kampfbereite täuscht Kampfunfähigkeit vor.

Daraus folgt, dass ein schwächerer Mann oder die meisten Frauen, die es mit einem körperlich stärkeren Gegner zu tun haben, eine in vielen Punkten völlig entgegengesetzte Strategie der Stärke (!) verfolgen müssen.
All diese Ausweichmanöver, die den Angriff ins Leere laufen oder den Gegner verwirrt und verstört zurücklassen, setzt Du dann ein, wenn der andere für vernünftige Argumente nicht erreichbar ist oder Du keine Zeit oder Lust hast, Dir von ihm Lebenszeit, gute Laune und Energie stehlen zu lassen.
Kommentar des Freiherrn von Knigge:

„Werde nie hitzig oder grob gegen Deine Feinde, weder in Gesprächen noch in Schriften; und wenn böser Wille und Leidenschaft, wie es mehrenteils geschieht, bei ihnen im Spiel ist, so lasse Dich auf keine Art von Explikation (= Erklärung) *ein ..."*

Nicht für alle geeignet!

Dass diese Vermeidungsmethoden nicht in allen Fällen eingesetzt werden können, dass sie z.B. kaum gedacht sind für Polizeibeamte, Türsteher usw. (die aufgrund ihrer Rolle ihren Respekt schützen müssen, um am nächsten Tag nicht noch mehr Ärger zu bekommen) versteht sich von selbst.
Ebenfalls sind viele dieser (z.T. Selbst-)Deeskalations-Methoden nicht für solche Personen geeignet, die tatsächlich an geringem Selbstwertgefühl leiden.
Wer sich stark genug dafür fühlt, kann ja einmal bewusst damit spielen und experimentieren.

Von Euren Erfahrungen würde ich gerne lesen und – mit Eurem Einverständnis – berichten!

29.09.2005

Der Mensch, die Krone der Schöpfung, ist er frei in seinem Handeln?

„Niemand ist frei, der nicht über sich selbst Herr ist"

Matthias Claudius: Sprüche des Demophilus

Dr. G. hat es geschafft. Sein Bankkonto wächst, seine Söhne haben es zu etwas gebracht, seine Tochter hat er gut verheiratet, um seine Zukunft muss er sich keine Sorgen machen, er ist Vorstandsmitglied mit eigenem Chauffeur, zuverlässige und kompetente Mitarbeiter managen alles zu seiner Zufriedenheit. G. gehört zu den Honoratioren seiner Stadt. Seit er 100.000 US-Dollar spendete, gilt er über seine Region hinaus als Wohltäter und genießt uneingeschränkte Anerkennung. Politiker fragen ihn nach seiner Meinung und Moderatoren laden ihn in ihre Talkshow ein. Er hat auch schöngeistige Interessen, veranstaltet Dichterlesungen und fördert die Künste allgemein. Seine spirituelle Neigung entdeckte er ebenfalls und über die institutionalisierte Kirche hinaus fühlt er sich vom Dalai Lama ebenso angesprochen wie von den Schriften Krischnamurtis.

Gegen 11 Uhr wacht G. benommen und verwirrt von einem Albtraum in seiner Hotelsuite auf. Schlaftrunken rappelt er sich auf. Als er aus dem Bad kommt, nimmt er seine Armbanduhr vom Nachttisch und will sie sich ums Handgelenk binden, aber sie entgleitet ihm und droht herunter zu fallen. Er versucht sie noch zu fangen, aber bei dem Versuch, sie zu greifen, stößt er den Schweizer Zeitmesser in den Spiegel, der sofort zerbricht. Die Uhr selbst hat ebenfalls hässliche Kratzer abbekommen und der Sekundenzeiger bewegt sich nicht mehr. Mist! Angewidert legt G. die Uhr zur Seite, auf die er so stolz war.

Der Etagenservice bringt ihm sein Frühstück. Verdammt, das 5-Minuten-Frühstücksei ist hart. G. nimmt sich vor, das nächste Mal das Hotel zu wechseln.

Als er die Lobby des Hotels verlässt, um beim Ministerium vorzusprechen, sieht er einen blinden Bettler, der ihn vom Aussehen an den Kellner vom Restaurant „Krokodil" erinnert, wo er immer diesen göttlichen Hummer bekam. Plötzlich fühlt

er Hunger. Das steinharte Ei hatte ihm das ganze Frühstück verleidet. Aber im Kaufhaus des Westens würde er sich mit Hummersalat und Sekt entschädigen.
An der Bar sitzen dort zwei entzückende junge Damen, die ihn sichtlich angetan betrachten, wobei er die eine zur anderen flüstern hört: *„Schau mal den! Toller Typ.“* Man kommt ins Gespräch und er erwähnt, in welchem Hotel er wohnt. *„Vielleicht haben die Damen ja Lust, mit mir heute Abend zu speisen?“*
G. fühlt sich super und als er das Kaufhaus des Westens verlässt, wirft er dem Bettler einen Zwanzigeuroschein in den Hut. Fröhlich pfeifend betritt er das Uhrengeschäft und gibt seine Uhr zur Reparatur. *„Wir müssen sie einschicken. Es wird aber bestimmt ein paar Wochen dauern, mein Herr.“ – „Macht nichts, ich habe ja noch eine andere Uhr dabei.“*
G. geht in sein Hotel zurück.
Der Portier hält ihm die Tür auf. *„Ich hoffe, Sie haben einen angenehmen Aufenthalt, Dr. G.“* G. genießt den Service in diesem Hotel und gibt ein großzügiges Trinkgeld.
Er betritt sein Zimmer. Der zerbrochene Spiegel ist ausgetauscht. Auf dem Bildschirm des TV-Gerätes ist eine interne Hotelnachricht: *„Herr G., bitte kontaktieren Sie die Rezeption. Es liegt eine Nachricht für Sie vor.“* Er ärgert sich, dass man seinen Doktor-Titel weggelassen hat und greift zum Hörer, um die Rezeption anzurufen. Niemand meldet sich. Als es nach ca. zwei Minuten Durchklingeln endlich „Rezeption“ heißt, lässt G. Luft ab: „Geht denn in diesem Saftladen über*haupt keiner ans Telefon?“ – „Entschuldigen Sie bitte, Dr. G., zwei Damen haben hier für Sie angerufen und erwarten Sie um 20 Uhr in der Lobby.“ – Schlagartig ändert sich G.s Stimmung: „Vielen Dank, bitte besorgen Sie mir einen guten Tisch für drei Personen am Fenster.“*
Der Mensch – die Krone der Schöpfung – ist er wirklich frei in seinem Handeln?

30.10.2005

Werde nicht sauer!

Die gleichen schädlichen Stoffe, die zum Waldsterben führen, liefern nach Ansicht vieler Gesundheitsexperten auch den Nährboden für 90% aller unserer Krankheiten. Zum Problem wurde nicht nur der „saure Regen“, sondern auch die Übersäuerung des Menschen.

Immer mehr Leute leiden an einer permanenten Gereiztheit, die sie schon beim kleinsten Anlass explodieren lässt, so dass auch unsere Selbstdeeskalations-Methoden versagen müssen.

Unsere Sprache, die Zusammenhänge ausdrückt, die wir schon vergessen haben oder gerade wiederentdecken, hat dafür das richtige Wort: Er ist „sauer“. Um die Säure zu neutralisieren, baut z.B. die Fichte in ihrer Not sogar aus ihren alten Nadeln Kalium, Kalzium oder Magnesium ab.

Der Mensch muss bei Übersäuerung lebensnotwendige basische Mineralien wie z.B. Kalzium irgendwoher nehmen, und wenn er sie aus seinen eigenen Knochen ziehen muss, was zur Osteoporose (Knochenschwäche) führen kann.

Tatsächlich leiden die meisten Menschen (besonders solche, die viel Fleisch essen, Sport treiben und gestresst sind) an einer Mangelerscheinung, die manche Azidose nennen. Aber die Übersäuerung macht nicht nur den Körper krank. Eine der vielen Nebenwirkungen der Übersäuerung ist auch die leichte Reizbarkeit, denn durch den hohen Säureanfall ist der Sympathikus im permanenten Zustand der Überreiztheit, so dass ohne wirklichen Anlass zu viel Adrenalin und Thyroxin ausgeschüttet werden, was zu Unbeherrschtheit und Aggressionen führt.

Durch eine regelmäßige Entsäuerung ändert sich die Stimmungslage innerhalb weniger Tage. Man wird gelassener, ruhiger, heiterer, und die Lebensqualität wird deutlich gesteigert. Abgesehen davon können wir auch kaum etwas Wichtigeres tun, um unsere Lebenserwartung zu erhöhen, denn mit Entsäuerung wirken wir auch Krebs, Schlaganfall, Herzinfarkt, Impotenz, Menstruationsbeschwerden, Paradontose, Karies, Heuschnupfen, Hämorrhoiden, Haarausfall, Gicht, Rheuma, Arthrose, Diabetes, Bronchitis, Bandscheibenproblemen usw. entgegen, um nur ei-

nige Krankheiten zu nennen, die nur in saurem Milieu entstehen können oder bei deren Auftreten sich gleichzeitig Übersäuerung nachweisen lässt.
Was macht uns nun zu sauer?

- Die meisten Nahrungsmittel, die der moderne Mensch isst, bilden im Körper Säuren.

- Stress, Angst oder schlechte Laune haben saure Reaktionen zur Folge.

- Mangelnde Bewegung fördert Übersäuerung, da der Giftmüll nicht abtransportiert wird, sondern sich als Sonderdeponien ablagert, um irgendwann an den Sehnenansätzen zum Beispiel den sog. Tennisellenbogen zu bewirken.

Obwohl Prof. Dr. Petra Bracht mir die nötigen Kapseln gegen Azidose schon lange zur Verfügung gestellt hatte, bedurfte es eines großen Leidensdruckes und eines zweiten Anstoßes durch meinen Freund Prof. Tepperwein Anfang 2002 auf Teneriffa, um mir den Segen der Entsäuerung zu verdeutlichen: Der hartnäckige Tennisellenbogen, der mich über ein Jahr vom Krafttraining abgehalten hatte, verschwand schon zwei Tage, nachdem ich mit einer für mich angefertigten Basenmischung die Säure-Basen-Balance wiederhergestellt hatte. Seitdem bin ich aufgrund eigener Erfahrung bekehrt und nehme Petras Alkaline-Kapseln mehrmals am Tag und sogar in höherer Dosierung als angegeben.
Ich bin mir sicher, dass unter meinen Lesern mancher Ernährungs- oder Gesundheitsexperte ist, der hier eine völlig andere Meinung hat. Ich gestehe ihm sie gerne zu, folge aber dem Spruch: Wer heilt, hat recht!
Denn ohne Gesundheit ist alles nichts, jede wahre Selbst-Verteidigung muss bei der Verteidigung der Gesundheit beginnen!

Und ich wäre ein schlechter Lehrer der Selbst-Verteidigung, wenn ich meine subjektive Erfahrung nicht an meine Schüler weitergeben würde.

30.11.2005

Verwechseln wir Studium nicht mit der eigentlichen „Arbeit"

Alles, was Du in meinen Editorials über die menschliche Psyche liest, ist nur Information. Du kannst es lesen und dabei nicken, aber ändern wird sich dadurch nichts – gar nichts.
Erst wenn Du beginnst, diese Ideen umzusetzen, Dich zu beobachten, die Vielzahl Deiner Persönlichkeiten und Rollen erkennst, Deine Identifikation, Deine Vorgereiztheit, Deine inneren Widersprüche, Deine Beeinflussbarkeit durch äußere Umstände oder durch andere Personen, wenn Du Dich wiederfindest, nachdem Du Dich vergessen hast, erst dann hast Du mit der Arbeit an Dir begonnen.
Diese Arbeit kann Jahre dauern und Du kannst immer wieder zurückgeworfen werden. Aber wenn Du Dich wirklich bemühst, wirst Du Erfolg haben. Ein guter Lehrer oder eine Gruppe Gleichgesinnter wäre ideal, allerdings wie leicht gerät man an den Falschen.
Es gibt viele Fallen, in die man auf diesem langen Weg zu sich selbst stürzen kann. Einige von ihnen sollen hier genannt werden:

1. Man verwechselt Studium und Lesen mit der Arbeit. Die Dinge verändern sich jedoch nur, wenn Du Dich veränderst. Dazu gehört harte tägliche Arbeit an Dir selbst.

2. Man redet oder schreibt über die Arbeit, aber man tut sie nicht. Die innere Arbeit ist nicht besonders spannend, aber sie muss täglich unermüdlich geleistet werden.

3. Der Drang, andere zu lehren, was man selbst noch nicht kann.

4. Der Drang, andere zu erretten, bevor man sich selbst helfen kann. Deshalb gestehen wir dem Anfänger zunächst eine gesunde Portion Egoismus zu Erst muss er sich helfen. Erst muss er sich beobachten und erkennen, bevor er andere erkennen und beurteilen kann.

5. Die Illusion, ein Auserwählter zu sein.

6. Mit strahlenden Jünger-Augen seinem Lehrer alles zu

glauben und eigenes Denken aufzugeben.

7. Fanatisch zu glauben, dass nur *ein* Weg unter Ausschluss aller anderen zum Ziel führt.

8. Nur zu arbeiten, wenn der Lehrer oder andere anwesend sind, zu Hause oder im Büro sich aber zu vergessen.

9. Von einem Weg zum anderen und von einem Lehrer zum nächsten zu wandern, bei nichts lange genug zu verweilen, um etwas lernen zu können. Immer auf der Suche nach dem noch Besseren zu sein, um sich vor der eigentlichen Arbeit zu drücken.

Verwechseln wir also nicht theoretisches Studium mit der wirklichen Arbeit an uns selbst!

30.12.2005

Der wiedergefundene Pfeil

oder: Wie der Glaube Berge versetzen kann

In meiner Jugend zwischen dem 8. und 13. Lebensjahr war ich jeden Tag auf dem Lande und betrieb neben dem Bäumeerklettern, Ringen und dem asiatischen Kampfsport Beilwerfen und Bogenschießen, ohne dass es mir jemals jemand gezeigt hätte.

Ich besaß nur **einen** Pfeil, mit dem ich stundenlang auf den Feldern auf Ziele schoss. Ich hatte mich zu einem ziemlich guten und instinktiven Schützen entwickelt, wie mir später ein echter Weltmeister aus dem Ostblock bestätigte, der in einem Kieler Sportgeschäft einen Workshop durchführte. Ich bildete mir ein, den Pfeil mit meinem Willen ins Gold zu schicken, und war mir sicher, ihn bis zuletzt kontrollieren und dirigieren zu können. Dennoch schoss ich manchmal vorbei, das heißt, ich verfehlte mein Ziel. Damit tat ich das, was in der Bibel als „sündigen“ (= das Ziel verfehlen) bezeichnet wird. Verfehlte ich, dann konnte ich – mit Konfuzius gesprochen – niemand anders als mir selbst die Schuld daran geben und lernte schon früh, Verantwortung zu übernehmen für meine „Verfehlung“.

Die Konsequenz meines „Fehlers“ war, dass ich ins „Sportgeschäft Lüneburg“ (heute befindet sich dort ein Bistro) in Kiel in der Dänischen Straße fahren musste, um einen neuen Pfeil zu kaufen, der mein mageres Schülerbudget so schmerzhaft belastete, dass ich es mir nicht leisten konnte. Verfehlte ich die Scheibe oder wurde der Pfeil abgelenkt, dann war sein Weg hinterher kaum noch rekonstruierbar. Der Pfeil schoss durch das Getreide und bohrte sich oft tief und flach in die Grasnarbe, wodurch er unsichtbar und praktisch unauffindbar wurde. Am Anfang suchte ich noch stundenlang nach dem Pfeil – was aussichtslos war. Dann erinnerte ich mich wohl an meine Kindergebete und betete, dass mich Gott zu dem Pfeil führen möge. Ich schloss meine Augen und ging voller Vertrauen und Dankbarkeit auf eine nahezu x-beliebige Stelle in grober Schussrichtung zu und hielt nach kurzer Zeit wunderbarerweise den Pfeil in meiner Hand.

Ich weiß nicht, wie oft ich in all den Jahren pro Tag diese Beschwörung oder dieses Gebet an-

wendete, um den Pfeil – den einzigen, den ich besaß – zu finden. Insgesamt muss ich es in all den Jahren einige hundert Mal – und immer erfolgreich – durchgezogen haben.
Manchmal klappte es nicht auf Anhieb, dann führte ich das auf schlechte Konzentration zurück. Aber nicht einmal war ich auch nur im Geringsten in Zweifel, dass es mir wieder gelingen würde. So groß war mein Glaube. Bezeichnend ist auch, dass ich niemandem davon erzählte, selbst meinem Vater nicht.
Hinterher ist mir klar, weshalb nicht: Ich hielt es für nichts Besonderes oder Außergewöhnliches, für nichts, was erzählenswert gewesen wäre. Tatsächlich wurde mir erst viele Jahre später, als ich auf der Suche nach dem Wunderbaren war, klar, was ich als naives Landkind gekonnt hatte und nun wiedererlangen wollte.
Als ich später meinem Freund, Prof. Tepperwein, davon erzählte, weil ich ihm erklären wollte, dass ich früher die Gabe des (Wieder-)Findens von Gegenständen und Personen entwickelt hatte, schüttelte dieser sanft und nachsichtig lächelnd den Kopf: *„Nein, das war kein Finden!“*
Zuerst war ich enttäuscht, aber als er es mir erklärte, begriff ich, dass dieser erfahrene Lebenslehrer meine Leistung keinesfalls geschmälert hatte: *Ich hatte den Pfeil nicht „gefunden“, sondern ich hatte „verursacht“,* dass er jetzt dort lag. Ich hatte ihn dorthin bestellt, indem ich mir sicher war, dass er schon dort lag, dass es nichts Besonderes und kein unbilliges Verlangen war und ich mich schon dafür bedankt hatte, bevor ich dort hingegangen war. Nachdem ich – ohne es zu wissen – alles richtig gemacht hatte, konnte mir das Leben meine richtig abgesandte Bestellung nicht verweigern.

Warum ich das schreibe? Um zu zeigen, welche Macht unsere Gedanken haben können, wenn wir an unsere Fähigkeiten glauben.

31.01.2006

Kein Mensch muss müssen, wenn er nicht wollte

„Kein Mensch muss müssen, und ein Derwisch müsste? Was müsst' er denn?"

Lessing (Nathan der Weise)

Ich bin mit über 30 Studenten und Professoren unseres WingTsun- & Sportpädagogik-Studiums in Obertauern. Aus meinem Hotelzimmer habe ich einen herrlichen Panoramablick auf die Pracht der österreichischen Winterlandschaft. Zweibeinige Ameisen schießen weiße Hänge herab und krabbeln auf der anderen Seite wieder hinauf. Ob unsere WT-Studenten auch darunter sind?

Gerade als ich mich ins Schneevergnügen stürzen will, piept es: „lieber si-fu, hast du das editorial schon fertig zum übersetzen?"

Mist, ich kann doch nicht hinaus, ich muss mein monatliches Editorial abliefern. Dabei habe ich mir noch nicht einmal ein Thema einfallen lassen. Aber die Termine drängen. Ich muss meine Pflicht erfüllen und meinen Text absenden.

Aber „muss" ich denn wirklich? *„Kein Mensch muss müssen"*, sagt des Volkes Mund. Wie oft habe ich diesen Spruch gehört und selbst geäußert!

Freilich ohne mir darüber im Klaren zu sein, wie Recht der weise Nathan damit hat. Tatsächlich müssen nicht nur Sufis (bzw. Derwische bei Lessing) nicht „müssen". Wir müssten es auch nicht!

Aber „muss" ich denn meine monatliche Hausaufgabe nicht pünktlich abliefern? Das Editorial „muss" doch rechtzeitig auf unsere Seite!

So wie ich fragen sich viele:

- *Muss* ich denn nicht die Erwartungen der Eltern erfüllen und z.B. auf den Umzug verzichten?

- *Muss* ich denn nicht freundlich sein zu anderen und gute Miene zu bösem Spiel machen?

- *Muss* ich denn nicht pünktlich meinen Platz am Schreibtisch beziehen?

Nein, ich muss nicht. Es steht

kein wirklicher Zwang dahinter, den Druck mache ich mir nur selbst!
Denn ohne mir darüber klar zu werden, habe ich unbewusst eine Rechnung für mich aufgemacht: wie bei einem Schulaufsatz, Vor- und Nachteile fein säuberlich gegeneinander abgewogen. Dabei bin ich, natürlich unbewusst, zu einem Ergebnis gekommen. Nämlich, dass es nach Abwägung aller Fakten für mich zu teuer wird, wenn ich z.B. dem Wunsch meiner Eltern, in ihrer Nähe zu wohnen, nicht nachkomme. Die Vorteile eines Umzuges (bessere Berufschancen, Nähe zur Freundin, mehr Lebensqualität) wiegen nicht die Nachteile auf (Gewissensbisse: Wer kümmert sich um sie? oder auch ganz egoistisch: Wird mein Bruder dann der Liebling? usw.).
Auch gute Miene zum bösen Spiel anderer zu machen und so zu tun, als merkte ich es nicht, ist keine unumstößliche Verpflichtung.
Ich habe u.a. die Alternative, mit der Faust auf den Tisch zu schlagen. Allerdings hätte ich dadurch Nachteile, die ich nicht in Kauf nehmen möchte, weil mich das zu teuer kommt. Also nehme ich die Option, Luft abzulassen und meine Meinung zu Gehör zu bringen, nicht wahr. Aber ich hätte die Möglichkeit dazu gehabt! Ich hatte diese Handlungsfreiheit, habe mich aber, so wie ich bin, nicht für diese teurere Lösung entscheiden können.
Aber der Zwang, pünktlich zur Arbeit zu erscheinen, der besteht doch, oder vielleicht auch nicht? Auch hier hätte ich die Wahl, länger zu schlafen. Nur war mir der Preis zu hoch, denn mein Schönheitsschlummer hätte mich auf Dauer das Wohlwollen meines Chefs gekostet, also springe ich aus den warmen Kissen. Müssen *muss* ich auch hier nicht!
Es besteht auch kein Muss, was das pünktliche Abliefern meines Editorials betrifft. Eine Verspätung wäre unangenehm und peinlich, aber würde nicht mein Ende bedeuten! Jedoch es würde liebe und treue Leser enttäuschen. Und es ist mir wichtig, dass man mich für zuverlässig hält. Wichtiger, als den Schnee zu genießen. Ein bisschen Winterspaß um den Preis, Ansehen einzubüßen und meine Prinzipien zu opfern, ist mir zu teuer bezahlt. Also tue ich

meine selbst auferlegte Pflicht. Und da ich sie schon einmal tue, will ich sie auch tun wollen, tue sie so gut ich kann und habe meine Freude daran!

Allerdings haben wir in solchen Fällen meist das subjektive Gefühl, einem fremden Zwang ausgesetzt zu sein, und fühlen uns ohnmächtig und willenlos ausgeliefert. Das Gefühl täuscht aber, und wir wollen uns aus psychohygienischen Gründen bitte immer wieder deutlich machen, dass wir nicht der willenlose Spielball einer höheren Macht sind, sondern dass intern bei uns ein Entscheidungsprozess stattgefunden hat, aufgrund dessen wir auf durchaus vorhandene, aber teurere Alternativen verzichtet haben.

Wir sind nicht einer fremden Macht ausgeliefert, sondern unserer eigenen, allerdings unbewussten. Wir sind nicht machtlos – jedenfalls nicht der unbewusste Teil von uns!

Es liegt in der Natur der Sache, dass wir uns immer dann (fälschlicherweise) machtlos vorkommen, wenn wir uns scheinbar in unser Schicksal fügen, nachdem wir aber in Wirklichkeit vorher die Alternativen geprüft und dann verworfen haben, ein Vorgang, der unbewusst, d.h. vor uns verborgen, abgelaufen ist. Da wir hinterher z.B. weiter in derselben Stadt wohnen bleiben, also nicht tätig werden, sondern „passiv" bleiben, erleben wir uns als jemand, der fremdbestimmt sein aufgezwungenes Schicksal geduldig wie ein Opferlamm hinnimmt.

Hier hilft es, sich klarzumachen, dass wir, indem wir die Option nicht wahrnahmen, Nichthandeln gewählt haben, dass also auch ein Nichtändern, ein Beibehalten des Kurses eine Art „Wahl" ist, die wie alles Konsequenzen hat.

Wenn wir uns beispielsweise nicht von unserem Partner trennen, obwohl der so und so ist und dieses und jenes Unerfreuliche tut, dann bleiben wir bei ihm aufgrund unserer (unbewusst abgelaufenen) „Entscheidung", dass es uns mehr Vorteile bringt. Aber wir *müssen* nicht!

Die Worte, die wir benutzen, bestimmen unser Denken und Handeln. Irgendwann sind wir die unentschlossenen fremdbestimmten Feiglinge, deren Sprache wir benutzen. Deshalb habe ich für mich persönlich den Vorsatz gefasst, die Wörtchen „muss" oder „sollte" nur noch sehr sparsam zu gebrauchen und jedes Mal zu hinterfragen, ob sie nötig waren. Und dies auf die Gefahr, schroff und unhöflich zu wirken. Es ist nämlich bequemer, mit der Ausrede abzusagen: *„Leider geht der Termin nicht, da muss ich nach X"*, wenn es in Wahrheit lauten müsste: *„Ich würde gerne kommen, aber noch wichtiger ist mir der Termin in Z; denn dort nicht zu erscheinen, käme mich teurer zu stehen."*

Wir wollen immer öfter von der Möglichkeit der Handlungsfreiheit Gebrauch machen und die volle Verantwortung für all unser Tun und Nichttun (Unterlassungen) stolz übernehmen. Wobei wir nie vergessen, dass alles im Leben einen Preis hat, auch das Nichthandeln; denn in einem gewissen Sinne wählen wir diese Option ebenfalls selbst. Allerdings meist unbewusst.

Aber heißt das nun, dass wir immer die Wahl hätten? Natürlich nicht: Wir können nicht wählen, ob wir geboren werden wollen, und unser Tod ist ebenso unvermeidbar. Und ich spreche hier auch nicht von uneingeschränkter Willensfreiheit. Dass ich an diese nicht glaube, hat sich seit meinem Buch *„Der Letzte wird der Erste sein"* herumgesprochen.

Doch was wir haben, ist eine gewisse Freiheit zu handeln. Leider wird sie begrenzt durch unseren eigenen (!) unbewussten Widerstand – dadurch, wie wir sind.

Unser Wesen macht uns berechenbar wie ein Schienenfahrzeug. Dennoch könnten wir ausbrechen, wenn wir wollten, wenn wir es nur stark genug wollten und bereit wären, den Preis dafür zu zahlen. Aber dazu müssten wir glauben, dass wir eine Wahl haben und uns ändern.

Die Änderung kann schon mit der Sprache beginnen. Ein Anfang wäre der bewusste Verzicht auf das Passiv und das unpersönliche, keine Verantwortung übernehmende „man", auf „müssen" und „sollen".

In festgefahrenen Situationen die Alternativen zu sehen und zu wagen, dazu soll dieser Artikel aufrufen.

„Mache Dich frei von Deiner eigenen Kraft!" meint genau das: Der Widerstand, den Du spürst, kommt von Dir selbst. Springe über Deinen eigenen Schatten! Lass los! Mache Dir nicht selbst Druck. Empfinde Dich nicht länger als ohnmächtiges Opfer so genannter Sachzwänge. Es gibt keine!

28.02.2006

Ist das Gegenteil auch wahr?

Kann die Suche nach Selbsterkenntnis schädlich sein? Mir scheint, dass der Wandel, d.h. die Fähigkeit, Situationen anders zu sehen und anders auf sie reagieren zu können, das Wertvollste ist, was wir im Laufe der Jahre durch richtiges WT erwerben können.

Aber wenn wir nicht nur Bekanntes wiederkäuen wollen, dann müssen wir auch vertrautes und scheinbares Wissen der Altvordern mutig hinterfragen und z.B. abklopfen, ob es sich bei angeblichen Werten vielleicht nicht eher um Unwerte handelt. Warum schreibe ich das? Bevor ich mich vor den bedrohlich weißen Bildschirm setzte, um mein Editorial zu schreiben, blätterte ich in einem sehr alten Buch, vielleicht in der Hoffnung, mir käme eine Eingebung für ein Thema. Tatsächlich teilte mir das Buch etwas mit: Wenn man gerade anhebt, einen Artikel zu schreiben, dann dürfe man kein fremdes Buch lesen. Ebenso wenig wie man einen anderen in der Geburtsstunde seines Textes laut denken ließe, dürfe man erlauben, dass ein fremder Gedanke heimlich über die Mauer steigt und in uns eindringt. Überhaupt solle man keinem Gedanken trauen, der einem nicht in der frischen Luft und bei körperlicher Bewegung gekommen sei. Natürlich las ich erst recht weiter. Verbote reizen zum Überschreiten und ich wollte mehr Früchte vom Baum der Erkenntnis naschen.

Das alte Buch sprach mir von Selbstbeobachtung und Selbsterkennen. Ein Thema, das mich über die Maßen beschäftigt und dem ich in den letzten Jahren manch Editorial gewidmet hatte: Herausfinden, wer man wirklich ist, die Schichten seiner Masken durchdringen und zum wesentlichen Kern vordringen, um von der Selbsterkenntnis zur allgemeinen Menschenkenntnis und im Bewusstsein der Gleichheit zur christlichen Nächstenliebe zu promovieren.

Mir schien und scheint das sehr sinnvoll. Allerdings hatten mir die letzten Erkenntnisse der Genforschung, die ich dilettantisch und deshalb aufmerksam verfolge, gezeigt, dass wir trotz Umwelteinflüsse nur werden, was wir schon sind.

„Dass man wird, was man ist", so meint der Autor des alten Buches, obschon er seit mehr als 100 Jahren tot ist und kaum auf dem neuesten Stand der Forschung war, *„setzt voraus, dass man nicht im Entferntesten ahnt, was man ist ..."* Der alte Psychologe sieht nachgerade *„... Gefahren, dass der Instinkt zu früh sich versteht. Inzwischen wächst und wächst die organisierende, die zur Herrschaft berufene Idee in der Tiefe, sie beginnt zu befehlen, sie leitet langsam aus Nebenwegen und Abwegen zurück, sie bereitet einzelne Qualitäten und Tüchtigkeiten vor, die einmal als Mittel zum Ganzen sich unentbehrlich erweisen werden, sie bildet der Reihe nach alle dienenden Vermögen aus, bevor sie irgendetwas von der dominierenden Aufgabe, von Ziel, Zweck, Sinn verlauten lässt."*

Man dürfe also in keinem Fall auch nur ahnen, was in einem wächst, so dass alle Fähigkeiten eines Tages, wie bei unserem verstorbenen Psychologen, in ihrer letzten Vollkommenheit hervorspringen. Und dann wird mein Gewährsmann fast taoistisch, wenn er schreibt: *„Etwas wollen, nach etwas streben, einen Zweck, einen Wunsch im Auge haben – das kenne ich alles nicht aus Erfahrung ... Ich sehe auf meine Zukunft ... wie auf ein glattes Meer hinaus: kein Verlangen kräuselt sich in ihm. Ich will nicht im Geringsten, dass etwas anders wird, als es ist ... ich selber will nicht anders werden."* An anderer Stelle sagt er dann noch: *„Meine Formel für die Größe am Menschen ist amor fati* (lat.: Liebe zum Schicksal): *dass man nichts anders haben will, vorwärts nicht, rückwärts nicht, in alle Ewigkeit nicht. Das Notwendige nicht bloß ertragen, ... sondern es lieben."*

Sollte er recht haben? Ist Selbsterkenntnis kein Vor-, sondern ein Nachteil? Ist das Gegenteil, von dem, was ich glaubte und propagierte, wahr? Gibt es überhaupt Gegensätze? Und wenn, ist das Gegenteil immer auch wahr? Sollen sich die Gegensätze versöhnen oder beide bestehen und die Persönlichkeit bereichern? Macht es Sinn, sich von jedem Wert, den man als richtig anzusehen gelernt hat, das Gegenteil vorzustellen und es zu hinterfragen? Die Übung des Umdenkens ist eine nützliche. Sie zeigt uns auf, dass es immer *mehrere* Möglichkeiten zu handeln gibt. Und was ist Flexibilität geistiger Art anderes, als alle Möglichkeiten und Alternativen zu sehen und die Fähigkeit zu haben, sie auszuwählen?

31.03.2006

Von Zero zum Hero

Liebe WT-Welt-Leser,
ich bin kein WT-Mitglied, sondern der wohl älteste Freund, den Keith R. Kernspecht (von Euch „Si-Gung“ und anderes genannt) hat, und möchte ein paar Ergänzungen zu dem interessanten Interview mit Keith in der WT-Welt* machen.
Keith hat mir ein Exemplar des Magazins beim letzten Zusammensein mit ihm über Weihnachten gegeben.
Ich kenne Keith wohl am längsten, traf ich ihn doch am Einschulungstag 1952 auf dem Weg in die Muhlius-Knaben-Volksschule in Kiel. Er und ich, bewaffnet mit einer Schultüte und Geleitschutz in Form unserer Mütter. Wir wurden schnell Freunde, nicht nur wegen desselben Nachhauseweges, den wir alsbald ohne Mütter absolvierten.
Was nun die Jungbullen- und Rangfolgekämpfe auf dem Schulhof angeht, die Keith auf Seite 65 der WT-Welt Nr. 29 erwähnt, so war es in der Tat für uns alle erstaunlich, dass ein ansonsten sportlich überhaupt nicht in Erscheinung tretender Keith es, mit für uns unfairen Tricks (z.B. Art Schwitzkasten), schaffte, alle bis auf einen zum Aufgeben zu zwingen. Ich erinnere mich noch, wie wir als 7-Jährige alle in der Turnhalle lachen mussten, wenn die Reihe an Keith kam, sich an einem Klettertau zu versuchen. Er hing zu unserer großen Belustigung wie ein „nasser Sack“ am Ende des Taues, konnte sich keinen Meter mit seinen Armen am Tau hoch ziehen. Auch die Übung „Knieaufschwung“ an der Reckstange kann ich immer noch mit einem Grinsen auf dem Gesicht visualisieren. Allein schon, wie Keith sich abmühte, das eine Bein über die Stange zu bringen, um nun noch gar nicht vom „Knieaufschwung“ zu reden, den Keith natürlich nie meisterte, war „slapstick-Mister-Bean-reif“. Der Lehrer musste selbst grinsen über das Schauspiel. Es war wirklich zu komisch.
Nun zurück zum „Schwitzkasten“-Trick.
Die Rangordnung war eigentlich schon längst in unzähligen Kämpfen festgestellt worden, wobei Keith sich unter den Schwachen befand. Dann allerdings mischte Keith eines Tages die Karten neu: Bei neuerlichen

Kämpfen ließ er sich mit dem Kopf des Gegners im „Schwitzkasten“ auf den Rücken fallen, wo nach herkömmlicher Meinung der Kampf schon beendet sein sollte, weil seine beiden Schulterblätter den Boden berührten. Aber zu unserem Erstaunen fing Keith dann erst richtig an. Quetschte den Gegner mit seinem „Schwitzkastengriff“ so nachhaltig, dass der um Gnade winseln musste, weil er keine Luft mehr bekam!

Ich selbst kann mich auch noch an Keiths Schraubstockgriff erinnern. Da war kein Entkommen! Keith stieg wie ein Komet in der Rangfolge auf. Der Stärkste in unserer Klasse, Wolfgang Mark(e)l, den Keith immer noch sucht, um sich mit ihm zu messen – wer kann helfen? –, wollte es nur einmal im Kampf mit Keith wissen. Nachdem er sich mühsam aus dem Umklammerungsgriff von Keith befreit hatte – der Kampf damit unentschieden blieb – gingen sich die beiden aus dem Weg.

Das Gerücht machte in der Klasse die Runde – vielleicht habe ich es auch als Freund verbreitet –, dass Keith nur diesen einen entscheidenden Klammergriff von seinem Vater, der dazu noch Zauberer war, (Na bitte, Nachtigall, ick hör‘ Dir trapsen!) gelernt und trainiert hatte, ansonsten sei er immer noch so unsportlich (= untrainiert) wie zuvor.

Ach ja, das waren noch Zeiten, wo wir Proletarierkinder noch nach Herzenslust und ungestraft auf unsere späteren Herren eindreschen konnten. Nach der vierten Klasse wurde Keith von seinen ambitionierten Eltern auf die Kieler „Gelehrtenschule“ geschickt – eine Schule, die für uns „Straßenkinder“ wie ein Objekt aus einer fremden Galaxis erschien, allein schon wegen des Namens.

Zum beiliegenden Klassenfoto sei nun noch im Zusammenhang mit dem Interview-Aspekt

„Loser/Leader“ ausgeführt:
Da sehe ich ja nicht nur im Nachhinein, wer seinen Weg machen wird und wer nicht. Der zukünftige „Leader“ zeichnet sich in seinem Habitus und in seiner Positionierung (Nicht zu übersehen, na klar!) schon deutlich ab, während die Loser – „Schmuddelkinder“ (Franz Josef Degenhardt: *„Spiel nicht mit den Schmuddelkindern*“) oder Straßenkinder (kaum zu glauben, aber wahr: Damals schickten uns die Eltern zum Spielen noch „auf die Strasse“,) – mit der letzten Reihe (ganz links bin ich) vorlieb nehmen mussten. Klassengesellschaft und Klassenfoto, wie schön doch hier das eine zum anderen passt!
Abschließend will ich nur noch sagen, dass Keith uns allen in der Klasse gezeigt hat, was eine Harke ist! Aber vom Sport hält er ja lt. Interview immer noch nicht viel. Möchte wissen, ob er es noch erlernt hat, ein Klettertau zu erklimmen!?

Reinhard Winkler

****Interview am Ende des Buches***

Lieber Reinhard,
auch wenn mir Dein Text jetzt 54 Jahre später einen gewaltigen Imageschaden einbringt, ich veröffentliche ihn, denn er ist so köstlich! Und zudem ist er wahr und beweist meine Behauptungen im Editorial, dass man mit Willenskraft alles aus sich machen kann – selbst unsportliche Bücherwürmer, wie ich einer war ...

Dein Freund Keith

Lieber Keith,
muss gestehen, dass ich mit etwas bangem Gefühl Deine E-Mail öffnete. Schließlich konnte es sein, dass Dir meine drastische Beschreibung von Dir am Klettertau – „nasser Sack“ – doch mächtig auf den Magen geschlagen wäre. Aber ich lag richtig mit meiner Vermutung, dass Du meine Kindheitserinnerungen an Dich, so wie ich sie nun einmal gesehen habe, von der humoristischen Seite nehmen würdest.
Aber Deine Karriere vom „nassen Sack“ zum ultimativen Kampfkünstler ist doch zum einen ein toller Beweis für Deinen eiser-

nen Willen, etwas aus Dir zu machen und zum anderen für Deine Schüler ein Ansporn ohne gleichen.
Erinnerst Du Dich übrigens noch an Deine Bemerkung zu mir beim Gewichtestemmen, um die Sache für mich mehr schmackhaft zu machen: *„Reinhard, wir müssen uns körperlich auf die Ehe vorbereiten. Die Frauen fordern viel von uns Männern!“* Ist doch so köstlich, dass es schade wäre, wenn sie nicht schriftlich festgehalten werden würde.
In diesem Sinne sei gegrüßt.

In alter Freundschaft
Reinhard

Lieber Reinhard,
tatsächlich bist Du mein allererster Freund aus frühester Kindheit und kennst besonders die allerersten Anfänge meiner Entwicklung. Dass ich damals wirklich so eine sportliche Flasche war, witzig, ich muss es wohl verdrängt haben. Unsere Grundschulzeit ist ja auch schon 54 Jahre her.
Wie ich in der Klasse vom Loser zum Winner wurde – von Zero zum Hero? Mein Vater, das hast Du richtig geschrieben, war tatsächlich ein Hobby-Bühnenmagier bzw. -Illusionist, und zwar ein ziemlich guter, denn mindestens einer seiner Schüler wurde später so etwas wie Weltmeister der Magie. Auch der berühmte Marvelli hatte bei ihm gelernt und den Titel „Marvelli“ durch Vaters Fürsprache vom Altmeister erhalten.
Mein Vater übte sich aber nicht nur in Illusionen, sondern interessierte sich ebenso für Suggestionen, Hypnose und Gedächtniskunststücke und Selbstvervollkommnungsmethoden. So nahm er an einschlägigen Lehrgängen eines Herrn G. in München und Dresden teil. Wenn er zurückkam, brachte er mir aber auch „Selbstverteidigungstricks und -kniffe“ bei, die er dort außerdem gelernt hatte. Mein erlerntes Repertoire überschritt also den „Opferwurf mit Würger“, mit dem ich in unserer Klasse brillierte und mein schicksalsveränderndes Coming-out hatte.
Recht hast Du darin, dass ich damals noch kein bisschen sportlicher oder kräftiger wurde, denn meine Überlegenheit

beruhte ausschließlich auf Technik und der schieren (= reinen) Willenskraft, nie wieder zu unterliegen. Ich war ein leptosomer Hungerhaken und Bücherwurm.

pichstange in seinem Hinterhof die Tricks an der Reckstange beigebracht. Aber Geräteturnen habe ich (mit Ausnahme der Übungen Klimmzüge und Barrenpumpen) trotzdem nie

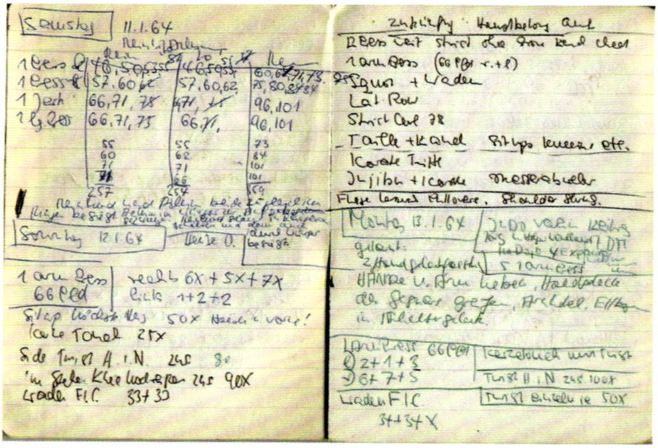

Erst viel später, nachdem ich längst auf die Gelehrtenschule gewechselt war, erwachte mein Interesse daran, einen starken Körper zu besitzen (*mens sana in corpore sano,* Du weißt schon ...). Ich startete ca. 1958 mit dem systematischen Krafttraining, nachdem ich vorher schon mit den anderen Kampfsportarten begonnen hatte. Schließlich war auch mein Onkel Albert aus Ellerbek ein Ringer und Turner, der hat mir dann später an der Tep-

wirklich geliebt.
Da ich über jede meiner Trainingsstunden seit 1958 genau Buch führe, habe ich eben etwas geblättert und stieß in meinem Trainingstagebuch Nr. 5 auf eine Eintragung vom 11. Januar 1964, in der ich eine Trainingsstunde bei mir zu Hause in der Langen Reihe, Kiel, vermerke, an der neben mir ein gewisser Joachim (A.) und Du, lieber Reinhard, teilnahmst. Wie Du aus meinem handschriftlichen Tage-

buchauszug vor über 40 Jahren ersehen kannst, begannen wir drei mit einarmigem „militärischen“ Kurzhanteldrücken im Stand. Rechts schafftest Du den respektablen Wert von 60 und ich von 84 Pfund. Im einarmigen Stoßen mit leichtem Beineinsatz brachtest Du 71 und ich 101 Pfund hoch. Im liegenden Drücken mit einem Arm schafftest Du wiederum 71 und ich abermals 101 Pfund.
Danach forderte ich Euch in meinem Zimmer beide gleichzeitig zum Ringkampf heraus. Wenn ich nicht gewonnen hätte, würde ich es hier natürlich nicht erwähnen. So vermerkte ich am 11.1.1964 in meinem Tagebuch: *„Reinhard und Achim beide zugleich im Ringen besiegt. Achim mit Würger zur Aufgabe gezwungen, Reinhard solange in Beinschere gehalten und dann auch durch Würger besiegt.“*
Bei meiner Aufnahmeprüfung zur Polizei, ich glaube, es war 1965, musste ich beweisen, dass ich schwimmen und das Seil hochkommen konnte. Wochenlang trainierte ich im „Vossenpott“ bei Kiel das Schwimmen und in einer Turnhalle in Kiel (in der Nähe des jetzigen ADAC) das Seilhochklettern, bis ich es allein mit Armeskraft und ohne Zuhilfenahme der Beine schaffte. Sehr viel später wurden dann Klimmzüge (ganz WingTsun-untypisch und als Ausnahme dazu, dass wir hauptsächlich die Strecker üben) zu einer meiner Lieblingsübungen, die ich auch noch heute fast täglich betreibe. Aber „sportlich“ im üblichen Sinne bin ich dadurch immer noch nicht geworden. Meine Sache ist die Konzentration aller Kräfte auf ein Ziel, beim Sport geht es (schon etymologisch gesehen: lat. *deportare*, altfr. desport) um deren Zerstreuung.
Mein lieber Freund, ich danke Dir für Deinen Brief. Er unterstützt meine These, dass es auch eine unsportliche Flasche und Witzfigur zu quasi „sportlichen“ Ehren bringen kann. Wenn man es denn mit brennendem Ehrgeiz will – und wenn man sich selbst in einem erfolgreichen Augenblick ertappt und diesen verewigt und unumkehrbar macht!

Dein alter Freund
aus Kindertagen
Keith

31.04.2006

Machen wir uns frei von der Vorstellung, einen freien Willen zu besitzen

Jedenfalls ist Wille in unserem WT-Verständnis etwas ganz anderes als das, was die meisten Menschen darunter verstehen. Zur Erklärung muss ich etwas ausholen und noch einmal auf die drei Ebenen zu sprechen kommen.

1. Auf der ersten, der körperlichen WingTsun-Ebene, entspricht der Wille der Kraft, die wir etwa bei einem Fauststoß oder einem Fak-Sao einsetzen – also einer Kraft, die der einer sich entspannenden (Stahl-) Feder entspricht.

2. Auf der zweiten Ebene, wo es sich darum handelt, das äußere Leben zu meistern, geschäftlichen Erfolg zu haben usw., gilt es, seinen Willen durchzusetzen und seine Pläne zu verwirklichen. Dazu bietet die WingTsun-Strategie wirksame Taktiken.

3. Hier geht es mir aber um die dritte Ebene, die des inneren Kampfes mit sich selbst, die dafür entscheidend ist, wie wir die Welt wahrnehmen, ob wir deprimiert oder glücklich sind. Auf dieser inneren Ebene müssen wir die Mechanik des Willens zunächst untersuchen. Das was man gemeinhin Willen nennt, ist oft nichts als Anziehungskraft. Eine Kraft also, die nicht von uns, sondern von dem Objekt unseres Begehrens ausgeht. Wir Menschen neigen dazu, uns Eigenschaften (wie z.B. einen Willen) zuzuschreiben, über die wir (noch) nicht verfügen, zumindest nicht im Kollektiv. Wir sind außenbestimmt, aber bilden uns ein, ständig wach und bewusst zu sein – eine einzige permanente Persönlichkeit zu sein, die Freiheit der Entscheidung zu haben, über unsere Handlungen Kontrolle zu besitzen und unsere Emotionen sicher im Griff zu haben.

Viele Menschen würden zusammenbrechen, wenn sie das wüssten, was Gehirnforscher längst erkannt haben, dass wir nämlich z.B. *keinen* freien Willen haben, Entscheidungen zu treffen, sondern gerade mal ein Vetorecht, wenn wir denn innerhalb von 0,2 Sek. davon Gebrauch machen.

Aber zeigen wir denn nicht Willen, wenn jemand etwas von uns verlangt, und wir mit dem Fuß aufstampfen und „Nein!“ sagen? Ich muss Euch enttäuschen, das heißt, Euch von einer Illusion befreien, denn in diesem Falle handelt es sich nicht um wirklichen Willen, sondern nur um eine (Trotz-)Reaktion auf das äußere Verhalten und Verlangen des anderen.

Der 1. Übungsschritt

Aber tatsächlich ist das Nicht-Wollen der erste Schritt zum wirklichen Willen; denn selbst Nein-Sagen ist für viele nicht einfach.

Der 2. Übungsschritt

Auf unserer höchsten, der dritten Ebene, wo es um die Entwicklung zum bewussten Menschen geht, ist der erste Schritt der negative Wille, das Nein-Sagen zu Dingen, die wir eigentlich begehren. Wir müssen die Kraft haben, z.B. die begehrenswerte Frau des Nachbarn nicht zu wollen. Wir müssen *uns selbst* „Nein“ sagen

Der 3. Übungsschritt

Noch schwieriger ist der *positive* Wille zu üben. Eine Übungsmethode wäre das zu wollen, wogegen man eigentlich einen Widerwillen hat.
Überspitzt könnte das bedeuten, freiwillig ein dreckiges Klo zu reinigen. Es geht nicht darum, es zu mögen oder sich dazu zu bringen, es gern zu tun. Aber wenn Ihr es schafft, Euren Widerwillen zu beseitigen, dann werdet Ihr zu Eurem Erstaunen erkennen, dass Euch nicht nur nicht übel wird (was der Fall wäre, wenn wir es z.B. erzwungen machten), sondern dass Ihr aus diesem gewonnenen (!) inneren Kampf wertvolle Energie gewinnt.
Man kann auch mit leichteren Übungen beginnen: Musik hören, die man eigentlich verabscheut oder Kleider öffentlich zu tragen, in denen man eigentlich nicht gesehen werden möchte.

Wenn Euch weitere Ideen dazu einfallen, bitte ich Euch, sie mit mir zu teilen ...

31.05.2006

In dieser Schule sind wir alle Schüler!

„Sei nicht so steif (damit ich dich besser treffen kann)!“

Habt Ihr den (Haupt-)Satz – den ohne Klammern, versteht sich – schon einmal gehört oder vielleicht selbst voll heimlicher Verzweiflung ausgerufen? Ein Spruch, bei dem der Anwender innerer oder weicher Stile, der es sich vorgenommen hat, die Kraft des anderen zu borgen, sie zu recyceln und für sich zu nutzen, hoffentlich ins Stutzen gekommen ist.
Eigentlich müsste es sogar richtig heißen: *„Leiste bitte nicht so viel Widerstand (denn ich möchte dich endlich treffen)!“* Es besteht nämlich ein Unterschied zwischen einem verkrampften Gegner, der seine Gegenspielermuskeln gleichzeitig anspannt, seine Kraft gegen sich selbst einsetzt, also „steif“ ist, und einem, der seine Kraft gezielt gegen unsere Aktionen richtet. So ist es oft nicht das „Steifsein“ des Gegners, durch das sich mancher behindert sieht, sondern der „Widerstand“ gegen unsere Aktionen. Letztlich ist der Widerstand, den wir fühlen, unser *eigener*, weil wir der Kraft des Gegners nicht sofort nachgaben, sondern überrascht waren und auf die Veränderung des Gegners nicht mit eigener Veränderung reagierten!
Wohl dem WT-Anwender, der mein Buch, *„Der Letzte wird der Erste sein“* gelesen und somit verstanden hat, dass man als unmittelbar auf den Impuls des anderen Reagierender, als der „der schon da ist“, immer im Vorteil ist; denn gegen ihn ist Widerstand schlicht nicht möglich.
Vergesst es mir nicht: Wer „mit“ der Kraft des anderen arbeitet, dem kann der andere keinen Widerstand entgegensetzen! Meine Lehre beruht darauf! Nichts weniger als das versuche ich Euch z.B. durch Chi-Sao zu vermitteln!
So widersprüchlich der Titel meines heutigen Editorials WT-technisch ist, so aufschlussreich und zum Selbstverständnis geeignet ist er im psychologischen Sinn:

Meister Schulze unterrichtet seinen Lieblingsschüler in Chi-Sao. Er prüft dessen Abwehr und freut sich insgeheim, dass er ihm noch lange nicht gewachsen ist. Schulze ist bestgelaunt

und fühlt sich sicher in seiner Überlegenheit. Er greift schnell und spielerisch an, sein Schüler wehrt mit Bong-Sao ab. Aber er benutzt den Bong-Sao, der ihn entlasten soll, falsch: nämlich als harten Block nach oben.
„Wie kann der so blöde sein“, denkt Schulze, *„Bong-Sao soll nachgeben, den Angriff abrutschen lassen, nicht heben. Wer den Bong-Sao hebt, kann leicht besiegt werden ...“*
Aber Schulze ertappt sich dabei, dass er zu spät reagiert, seinerseits mit roher Kraft dagegenhält und herunterdrückt, um den Schüler daran zu hindern: *„Du Idiot, sei nicht so verdammt steif!“*
Warum macht die Härte des Schülers den Lehrer wütend? Weil sie ihn daran hindert, ihn zu treffen! Er ärgert sich, dass er zu langsam und falsch reagierte. Er ärgert sich über sich selbst. Der Lehrer weiß es besser, als er es kann. Er empfindet sich als Stümper und glaubt, dass sein Fehler für alle sichtbar ist. Er schämt sich und verwandelt diese Scham in Aktivität, in befreiende Aggressivität gegen den, der ihm das Gefühl der Scham bereitet hat – gegen den armen unschuldigen Schüler. Lieber schuldig werden, als sich schämen zu müssen.
Ungerecht, aber menschlich und psychologisch nachvollziehbar. Wer von uns Lehrern kennt diese Situation nicht? Aber habt Ihr schon einmal vorher darüber nachgedacht?
Wer hat, nachdem die Chemie sich in ihm ausgetobt hatte, erkannt, dass er selbst denselben Fehler wie sein Schüler machte, indem er Härte mit Härte beantwortete, statt die gebotene Gelegenheit zu ergreifen und die Härte auszunutzen? Hatten wir den Mut und die Größe, es uns hinterher zuzugeben? Haben wir unseren Schüler eine halbe Stunde hinterher umarmt, von Mensch zu Mensch?
Oder ihm entschuldigend auf die Schulter geklopft oder ihm wenigstens zugezwinkert? Er wird uns verstehen.
Lasst es mich noch einmal wiederholen: Wenn der Lehrer ob der Härte des Schülers wütend wird, dann ist er im Innersten, oft ohne es sich zuzugeben, nicht wütend wegen des Fehlers *des Schülers*, sondern wegen seiner *eigenen* Unfähigkeit, die Härte des Schülers auszunut-

zen, anstatt ihr mit eigener Härte schreckhaft zu begegnen. Tatsächlich ist er wütend auf sich selber, weil ihm seine Unfähigkeit bewusst wird, das regierende WT-Prinzip des Anpassens und Nachgebens anzuwenden, wenn der Schüler wild „rumzappelt".
Obwohl (oder weil?) er so viele Chi-Sao-Sektionen auswendig gelernt hat, kam er sich wie ein WingTsun-Anfänger vor. Paradoxerweise kommt manchem Lehrer die Härte des Schülers immer dann gelegen, wenn er ihn damit besiegen kann, und er ärgert sich über die Härte nur dann, wenn er die Chance verpasst hat, sie zu seinem Vorteil auszunutzen.

Wenn diese Wahrheit verbreiteter wäre, dann könnten Lehrer und Schüler künftig nicht nur „von"- sondern „mit"einander" lernen. *„In hac schola omnes condiscipuli sumus"*, liebte der Bischof von Hippo zu sagen: „In dieser Schule sind wir alle miteinander Schüler." Der Lehrer ist nur besser ausgebildet, hat einen Wissensvorsprung und soll dem anderen als Ratgeber dienen. Beide arbeiten am gemeinsamen großen Ziel, mithilfe der taoistischen WT-Prinzipien mühelos zu siegen. Auswendig gelernte „tote" Bewegungsfolgen helfen dabei ebenso wenig wie das Erhöhen der Kraft oder der Schnelligkeit.
Liebe Lehrer, lasst uns das nächste Mal, wenn wir uns dabei ertappen ärgerlich *„Sei nicht so steif!"* zu rufen, herzlich über uns lachen. Über sich selbst zu lachen, schwächt das Ego, macht uns menschlicher und verbindet uns mit dem Schüler zu einer Einheit, die gemeinsam lernt.

Noch ein lateinischer Spruch: *Discendo discimur* – Durch Lehren lernen wir!

Strompolizeilich
gesperrt
Wasser- und Schiffahrtsamt
Lübeck

30.10.2006

Partnertänze und echtes Chi-Sao

Lieber Roland,
gerade wollte ich meinen rechten Mittelfinger heben, um mein Juli-Editorial in den Laptop zu hacken, als mir Dein Erlebnisbericht von unseren Chi-Sao-Sessions im windgebeutelten Tarifa wie gerufen kam: als Gast-Editorial!

Witzig, gerade zum Thema „Chi-Sao als Vorstufe zum freien Kämpfen" will ich in den nächsten Monaten viel schreiben – Editorials und Bücher.

Dringend nötig erscheint es mir deshalb, weil immer mehr Techniker und sogar Praktiker die Chi-Sao-Sektionen mit Reflextraining verwechseln und irrtümlich glauben, dass es der Schlüssel zur sicheren Selbstverteidigung oder zum freien Kampf sei.

Aber ebenso wenig wie Formentraining das bewerkstelligen kann und auch nicht soll, haben die Chi-Sao-Sektionen, die Großmeister Leung Ting und ich „Zwei-Mann-Formen" nennen, die Aufgabe, Reflexe auszuprägen. Das ist nicht ihr Sinn. Dafür gibt es andere Unterrichtsmittel, die aber, General Kwan sei es geklagt, irgendwie in Vergessenheit geraten sind, obwohl ich sie schon in den 70er-Jahren einführte und 1986 als Erster in meinem Buch *„Vom Zweikampf"* erklärte.

In meinem Editorial zur letzten WT-Welt versprach ich, die wahre Chi-Sao-Fähigkeit in der EWTO auf eine bisher nirgendwo realisierte Stufe zu heben. In Privatstunden und in Lehrerseminaren beginnt es sich zu zeigen, dass ich mein Versprechen einlöse.

Mit dem Erkennen, dass man das wahre „Geheimnis" des WingTsun – wenn man es denn so nennen will – überhaupt nicht verstanden hat, dass man bisher den Wald vor lauter Bäumen nicht sah, beginnt der Frust. Hat man dann begriffen, dass man leere Schatztruhen anbetete und das Geheimnis sich ganz woanders verbirgt oder besser sich nie versteckt hat, sondern immer da war, kommt der zweite Frust – aber diesmal ein „lustvoller" (!) Frust; denn mit ihm kommt die Lösung für alles, die Befreiung.

Du bist richtig informiert. Ich reise zur Zeit um den Globus, um zu zeigen, dass es geht und wie es geht, dass es viel, viel einfacher ist, als man denkt. Und vor allem als diejenigen glauben machen möchten, die mit komplizierten Bewegungsabläufen sich und andere betrügen, vom Besser**werden** abschneiden und ewig besser**wissende** Stümper bleiben werden!

Und nun hat Roland das Wort.

Euch allen einen schönen Sommer!

Euer Si-Fu bzw. Si-Gung
Keith R. Kernspecht
(72.8 kg)

Hoffentlich hört der Frust nie auf!

Heute unterbreche ich für einen Monat die theoretischen Gedankengänge über unser Chi-Sao und komme herunter auf den harten Boden der Praxis. Grund dafür ist der Besuch meines Si-Fus Keith R. Kernspecht bei mir in Tarifa/Spanien, wohin er nach seinem Barcelona-Lehrgang bei Victor Gutierrez einen Abstecher machte. Tarifa zeigte sich von seiner ehrlichen, unverfälschten Seite. Das bedeutete, dass wir während Si-Fus Besuch drei Tage lang zwischen 8 und 9 Beaufort Windstärken hatten. Diejenigen, die wissen, dass man Sturm ab 12 Windstärken Orkan nennt, können sich annähernd ausmalen, wie sich 9 Windstärken am Strand anfühlen.

Bei solchem Sturm herrscht das Phänomen des „fliegenden Wassers“ und des „fliegenden Sandes“. Nachdem wir meinen älteren Sohn Raoul beim Windsurfen beobachtet hatten – was ein ähnlicher Kampf ist wie gegen einen angreifenden Gegner, nur halt gegen das Wasser und den Wind – hatte ich die Ehre, wohl zum ersten Mal in unser beider Leben, mit Si-Fu Chi-Sao bei 9 Windstärken machen zu dürfen. Sofort begriff ich, dass Si-Fus Taktik, sich beim Chi-Sao prinzipiell so auszurichten, dass er mit dem Rücken zur Sonne steht, sich sofort ändert, wenn der Wind mehr Einfluss hat als die Sonne. Als Folge dieser pragmatischen Anpassung bliesen mir also nicht nur die 9 Windstärken ins Gesicht, sondern auch der Sand, den sie mittransportierten. Als Folge konnte ich mich voll auf die taktilen Empfindungen konzentrieren, indem ich die Augen gezwungenerweise geschlossen hielt. Was weiter passierte? Ich begriff (im wahrsten Sinne des Wortes) gar nichts. Wie ich seit nun 23 Jahren gewohnt bin, stand ich herum wie ein Depp und hatte dasselbe Gefühl wie immer: Spielball zu sein. Zu diesem Zeitpunkt hatte ich noch die irre Hoffnung, dass das irgendwie mit diesem Starkwind-Sand-Gemisch zu tun haben könnte.

Kurze Zeit später standen wir im Windschatten auf unserer Terrasse und setzten unser Chi-Sao fort. Wer schon öfter die Chance hatte, mit Si-Fu Chi-Sao machen zu dürfen, weiß, dass das Gefühl immer das gleiche ist: Macht man so gut mit, wie es geht, fühlt man sich ständig kontrolliert, in der Form, dass er alles, was man macht, zulässt, aber es sich am Ende negativ für einen auswirkt. Versucht man die einprasselnden netten Treffer und – noch viel schlimmer: Streichler – zu vermeiden, sperrt man sich, prasselt es genauso. Bei allem Tilgen des eigenen Egos, bei allem Charakter stärkenden mentalen Durchhaltetraining – es ist einfach seit 23 Jahren immer das Gleiche.

Doch diesmal war es irgendwie noch mal deutlich frustrierender, als seit langer Zeit gewohnt, denn Si-Fu bewegte sich im Zeitlupentempo, was meine Schwierigkeiten eher noch vermehrte, statt sie zu mindern. Während ich also versuchte, einigermaßen mitzumachen und mich nicht allzu peinlich und deppert herum zu bewegen, kam mir mit einem Mal ein furchtbarer Gedanke. Ich realisierte, dass Si-Fu genau das perfekt und auf höchstem Niveau umsetzte, was ich seit einigen Jahren versuche, mir mehr und mehr anzueignen.

Das, was ich theoretisch verstanden zu haben glaube, was ich seit circa zwei Jahren Stück für Stück in Worte und Argumente fasse und teilweise auch in meinen Artikeln beschreibe, was ich versuche, mehr und mehr den von mir lernenden Schulleitern und Ausbildern zu vermitteln, das *tat* er einfach, und amüsierte sich köstlich über meine Anstrengungen, irgendwie auch nur im Ansatz damit klar zu kommen. Obwohl ich mir selbstverständlich keinerlei Urteil oder auch nur eine Beurteilung darüber erlauben kann, was mein Lehrer da mit mir tat, wage ich eine Einschätzung. Nämlich die, dass ich meine, neben dem mir schon lange bekanntem Gefühl der drastischen taktilen Unterlegenheit, eine *völlig neue* Qualität des Chi-Sao meines Si-Fu wahrgenommen zu haben. Ich reflektierte zu jeder Sekunde (falls es gerade einmal nicht *blitz*artig abging), was da passierte. Ich konnte aber trotzdem nicht das Geringste dagegen ausrichten. Und wie schon erwähnt: Noch nicht einmal dann, wenn er sich absichtlich im Zeitlupentempo bewegte. Sehr zu meiner großen Erleichterung erfuhr ich später, dass er das momentan mit *jedem* macht, völlig unabhängig davon, wie hoch derjenige graduiert ist. Wie ich damit umgehe? Wie ich es immer tat. Je mehr mein Lehrer mir voraus ist, je mehr ich verzweifle, wenn ich von ihm lernen darf, desto mehr spornt es mich an, *motiviert* es mich. Und desto mehr versuche ich, das zu tun, was mir großen Spaß macht und worin ich mich besonders gut fühle: In Worten und Erklärungen zu fassen, nachvollziehbar zu beschreiben, was er da tut. Das verbleibende Gefühl, nachdem er wieder abgereist war? Mir ist klar geworden, wie sehr wir im WT noch an der Oberfläche kratzen, was es noch alles zu tun und zu lernen gibt. Und die Erkenntnis, dass diejenigen, die unsere langen „Wartezeiten" kritisieren, bald verstehen werden, dass es sich um *notwendige* Trainingszeiten, *Vorbereitungszeiten* handelt und dass sie sich in Zukunft wünschen werden, dass ihnen doch bitte mindestens diese zur Verfügung stehen und bitte auf keinen Fall weiter verkürzt werden sollen.

Was unsere so genannten „Mitbewerber" und Ehemaligen dazu sagen werden? Die erwähnten Trainingszeiten benötigt man natürlich nur, wenn man über den entsprechenden Stoff zum Unterrichten verfügt ...

Roland Liebscher-Bracht
5. PG WingTsun
Tarifa/Spanien

28.07.2006

Lasst uns bei uns selbst anfangen!

„Bitte ziehe die Zügel wieder an und erhöhe die Anforderungen an die Prüflinge“, schreibt Oliver Hagenau, 3. TG WT, an seinen Si-Fu, Großmeister Keith R. Kernspecht ...

Lieber Si-Fu,
seit längerer Zeit spiele ich mit dem Gedanken, diesen Brief an Dich zu schreiben. Einer der Gründe, diesen Brief nun endlich zu verfassen, war der letzte Lehrgang in Wülfrath und eine Deiner Äußerungen währenddessen.
Ich bin nun seit Oktober 1990 Dein Schüler und habe Dich Anfang 1991 zum ersten Mal kennen gelernt. Einer der Momente, die ich (trotz schlechten Gedächtnisses) nie vergessen habe und mit Sicherheit eine Schlüsselszene in meiner Kampfkunstkarriere ist. Es war ein Prüfungslehrgang in der Aachener Schule von meinem damaligen Si-Fu. Unser Sihing hat uns wochenlang auf diesen Moment penibel und schweißtreibend vorbereitet. Dann war der Tag da, ein enger Raum, viele nervöse Schüler und die Luft war zum Schneiden dick. Die Atmosphäre war aufgeladen mit Spannung, Prüfungsangst und einer Menge Neugier. Zur Prüfung zum ersten Schülergrad standen wir aufgereiht wie die Zinnsoldaten und wurden einer nach dem anderen von Dir getestet.
Du hast Dir unseren Pak-Sao mit gleichzeitigem Fauststoß angesehen, und warst, zumindest Deinem Kopfnicken nach zu urteilen, mit meiner Reaktion zufrieden.
Was mich betrifft, haben mich Lehrgänge oft enttäuscht oder aus dem Konzept gebracht. Es kam vor, dass ich von einem Lehrgang kam und die Welt nicht mehr verstand. Ein anderes Mal dachte ich, *„jetzt habe ich die Lösung und ich kann mit meinem Können die Weltherrschaft an mich reißen“*. Ich durfte Dir beweisen, dass ich unermüdlich geübt hatte und doch kam es auch vor, dass ich dachte, *gar nichts* verstanden zu haben.
Aber über eines habe ich mich immer geärgert: Dass mein Sihing *am Sonntagabend* keinen Unterricht angeboten hat! Nach jedem Lehrgang, egal ob ich negativ oder positiv über meine Fähigkeiten dachte, war ich heiß auf Training. Mehr Wissen, mehr Techniken, weicher wer-

den, schneller werden, nächstes Mal mehr überzeugen, mehr herausstechen ...
Lieber Si-Fu, lass uns dafür Sorgen, dass die Schüler, die heute auf Lehrgänge gehen, wieder das gleiche Blitzen in den Augen haben und die gleichen Erinnerungen über viele Jahre mitnehmen können wie wir.
Zeigen wir ihnen, dass man eine Prüfung in der EWTO nicht geschenkt bekommt, sondern hart dafür arbeiten muss. Lass uns die belohnen, die hart dafür gearbeitet haben, indem wir sie genau testen. Du schreibst im Buch *„Vom Zweikampf“: „... sie wollen ihre Knabenmorgenblütenträume bestätigt sehen.“*
Ja, viele von uns kamen und kommen meiner Ansicht nach immer noch mit solchen Träumen zur Kampfkunst (und dabei oft nur durch Zufall zum WingTsun). Viele meiner Ausbilderkollegen und Schüler haben noch immer romantische Vorstellungen von fernöstlichen Kampfkünsten und ihrer Philosophie. Sie sind bereit, diszipliniert zu trainieren und uns bei Prüfungen ihr Können darzubieten. Den meisten geht es nicht wirklich um Titel oder Urkunden, sondern um Anerkennung und Bestätigung für eine gut gemachte Arbeit. Sicher gibt es immer ein paar schwarze Schafe, wie Du wahrscheinlich nur allzu gut weißt, aber die absolute Mehrheit der Schüler auf den Lehrgängen, macht sich nicht wirklich etwas aus Papier.
Ich wende mich an Dich, um Dich zu bitten, die Zügel wieder anzuziehen und die Anforderungen an die Prüflinge – *mich* natürlich eingeschlossen – zu erhöhen. Lass uns Dir zeigen, was wir oft unter Einsatz von viel Schweiß und Zeit gelernt haben. Lass auch die kleinen Schülergrade stolz nach Hause gehen, den Verwandten und Freunden die Urkunde zeigen und sagen: *„Die habe ich mir verdient!“*
Die Schüler und Lehrergrade, die ich in meiner Schule unterrichte, können mit Kritik – insbesondere mit Kritik eines Großmeisters bestens umgehen und freuen sich andererseits riesig über ein kleines Lob (oder Kopfnicken) von Dir. Aber das Gefühl, nicht wirklich geprüft worden zu sein, ist ein schwerer Stein im Magen eines neuen Schülergrades.
Du sagtest in Wülfrath sinnge-

mäß: *„Viele Ausbilder sind stehen geblieben und stecken in Sektionen fest.“* Ich stimme in diesem Punkt absolut mit Dir überein.
Was ich bei vielen Ausbilderkollegen sehe, sieht für mich wie eine Choreografie aus. Wie ein „WingTsun-Ballett“, das Harmonie und Eleganz an das Publikum vermitteln soll. *„Kennst du schon diese Variante?“* ist ein Satz, den ich immer häufiger zu hören bekomme. Basics werden nicht mehr geübt, und einem simplen, aber zweckerfüllendem Faustsstoß wird eine viel aufwendigere und uneffizientere Angriffsmethode vorgezogen.
Kurz bevor ich meinen jetzigen Lehrer Sifu Schrön kennen lernte, dachte ich tatsächlich, *das* wird der neue Weg der EWTO und ich zweifelte sehr an diesem Weg. Doch schon wenige Stunden des Unterrichtes auf dem Schloss reichten aus, um mir zu zeigen, dass nicht die EWTO, sondern lediglich meine Wenigkeit auf dem Holzweg war. Fast hätte ich mir durch ein paar Ausbilderkollegen einreden lassen, dass ich als guter Techniker in der Lage sein muss, mindestens vier verschiedene Antworten für einen Angriff parat zu haben, anstatt dem Konzept zu vertrauen und den Prinzipien zu folgen.
Du hast bei Deinen letzten Lehrgängen in Heidelberg und Wülfrath klar gesagt und demonstriert, was Du *in Zukunft* von uns erwartest und ich freue mich über diese klare Ansage. Solltest Du wirklich demnächst mit dem Ziel durch Deutschland ziehen wollen, die Grundtechniken der Ausbilder zu verbessern, so würde ich das mehr als begrüßen und versuchen, so oft wie möglich mit voller Besatzung teilzunehmen.

Hochachtungsvoll
Dein To-dai
Oliver Hagenau

Lieber Oliver,
Deinen Brief fand ich so wichtig und so inspirierend, dass ich ihn zum Thema dieses Gasteditorials wähle.
Auf meinen letzten Lehrgängen habe ich in der Tat laut gedacht, gegen Missstände gewettert und meinen festen Willen kundgetan, das Ruder herumzuwerfen und Zeichen zu setzen.

Ja, ich verspüre die Kraft und die Lust, *das Niveau in der EWTO zu verbessern und auf eine nie erreichte Höhe zu bringen.*

Aber, wenn Du auch Recht damit hast, dass manche Schüler auch mit konstruktiver Kritik ihres Großmeisters umgehen könnten, so dürfen wir doch nicht den Fehler machen, mit *ihnen* anzufangen.

Wir brauchen eine Veränderung der Sichtweise und eine andere Einstellung zu Arbeit und Leistung. Eine andere, als sie in Deutschland zeitgeistig vorherrscht. Lasst uns nicht die Hände in den Schoß legen und auf die moralstärkende Langzeitwirkung der Fußball-WM vertrauen.

Der größte Pädagoge der Welt war Konfuzius, der vor 2.500 Jahren forderte, dass *der Lehrer* mit gutem Beispiel vorangehen muss, *bevor* er Leistung von seinen Schülern verlangen darf.

Also müssen wir mit *uns* selbst anfangen!

Bevor mich die Lust ankam, die EWTO zu erneuern, nahm ich eine Runderneuerung an *mir* selbst vor. Zunächst eroberte ich mir nach 36 Jahren den (aktuellen) Abiturwissensstand zurück, büffelte nicht nur Philosophie, sondern auch die vorher von mir vernachlässigten Naturwissenschaften, las die Klassiker noch einmal usw. Gleichzeitig machte ich *mich* körperlich fit, so dass die Waage heute morgen nur noch 69,80 kg anzeigte. Bei einer altersbedingt geschrumpften Länge von ehemals 1,86 m. Allerdings bin ich stolz darauf, 31 Klimmzüge und lange Sätze im Barrenpumpen mit zusätzlich angehängtem Gewicht zu schaffen.

In der (gefühlt) besten Verfassung meines Lebens ging ich *neu* ans WT heran. Ich hinterfragte *alles* und zweifelte *alles* an. Wie macht man einen schwachen Menschen am schnellsten verteidigunsfähig? Mit dieser kritischen Einstellung prüfte ich *misstrauisch* die Formen und besonders das Chi-Sao.

Formen, Grundübungen und Chi-Sao sind wichtige Mittel auf dem Wege, um Verteidigungsfähigkeit in jeder Situation zu erreichen. Sie müssen *Stufen* sein, *um* zur freien Selbstverteidigung zu gelangen. Übungen wie Chi-Sao dürfen aber *nicht zum Selbstzweck* werden.

Viele von uns haben schon zu

lange nicht den Wald vor lauter Bäumen gesehen. Jetzt heißt es *umdenken*, das Wichtige erkennen und zielstrebig anzusteuern. In meinem von Dir zitierten Buch *„Vom Zweikampf"* habe ich damals trotz oder *wegen* (?) meines begrenzten Wissens schon Anfang 1980 WingTsun klarer gesehen als manche Traumtänzer von heute.

Zum ersten Mal in der Geschichte des WT bekommen wir aufgrund unseres WT-Universitätsstudiums seit einigen Jahren die Grundlagen und Werkzeuge, WT wissenschaftlich zu erforschen, und ich mache davon ausgiebig Gebrauch. Alle meine neuen Erkenntnisse, was für *selbstverteidigungsrelevantes* Chi-Sao nötig ist und *wie* man es unterrichtet, bringe ich den Meistern und Technikern der EWTO persönlich bei. Zu *ihnen* muss ich zuerst streng sein, bevor wir dann den neuen Maßstab an unsere Schüler anlegen. Wir dürfen nur das von unseren Schülern verlangen, was wir selbst *schon* leisten können.
Bei TG-Prüfungen genügt es nicht, seine „Wartezeit" beamtenhaft abgesessen oder „tote" Sequenzen memoriert zu haben. Bei höheren Prüfungen soll nicht das Erinnerungsvermögen bewertet werden, sondern spontanes Reagieren im Einklang mit den genialen WingTsun-Prinzipien.

2007 werde ich fortfahren, viel mehr Zeit auf die Förderung der Ausbilder und Lehrer zu verwenden, damit diese ihre Schüler noch besser unterrichten und wenn – mehrheitlich gewünscht – auch strenger prüfen können. Allerdings möchte ich zu Bedenken geben, dass ich vor etwa zwanzig Jahren *bewusst* Abstand von überstrengen Prüfungssituationen genommen habe. Die „alten Hasen" werden sich noch gut daran erinnern, dass sich einige Prüfungen bis weit in die Nacht hinein erstreckten, denn manch einer musste dutzende Male vor mein Prüferpult treten. Ich duldete keine Ungenauigkeiten.
Diese Vorgehensweise hatte zur Folge, dass manche Schüler einen derart hohen *Stresspegel* aufbauten, dass sie allein deswegen nicht mehr in der Lage waren, „sich von ihrer eigenen Kraft freizumachen" und dieser *verkrampfte* Zustand mitunter

noch Tage danach andauerte.
Um dies zu vermeiden, verlegte ich mich später darauf, die Schüler während des gesamten Prüfungslehrganges „unbemerkt“ zu beurteilen. Leider scheint sich manchem der (falsche!) Eindruck aufgedrängt zu haben, dass man „Prüfungen geschenkt bekommt“.
Wer aber glaubt, seine Leistungen hingen von Prüfungen ab, hat – wie ich eingangs bereits erwähnte – nicht die richtige Einstellung.
Deswegen, lieber Oliver, lass uns bei *uns* selbst anfangen!

Sommerliche Grüße aus Norddeutschland

Dein Si-Fu
Keith R. Kernspecht

29.08.2006

Si-Fu, Du machst hier doch mit allen das Gleiche!

Großmeister Kernspecht über die unterschiedlichen Kriterien, nach welchen er die Anforderungen an verschiedene Graduierungsstufen abprüft ...

Mit aller Gewalt hat mich eine neue, alte Liebe zurückgewonnen oder ich sie. Nach jahrelanger Abstinenz, verursacht durch dummen Frust über äußere Dinge, *die nicht in meiner Macht standen (sapienti sat!)*, war ich ausgewichen und hatte mich auf *andere* Kampfplätze zurückgezogen. Zum Glück bietet uns das WingTsun soviele Betätigungsfelder körperlicher, geistiger und seelischer Art.

Ihr habt es erraten, meine alte Liebe ist nichts anderes und nichts weniger als *Chi-Sao*, dieses wichtigste, aber missverstandenste aller Trainings-Mittel im WingTsun.

Gestern war ich auf Einladung von Sifu Vilimek in Berlin und unterrichtete morgens vier Stunden die Schüler vom Anfänger bis zum 8. Schülergrad und dann nachmittags weitere vier Stunden die Fortgeschrittenen bis zum Programm des 5. Meistergrades.

Ich bin gerne in Berlin, zum einen wegen der Stadt, aber natürlich besonders wegen der ausgezeichneten WingTsun-Vertreter, die sich hier befinden und mich immer wieder inspirieren und fordern, mein Bestes zu geben.

Aber was ist mein Bestes? Was glaube ich Wertvolles zu besitzen und hergeben zu können, was meinen Schülern helfen kann, selbst besser zu werden? Natürlich meine *Erfahrung*. Die Erfahrung und Praxis von über 46 Jahren Selbstverteidigung. Wenn ich auch nicht mehr so hoch treten kann wie einst, so glaube ich jetzt den *klaren Durchblick* zu haben, zu wissen, was *nötig* und *unnötig* ist in der Selbstverteidigung.

Etwas anderes als Selbstverteidigung *mit* und *ohne* Bindestrich hat mich in der Kampfkunst nie wirklich interessiert. Akrobatik, Formenvielfalt, Bruchtests, schöne Vorführungen, Kung-Fu-Filme, Wettkämpfe – alles nichts für mich. Und obwohl ich in vielen Bereichen für manche Leute erschreckend wandlungsfähig bin, wird sich an dieser Einstellung bei mir wohl nichts mehr ändern.

Nachdem ich den rituellen Kampf, die „Was-guckst-du-soblöde-Situation“ als statistisch größte Gefahr für Männer (!) erkannt hatte, war mir klar, dass Reden und Kämpfen *zusammen* gehören und dass wir es mit *Nahkampf* zu tun haben. Für den Kampf in der Gesprächsdistanz eignet sich WingTsun besser als jede andere Methode. Das traditionelle WingTsun ist vornehm stumm und weiß nichts von Adrenalin, Körpersprache, Vetozeit und Spiegelneuronen. Aber es hat den *Anspruch* auf Wissenschaftlichkeit, soweit eine asiatische Kunst denn wissenschaftlich sein *kann*. Und so nahmen wir WingTsun beim Wort und halfen ihm zur Universität zu gehen. Großmeister Leung Ting war der erste, der an einem College unterrichtete, und mir war es vergönnt, WingTsun als Universitätsstudium zu etablieren. Das hat WingTsun vorangebracht und wird es in der Zukunft noch mehr voranbringen.

Nachdem ich durchschaut hatte, dass es falsch ist und ein Indiz dafür, dass man die Holzpuppenform nicht richtig verstanden hat, wenn man mit Man-Sao/Wu-Sao *zwischen* den Armen des Gegners steht (und dazu noch breitbeinig zum Genitalientritt auffordert), zog ich meine *Konsequenzen* und entwickelte die *Außenpositionen*. Zwangsläufig gehörte dazu auch die Schöpfung entsprechender Chi-Sao-Übungen; denn wer etwas erkannt hat und daraus keine Konsequenzen zieht, wäre besser dumm geblieben.

Die Erkenntnis, dass man in den ersten Augenblicken des Kampfes „armsteif“ ist, wurde ebenfalls in meinem Übungsprogramm umgesetzt.

Ebenso, dass der Anfänger mehr Chancen hat, wenn er *präventiv*, aber unter Berücksichtigung der Gesetzeslage zum Vorwärtsverteidiger wird (siehe Schülerprogramme 1-3 als Konsequenz dieser Erkenntnis), während der Fortgeschrittene bessere Chancen hat, wenn er reagiert und dadurch schneller ist als der Angreifer (vergleiche Schülerprogramm 4 und mein Buch *„Der Letzte wird der Erste sein“).*

Nach jahrzehntelangem Chi-Sao-Üben mit verbundenen Augen und der Analyse der Bewegungen meines genialen Lehrmeisters Großmeister Leung Ting realisierte ich dann, dass es *vor* der Information durch den Berührungssinn noch mindestens zwei weitere entwickelbare *Frühwarnsysteme* gibt, mit deren Hilfe ich schon vor der Berührung reagieren kann und z.T. muss, wenn ich siegreich bleiben will.

Dass man im traditionellen WingTsun stets nur von den *taktilen* Reizen ausgeht und die Reaktion über das *visuelle* Erkennen nur bei kurvigen Angriffen, die nicht über die Zentrallinie gehen, zulässt, hat *didaktische* Gründe: Wie man traditionell den WT-Anfänger erst einmal steif macht, dadurch dass er z.B. in der SNT-Form nur die Arme bewegen soll, bevor man ihm graduell mehr Freiheitsgrade gibt, deren Grenze beim Großmeister nur noch von den sog. Prinzipien gebildet werden, so *beschränkt sich* der Chi-Sao-Anfänger auf den *taktilen* Reiz und lernt, dem *optischen* Sinn nicht zu vertrauen, um nicht wie die Anhänger anderer Stile *fintenanfällig* zu werden.

Welcher Meister dieses Unterrichtsmittel oder Zwischenziel aber *als Endziel missverstand*, dem gebührt ebenso viel Schelte, wie dem, der Chi-Sao als Ziel und Zweck einstuft, statt als *Mittel*, das geeigneterweise wichtige Selbstverteidigungsfähigkeiten verleiht – wenn man es denn richtig betreibt.

Selbst kämpfen zu können verleiht nicht zwingenderweise das kritische Urteilsvermögen, das nötig ist, um zu erkennen, *wodurch* man so kampffähig geworden ist und wie man seinen Schülern diese Fertigkeit schnell beibringt. Das gilt besonders fürs WingTsun, wo es der eigene Lehrer ist, der die essentiellen (Semi-)Reflexe pflanzt oder nicht. Man übergibt dem Meister den Körper und *lässt ihn machen*. Eine Art *Massage*, bei der der Schüler fast passiv *unter Auschluss seines Verstandes* bewegt wird. So habe ich Chi-Sao gelernt. Ich hatte keine Mitschüler, es gab noch keine Schülergrade, keine *„WingTsun Kuen-Bibel"*, keine Poster und keine Videos. Es gab auch nicht die heute als „Chi-Sao-Sequenzen" bekannten Zweimann-Formen. Das alles waren Folgen unseres Erfolges, Yip Mans Kampfkunst bis ins kleinste Dorf zu tragen. Das Ziel ist längst erreicht, aber in manchen Bereichen ist Zielerfüllung kein Segen.

Meine ersten Schüler hatten viel *weniger* WingTsun-Wissen, aber waren *kampfstärker* als heute.

Einer meiner talentierten Schüler konnte mit dem 2. TG den Chinesen mit dem 10. Großmeistergrad besiegen, vor dem selbst der legendäre Bruce Lee Angst hatte und der Sohn des verstorbenen Altmeisters Yip Man sowieso. Derart praktisch war der WingTsun-Unterricht damals bei uns. Wenn ich mich recht erinnere, waren es fast ein halbes Dutzend meiner Schüler, die sich auf diesen Kampf vorbereitet hatten und denen man es damals zutrauen konnte – und sie kannten nicht einmal die 3. Form!

Nein, ich bin nicht wehmütig, nicht negativ, sondern ich sage, es ist *gut*, wie es gekommen ist und wie es jetzt ist. *Amor fati.* Ich sehe die Zukunft des WingTsun sehr optimistisch. Die Entwicklung hat es unseren Schülern und Lehrern ermöglicht, ein riesiges WingTsun-Wissen zu erwerben und aus erster Hand. Aber viel Wissen verwirrt. *„Das Lernen vieler Dinge lehrt nicht Verständnis"*, wusste schon Heraklit, der bestimmt WingTsun gekannt haben muss, denn von ihm stammt auch der berühmte Satz: *„Kampf ist der Vater aller Dinge"*. Weniger ist für die Praxis mehr. *Was* ist wichtig, *was* ist weniger wichtig? Was braucht man in der Ritualkampf-Situation *nicht*? Das heißt, was hilft *nicht* in vielleicht mehr als 80% aller Gewaltkonflikte, in die ein Mann unserer Zielgruppe geraten kann? Was braucht eine *Frau*, um sich für den Angreifer ungenießbar zu machen? Was braucht ein *Kind*?

Nun zurück zum Berlin-Lehrgang, dem ich die Idee zu diesem Editorial verdanke. Mit größtem Genuss machte ich stundenlang bis zur Erschöpfung mit allen Anwesenden Chi-Sao allerdings mit starker Orientierung auf solche Techniken, die mir bei einer Auseinandersetzung auf der Straße den Sekundensieg *garantieren.*

Der Kollege Mario M. sah mir zu, wie ich vom 1. bis 4. TG prüfte und stellte mir die Frage, die ich erst gar nicht verstand: *„Du machst ja hier mit uns allen dasselbe. Egal welche Graduierung. Und wir fühlen uns alle als Anfänger. Nach welchen Kriterien prüfst du eigentlich? Wir müssen doch für dich alle gleich sein!"*

Erst hielt ich die Frage für Kritik, dann spürte ich den Frust

dahinter und dann ging es mir auf, dass Mario wissen wollte, nach *welchen* Maßstäben ich die Techniker prüfe.
Zum ersten Mal sah ich mich genötigt, darüber nachzudenken und eine schnelle Antwort zu geben. Da ich nicht weiß, ob ich Mario befriedigen konnte, folgt hier eine ausführlichere Antwort.
Ursprünglich und traditionell erhielt man in unserem Weltverband TG-Graduierungen für sein Wissen und Können, das man beim Unterricht, bei Lehrgängen und Tutorials erworben hatte. Es *reichte* der Nachweis, sich die erforderlichen Fertigkeiten angeeignet zu haben, die entsprechende Vorbereitungszeit und der Besuch des Graduierunglehrganges. Eine Prüfung, *so wie ich sie durchführe*, also mit einem schriftlichen (Theorie) und einem praktischen Prüfungsteil, der nach meinem Willen aus mindestens zwei, aber auch sechs separaten und an verschiedenen Terminen abzuprüfenden Teilen besteht, gab es traditionell *nicht*.
Von Technikergraden wird erwartet, dass sie die „Techniken" kennen und können. Sie müssen heutzutage ein sehr umfangreiches und detailliertes Wissen erwerben und viele *Solo*- und *Partner*-Formen mit schwer zu merkenden Variationen. Dazu erlernen sie schon einmal theoretisch die WingTsun-Prinzipien, die ihnen später als Meister und Großmeister helfen werden, um sich von kopflastigem Wissen zu befreien und *nur* noch den Prinzipien zu folgen.

So weit, so gut. All das oben Genannte ist Gegenstand der Prüfung, sozusagen die *Voraussetzung*, sich überhaupt der Prüfung zu stellen.
Aber all das macht *noch nicht* den WT-Kämpfer, der sich vor den Gegner stellt und gelassen sagen kann: *„Greif' mich ruhig an, wenn du nicht anders kannst. Mach', was du willst, ich werde sicher damit fertig werden."*
Um *das* zu können, bedarf es neben einem psychologischen Training eines *größeren* und sicheren Könnens. Hier sind die Dinge gefragt, die ich eingangs ansprach. Hier gilt: *„Weniger ist mehr"!* Jede Technik, die man *zuviel* weiß, kostet lebensgefährliche Gehirnschaltzeit! Jede Technik, die man links *und*

rechts kann, könnte weitere bit kosten. Hier ist auch Knock-out-Schlagkraft gefragt. Weshalb nun prüfe ich diesen Teil der Prüfung, der mir der wichtigste ist, bei jedem gleich? Nun, ich prüfe *nicht wirklich* die gleiche Technik. Aber der Mensch hat halt nur zwei Arme und Beine und so viele sinnvolle Angriffe, wie manche Euch glauben machen wollen, gibt es gar nicht.

In vielen Jahrzehnten und Tausenden von Stunden, die ich Chi-Sao mit meinem Si-Fu Leung Ting – dem weltbesten WingTsun-Könner – trainierte, hat er, wenn es um Chi-Sao-Sparring mit mir ging, wo jeder sich bemühte, den anderen richtig zu treffen, *niemals* exotische und fragwürdige Techniken gegen mich eingesetzt. Was in diesen Augenblicken der Wahrheit zählte, war *alleine die Wirksamkeit,* die Eigenrisiko durch verspielte Techniken völlig ausschloss.

Durch diese Bevorzugung realistischer Angriffe meinerseits mag bei Prüfungen der Eindruck aufkommen, dass ich alle „in gleicher Weise" ungeachtet ihrer Graduierung angreife. Aber das ist nur der persönliche Eindruck des Beobachters – aber *nicht* meine Wirklichkeit. Tatsächlich greife ich *sehr differenziert* an entsprechend dem Kenntnisstand des Prüflings auch passe ich meine Kraft und Schnelligkeit an. Es gibt zwar nur wenige Grundtypen von praktikablen Angriffen, aber ich kann jeden auf hundert verschiedene Weisen ausführen – in verschiedenen Winkeln, mit gebrochenem Rhythmus, mit Ablenkungen und Täuschungen. Die größte Schwierigkeit bietet das *Timing.* Um mich abzuwehren, müsste der andere mit mir *wechseln* können ...

Soviel zum *falschen Eindruck,* ich griffe alle gleich an.

Bevor ich nun zu philosophieren beginne – das Vorrecht des Alters – möchte ich Euch noch von einer falschen Vorstellung befreien: WT ist nicht so kompliziert, wie es Euch erscheint. Es ist eigentlich *ganz einfach* und braucht nur wenig: Neben einem guten Stand, einem kurzen Schritt, einer guten Wendung, drei bis sechs guten Angriffstechniken kommt man in fast allen Situationen zurecht, wenn man Tan-, Bong-, Djam- und

Kao-Sao beherrscht. Aber diese frohe Botschaft hatte ich eigentlich schon Mitte der 80er Jahre in *„Vom Zweikampf“* verkündet.
Nun aber zu einem fast philosophischen Problem: Welche *Abstufungen des Könnens* (nicht Kennens) gibt es für mich?
Ist Können überhaupt abstufbar? Führe ich solchen unsichtbaren Maßstab mit mir herum?
Oder gibt es nur „Von-mir-Getroffenwerden“ und „Von-mir-Nichtgetroffenwerden“? Damit gäbe es nur einige wenige Könner und ein tausendfaches Heer von Nichtkönnern. Dass diejenigen meiner Schüler, die ich bei Prüfungen treffen kann, ihrerseits täglich als Angehörige von Eliteeinheiten der Polizei oder des Militärs, als Personenschützer, Türsteher usw. fast „alles weghauen“ (um mit Karl Koch zu sprechen), was sich ihnen zum Kampf stellt, zeigt, dass es zwischen den beiden Extremen wohl doch *noch etwas* gibt.
Es ist in der waffenlosen Kampfkunst wohl doch nicht so wie beim Schießen, wo es egal ist, ob man einen Zentimeter vorbeischießt oder das Ziel um einen Meter verfehlt.
Wäre das unser Beispiel, dann müssten wir mit dem Training aufhören. Das Ziel des Schülers sollte es nie sein, seinen Lehrer zu besiegen, sondern *sich selbst* zu steigern, jedenfalls habe ich das immer so gesehen, nie hätte ich auch nur darüber nachgedacht, ob ich bei gleicher Graduierung meinen von mir bewunderten Meister schlagen könnte.
Wenn ich einen Brief Senecas für meine Zwecke verändern darf, dann würde das so aussehen:
„*Gibt es unterhalb dessen keine Abstufungen? Ist unmittelbar neben dem Können des Meisters ein jäher Abgrund? Ich glaube nicht, denn wer Fortschritte macht, gehört zwar zu der großen Zahl derjenigen, die weniger Können haben als ihr Meister, wird aber dennoch durch einen großen Abstand von ihnen getrennt. Gerade auch unter denen, die Fortschritte machen, gibt es große Unterschiede.“*
Aber wir müssen nicht die Stoiker bemühen, auch die Christen, die viel von ihnen lernten, kennen eine vergleichbare Ethik: Der Bekehrte ist zwar immer noch ein Sünder, der die vollkommene Gerechtigkeit vor Gott

nicht besitzt. Dennoch besteht ein tiefgreifender Unterschied zwischen Bekehrten und Unbekehrten. Wem das alles zu kompliziert ist, die Botschaft lautet: Training lohnt sich immer noch, weniger ist mehr und die guten alten Zeiten kommen wieder ...

PS:

... aber ohne das neu erworbene und *wertvolle* Kopfwissen zu vernachlässigen. Lasst uns versuchen, es mit geeigneten Unterrichtsmethoden, die ich liefern werde, zu Körperwissen zu machen.

30.09.2006

Lieber Besserkönner als Besserwisser

Liebe Mitglieder, liebe Schüler, liebe Kollegen,

Auf meine letzten Editorials, deren Stoßrichtung ich fortsetzen werde, bis mein Ziel erreicht ist, habe ich zahllose Rückmeldungen bekommen und ich möchte diese Feedbacks mit Euch teilen.

Wie Ihr Euch vielleicht erinnert, provozierte ich mit der Feststellung, dass mit der gewaltigen Wissensvermehrung innerhalb der EWTO eine Verschlechterung der Kampffähigkeit des Einzelnen zu beklagen ist.

Das dürfte keinen überraschen, der meinen persönlichen zwanzig Jahre alten kategorischen Imperativ *„Weniger ist mehr!“* in Erinnerung hat. Kein Vorteil ohne Nachteil. So ist es eben.

Und ebenso natürlicherweise wird es zu dieser Entwicklung aufgrund meines Gegenlenkens eine *Antithese* geben: die Überbetonung des heutzutage vergessenen und nahezu unbekannt gewordenen Reaktionstrainings.

Dass die wertvollen Sektionen aber nun nicht vernachlässigt werden, dafür sorgen schon die Prüfungsbestimmungen und die herrlichen Tutorials von meinem Si-Fu Leung Ting, der – während ich dies schreibe – gerade im Schloss weilt und den Hochgraduierten die Arbeit an der Tripodalpuppe, die Chi-Gerk-Sequenz und den nächsten Teil des Langstock-Programmes beibringt. Sein Wochenthema ist übrigens bemerkenswerterweise: *„Es gibt keine festen Reihenfolgen.“*

Wer einen Missstand entdeckt hat und ihn, so es in seiner Macht steht, nicht ändert, macht sich als *Mittäter* schuldig, das wusste schon Bertold Brecht, dessen Lyrik ich gerade mit Nutzen lese.

Chi-Sao war immer meine Stärke, sowie die daraus für die Selbstverteidigung genutzten reflexartigen Reaktionen. Ich persönlich will mich schwerpunktmäßig das ganze nächste Jahr, und wenn nötig, solange wie es dauert, dem sträflich vernachlässigten Einpflanzen von „WT-Reflexen“ widmen. Und ich werde in diesem Sinne auch die TG-Prüfungen sehr gewissenhaft durchführen. Vorbereitungszeit eingehalten zu haben und Auswendiggelerntes vorzutragen ist Voraussetzung, aber nicht genug und nicht das Wesentliche (!); denn ohne schnelle Reaktion aufgrund taktiler Reize gibt es kein *richtiges* WT. WT ist Umsetzen des kraftlosen taoistischen Prinzips des Nachgebens, aber *nicht* Abspulen choreographierter Partnerformen, mögen sie auch noch so ausgeklügelt sein.

Ich will nicht tatenlos zusehen, wie aus WingTsun-Könnern mit der Zeit Sammler toter Techniken und WingTsun-Besserwisser werden.

Der letzte Punkt meines EWTO-Prüfungszettels für TG- und Praktikergrade zeigt deutlich, welchen Wert ich immer auf das *Wichtigste* im WT gelegt habe und was für mich stets praktisches Prüfungsthema Nr.1 war und ist:

„Allgemeine Reaktion, Kampffähigkeit"!

Das war es, was ich immer vorzüglich prüfte, bei denen, die sich mir zur Prüfung vorstellten.

Da es nur ein gutes halbes Dutzend kampfrelevanter semireflexartiger Reaktionen gibt, mache ich auf diesem Prüfungsgebiet, das es so nur bei mir in Europa gibt, tatsächlich „mit jedem dasselbe".

Allerdings passe ich mich dem Niveau des Kandidaten an. Das bedeutet aber auch, dass ich einen *Maßstab* mit mir herumtrage, an dem sich die Reaktion des Betreffenden prüfen lassen muss – sozusagen mein „Chi-Sao-Meter":

Wenn ich langsam angreife, dann erwarte ich, dass der Kandidat nicht schneller abwehrt. Auch seine Druckstärke soll meine nicht übertreffen. Muss er zur Abwehr mehr Schnelligkeit oder mehr Kraft aufwenden als ich beim „Angriff", dann zeigt mir das, dass er eben nicht den WT-Prinzipien folgt.

Selbst, wenn er dann diesen Angriff – unter Aufbietung aller Kraft und Schnelligkeit – überstehen würde, gibt ihm das bei mir keine gute Note, denn durch seinen Widerstand und durch seinen mir übermittelten Impuls fällt er dem Folgeangriff zum Opfer.

Bei aller Vorliebe für „lebendiges" Chi-Sao will ich jedoch *mitnichten* die (aus anderen Gründen) nötigen und bewährten Sektionen (Zwei-Mann-Chi-Sao-Formen) abschaffen oder ersetzen und schon gar nicht durch sog. freies Chi-Sao.

Tatsächlich unterrichte ich nicht

wirklich „freies Chi-Sao". Auch das ist nicht die Lösung. Stattdessen gehe ich mit klarem Plan und dezidiertem Programm vor, wenn ich die essentiellen WT-Reaktionen „einpflanze". *Ich* als „Reflexeinpflanzer" muss dabei nachdenken, damit ich meinen Schüler in die Lage versetzen kann, später im Kampf *nicht mehr* nachdenken zu müssen. Von „freiem Chi-Sao" oder genauer dem, wie es betrieben wird, halte ich weniger, weil man dabei *unsystematisch* und lediglich *unvollständig* lernt. Man ist dann nur auf *die* wenigen Angriffe vorbereitet, die die Spezialität des jeweiligen Si-Fus sind. Nur ein wissenschaftlich fundiertes und systematisches Unterrichtskonzept bereitet auf **alle** möglichen Situationen vor. Aber das könnt Ihr alles in Sifu Leung Tings Werk *„WingTsun Kuen"* nachlesen, dem ersten vollständigen Buch über die Kampfkunst seines Si-Fus Yip Man. Es ist nach wie vor das beste WingTsun-Buch auf dem Markt und maßgeblich und unverzichtbar!

WingTsun ist die Kunst Probleme zu lösen

WingTsun ist ein ca. 300 Jahre altes chinesisches Überlebenssystem, das sich von den herkömmlichen Kampfkünsten sehr stark unterscheidet, z.B. dadurch, dass es nicht die Summe seiner Techniken ist, d.h., es hat kein festes Repertoire an bestimmten Techniken.

Stattdessen gibt es im WT ein *Konzept*, d.h. eine Art Philosophie, auf deren Grundlage der Fortgeschrittene im Augenblick des Kampfes *eigene* Bewegungen *selbst* kreieren kann.

Der WT-Kämpfer hat also nicht fertige Techniken, die er dann an die jeweilige Kampfsituation anpasst, sondern er hat ein flexibles Konzept, eine Art Strategie, die ihm wie ein kategorischer Imperativ, wie eine Goldene Regel, dazu dient, *die genau richtige*, 100%ig passende Antwort auf einen Angriff zu [er-]finden.

Der WingTsun-Kämpfer hat nicht schon eine fixe, konservierte Antwort parat, auf die er die Frage sucht, sondern er *schafft* sich für jede Frage eine *maßgeschneiderte* Antwort, und zwar in Bruchteilen von Sekunden!

Möglich wird dieses durch ein einzigartiges Sensibiliserungstraining der Arme und Beine – Chi-Sao bzw. Chi-Gerk genannt – von dem später noch die Rede sein wird.

Der WingTsun-Anwender muss also nicht eine schon fertige Antwort, sprich Technik, „passend" machen, indem er sie verändert oder indem er sich besonders schnell bewegt oder indem er ihre Anwendbarkeit mit *übermäßigem Krafteinsatz* erzwingt.

Insofern ist im WingTsun Kraft nicht so ein wichtiger Faktor wie in den herkömmlichen Kampfsportarten.

Nicht zuletzt ist WingTsun ja auch die einzige Kampfkunst, die von Anfang an von Frauen gegen Männer konzipiert wurde, d.h. WingTsun wurde ursprünglich von Frauen entwickelt, bis es dann seit Anfang des 19. Jahrhunderts in die Hände von Männern fiel.

Ebenso wenig wie Kraft und Ausdauer spielt die absolute Geschwindigkeit im WingTsun eine wichtige Rolle. Durch das spezielle Sensibilisierungs-Training der „Klebenden Arme" (Chi-Sao) ist *jedes* „Zu-Schnell" oder „Zu-Langsam" nachteilig und Gleichzeitigkeit, also zur gleichen Zeit mit dem anderen zu „wechseln", ist Trumpf.

Die absolute individuelle Reaktionsgeschwindigkeit, die sich auch durch intensives Training sowieso nicht besonders steigern lässt, ist von untergeordneter Wichtigkeit im WingTsun.

Von siegentscheidender Bedeutung im WingTsun ist *die* Schnelligkeit, die nötig ist, um sich einer *veränderten* Situation ohne Zeitverlust anzupassen. Es darf nicht so sein, dass meine Reaktion zeitlich erst auf die Aktion des anderen erfolgt, sondern sie muss nahezu *gleichzeitig mit der Aktion* des Gegners geschehen.

Schon das Denken, dass der andere ein „Gegner" ist, der definitionsgemäß das *Gegenteil* von dem will, was wir erreichen wollen, führt im WingTsun nicht zum Ziel. Stattdessen betrachten wir uns *nicht getrennt* vom anderen, sondern sehen uns als seine *Ergänzung*. Mit unserer durch das Chi-Sao-Training erworbenen Sensibilität in Armen und Beinen „wissen" wir, was der andere beabsichtigt. Statt zu allem, was er vorhat, Nein zu sagen oder zu tun/dagegen anzugehen, *bejahen* wir *jede* seiner Aktionen und unterstützen sie. Somit werden wir zum Erfüllungsgehilfen des anderen. Aber wir *übertreiben*, d.h. wir helfen dem anderen *zu sehr*, so dass dieser sein Gleichgewicht verliert.

Wir kontrollieren seine Bewegungen *nur soweit*, wie es zu unserer Sicherheit unbedingt nötig ist, aber wir gestehen ihm soviel Bewegungsfreiheit zu, dass er *selbst* für seine Niederlage sorgen kann.

Wie wir erkannt haben, ist die taoistische Lebensphilosophie ein wichtiger Bestandteil des Konzeptes. Dazu gehört Weichheit, der größeren Kraft gegenüber *nachzugeben*, statt Widerstand zu leisten, und die Angriffskraft des Gegners für sich nutzen, indem man sie „borgt", recycelt und auf den Angreifer zurückschickt, so dass der durch seine eigene Kraft getroffen wird oder fällt.

Auf diese Weise ist auch die *Verhältnismäßigkeit der Mittel* gewährleistet, d.h. der Angreifer bekommt nur das zurück, was er selbst ausgeteilt hat, eine Art „Gerechtigkeit", die Exzess verhindert und auch den anderen schont. WingTsun als Selbstverteidigungssystem verwendet die erfolgreiche Tit-for-Tat-Strategie (*Wie du mir – so ich dir*):

1. Wir gehen dem anderen freundlich und kooperativ „entgegen“ und bleiben freundlich, wenn er es auch ist.

2. Wird der andere aber unfreundlich, dann wechselt der WT-Anwender ebenso auf unkooperativ.

3. Wird der andere wieder kooperativ, werden wir ebenfalls wieder freundlich.

WT ist in seiner höchsten Stufe *rein defensiv*. Der erfahrene Meister sollte in der Lage sein, den Kampf zu verhindern, wohl wissend, dass er und der andere kein Gegensatz sind. Am Ende steht die tiefe Erkenntnis, dass „er“ „ich“ ist und es darum geht, das Leid in der Welt zu verringern.

Der Anfänger hat jedoch noch nicht gelernt, auf den Gegner einzugehen und sich ihm empathisch anzupassen. So bleibt ihm in der Selbstverteidigung *nur* die Chance, dem anderen durch einen harten und blitzschnellen Präventivangriff zuvorzukommen. In dieser Stufe ist der *„Angriff die beste Verteidigung“*. So lauten dem entsprechend der Titel und das Programm eines meiner Bücher.

Der schon Fortgeschrittenere kann aufgrund der Körpersprache rechtshemisphärisch und linksäugig die Angriffsabsicht des anderen intuitiv antizipieren und dadurch mitten in den Angriff des anderen hinein angreifen. Das bedeutet, er ist *wirklich* (auch im technischen Sinne) ein Verteidiger, wenn er es sich auch noch nicht von seinen Fähigkeiten her leisten kann, dem Gegner den ersten Zug zu erlauben. Deshalb besteht seine Verteidigung aus einem Angriff „ins Tempo“.

Aber weil die Angriffsvorbereitung (auch, wenn sie für den Angreifer unbewusst erfolgt) mehr Zeit erfordert als die Reaktion, ist der Verteidiger als Letzter dennoch schneller als der Angreifer. Deshalb ist der Titel meines im Jahre 2004 erstmals erschienenen Buches *„Der Letzte wird der Erste sein“*.

Erst der Meister – und durchaus noch nicht der Meister der *Eingangs*stufe – hat durch jahrzehntelanges Sensibilitätstraining – Chi-Sao genannt – die Fähigkeit erworben, den Angriff des anderen zu erwarten und erst dann zu reagieren, wenn seine wie die Fühler eines Insektes tastenden Arme und Beine kontaktiert werden und sie ihm alle nötigen Informationen über den bevorstehenden Angriff verschaffen.

Alles, was der Angreifer anstellt, sorgt letzten Endes für den Schutz des Meisters. Der Angriff des Gegners formt auf mechanischem Wege die Verteidigung des Meisters, der, allein auf seine Energie vertrauend, jedem Angriff *gelassen* entgegensieht, in der Gewissheit, dass der Angreifer seine Abwehr schon besorgen wird, so paradox das klingen mag.

Man kann WingTsun als einen bestimmten asiatischen Kampfkunst-Stil betrachten, verbreiten und trainieren. In diesem Falle betreibt man WingTsun, um WingTsun zu machen. Das nenne ich frei nach „L'art pour l'art WingTsun" (= WingTsun als Selbstzweck).

Nun ist WingTsun aber nicht konzipiert, um gegen einen anderen WingTsun-Kämpfer anzutreten, sondern um sich gegen den Angriff eines *x-beliebigen* Angreifers zu schützen, der *irgendeinen* Stil trainiert hat oder vielleicht auch *gar keinen*. Somit darf das WingTsun nicht in ein inzestuöses Training abgleiten, wo ein WingTsun-Kämpfer sich gegen einen anderen WingTsun-Kämpfer verteidigt.

Wohin es führt, wenn man sein Ziel aus den Augen verliert, haben wir schon erlebt: Es führt zur Ausprägung von Techniken, die ausschließlich unter WingTsun-Leuten Sinn machen, auf der Straße aber nie vorkommen.

Aus diesem Grunde tauschen wir uns im WingTsun freundschaftlich und kameradschaftlich mit anderen Stilen aus: mit Karate, Taekwondo, mit Boxen und natürlich Judo, Ringen usw. Dies nicht in dem Sinne, dass wir deren Techniken übernehmen, sondern erkennen, wo und z.B., in welcher Distanz ein bestimmter Stil am wirkungsvollsten ist.

Das WingTsun-System ist für den Nahkampf konzipiert, obwohl der „Fortgeschrittene" aufgrund seiner Erfahrungen mit „Waffen" auch auf der größeren Distanz gute Möglichkeiten hat

Unsere ideale Entfernung zum Gegner ist etwas größer als die bei Ringern und dafür etwas ge-

ringer als die bei Boxern. Somit konnte ich in der Vergangenheit als Lehrer Ringern gute Tipps geben, wie sie den ersten Zugriff des Gegners verhindern können. Oder Boxern, wie sie im extremen Nahkampf noch wirkungsvoller agieren können.
WingTsun ist aber nur in seiner untersten, d.h. körperlichen Form, ein Selbstverteidigungssystem. Ich persönlich unterrichte *WingTsun als Kunst* der Problemlösung.
Ein „Problem" ist entsprechend seiner etymologischen griechischen Bedeutung „etwas uns in den Weg Geworfenes", also etwas, das uns „im Weg ist", uns hindert, das durchzusetzen, von dem wir glauben, dass wir es wollen.
Wie geht man mit Hindernissen um?
Im WT steuert man zunächst geradlinig auf sein Ziel zu, wobei man den kürzesten Weg benutzt. Stößt man auf diesem Kurs auf ein Hindernis, bietet das Konzept des WT mehrere Lösungsvorschläge, um mit diesem „Problem" fertig zu werden:

1. Man *bleibt* am Problem dran (aber nicht verbissen).

2. *Man gibt* vor dem Problem aus strategischen Gründen *leicht nach*, rückt aber sofort nach, wenn das Problem nicht mehr da ist.

3. Kann man es unbeschadet tun, ohne damit ein anderes Problem zu schaffen, *räumt* man *es aus dem Weg*, aber nur dann.

4. Da WingTsun auch viel mit der Schlange und ihrer Bewegung zu tun hat, kann man – wie diese – um Probleme *herumschlängeln* und trotzdem sein Ziel erreichen.

5. Oft glaubt man, dass zur Erreichung eines Zieles ein bestimmtes Teilziel unbedingt erreicht werden *muss* und versteift sich darauf, es unbedingt bewältigen zu wollen, statt umzudenken und einen anderen Weg zu gehen.

Hier muss man oft erkennen, dass man *selbst* das Problem ist, indem man nicht loslassen kann, im körperlichen Sinn antagonistische Muskeln anspannt, zu rigide ist, den Wald vor lauter Bäumen nicht sieht. Hier tut

dann „Metanoia“ Not: Buße nicht im Sinne eines Sünders, sondern ein Umdenken, ein „Sich-selbst-Erkennen“, auch ein Hineinversetzen in die Situation des anderen.
Tatsächlich haben wir es mit drei verschiedenen Phasen oder Ebenen des WingTsun zu tun:

1. Ebene: Körperliche Selbstverteidigung

Hier geht es darum, seinen Körper vor den Angriffen anderer (Körper) zu schützen und körperliche Auseinandersetzungen erfolgreich zu bestehen. Dennoch ist auch das körperliche WingTsun keine Ansammlung von Techniken. Bestimmten Mottos oder Formeln folgend werden in Zusammenhang mit einer besonderen Bewegungsschule (Formen, Chi-Sao usw.) die nötigen Verteidigungs-„Bewegungen“ unmittelbar an den Angriff angepasst und vom Verteidiger (WT-Anwender) spontan kreiert.

2. Ebene: Sich durchsetzen in der Welt

Dieselben Formeln, die wir in der unteren, körperlichen Ebene benutzen, um damit unsere Kampf-Bewegungen zu generieren, dienen in der zweiten Ebene, um Taktiken oder Strategeme zu entwickeln, die sich im äußeren Leben und seinen mannigfaltigen Manifestationen, im Beruf, in der Schule, in der Politik vorteilhaft einsetzen lassen.

In diesem Falle geht es nicht um Verteidigung des Körpers, sondern einer Position, der gesellschaftlichen Stellung, des Geschäftserfolges. Kurz: Die mittlere Ebene lehrt, wie man mit Klugheit, Geschick und mit List in der äußeren Welt überlebt und sich gegen andere durchsetzt.
Aber diese Ebene muss am Ende vom Einzelnen überwunden werden, denn alles, was man so gewinnt, ist nicht für ewig und damit am Ende wertlos. Letztlich stärken Taktiken und Managementfähigkeiten (es sei denn, man täte nur selbstlos seine Pflicht) das Ego – die Wurzel von allem Übel und Leid. Darüber hinaus entwickelt die zweite Ebene aber „Persönlichkeit“, die, wenn man sie von der „falschen Persönlichkeit“ trennt, die Nahrung ist, die das Material für die verkümmerte „Essenz“ bilden wird.

3. Ebene: Selbstvervollkommnung

Diese Ebene ist idealer Weise die Ebene der Meister bzw. Großmeister. Die höchste Lehre hat nichts damit zu tun, wie stark unser Faustschlag ist (körperliche Ebene), auch nicht damit, wie erfolgreich wir im Geschäft, beim anderen Geschlecht, also in der Außenwelt sind. *„Denn was hülfe es dem Menschen, wenn er die ganze Welt gewänne und nähme doch Schaden an seiner Seele?“* (Matthäus 16,26)

Bei der dritten Ebene geht es um unsere Essenz, um unser wahres Leben, um unser Innenleben. Hier gilt es, nicht andere, sondern sich selbst (Neid, Hass, Frust, Selbstmitleid, Angst, verletzten Gerechtigkeitssinn, schlechte Gewohnheiten usw.) zu besiegen.

Indem wir den Weg der individuellen psychologischen Evolution beschreiten und uns z.B. von falschem Denken, von mechanischen körperlichen und geistigen Haltungen befreien, wollen wir uns zu einem *neuen*, besseren und friedfertigen Menschen wandeln. Nachdem wir entsprechend an *uns* gearbeitet haben, wird die Welt für unsere Nächsten eine bessere sein. Ursprünglich arbeitete der WT-Anwender auf allen diesen drei Ebenen *gleichzeitig* an sich. Als aber in China auch einfachere Menschen im WingTsun unterrichtet wurden, die nur das Körperliche verstehen konnten, fand eine Aufteilung in die drei verschiedenen Ebenen des Lernens statt. Die meisten Schulen, auch in Asien, kennen *nur* noch die *körperliche* Ebene und sind nie mit den anderen beiden in Berührung gekommen. Zum Teil leugnen sie sogar ihre Existenz.

Tatsächlich durchziehen dieselben Mottos und Verhaltensformeln auf geniale Weise alle drei Ebenen, wobei sie besonders in der höchsten Ebene den größten und nachhaltigsten Nutzen bringen. Dies haben auch viele berühmte Persönlichkeiten erkannt, die – nach meinen Erkenntnissen – mit der körperlichen bzw. geistigen Version des WingTsun in Kontakt kamen:

- Hermann Hesse
- Carl Gustav Jung
- Bertrand Russell

Über dieses Thema hoffe ich, in den nächsten Jahren mehr sagen zu können.

30.11.2006

Mit Punkttheorie und Nasenspray gegen Pickelausquetscher und verstopfte Nasenlöcher

Blutige Schlägerei wegen Pickel im Friseursalon

Wiesbaden
Eigentlich wollte sich Zabit H. (29) nur gepflegt rasieren lassen. Im Salon stellte sich plötzlich der Bruder des Friseurs vor den Spiegel und drückte sich einen Pickel aus ... Empört lief der Kunde hinaus zum Auto, holte ein Staubsaugerrohr und schlug damit auf Friseur Okan K. (20) ein. Der zerschnitt ihm aus Rache mit dem Rasiermesser das Gesicht. Blutüberströmt rannte der Kunde wieder hinaus und stieg in seinen Opel Ascona. Er wollte in die Scheibe des Friseurladens fahren. Das Auto blieb aber an einem Sockel hängen. Der Fahrer geriet noch mehr in Wut – und zertrümmerte die Windschutzscheibe seines Wagens. Dann kam die Polizei und nahm ihn mit – unrasiert.

Nachdem ich in den letzten Monaten über mein Lieblingsthema der 1. Ebene schrieb, nämlich über „lebendiges“ Chi-Sao-Training und wie es – richtig betrieben – unsere Selbstverteidigungsfähigkeit verdoppeln und verdreifachen kann, möchte ich heute mit Euch zwei Stufen höher steigen und vor dem gefährlichsten Feind überhaupt warnen: vor der blindmachenden Wut in uns selbst.

Mehr Schaden und Unglück sind durch solch scheinbar unkontrollierbare Wutausbrüche aus nichtigem Anlass entstanden als durch Überfälle von Kriminellen und Terroristen. Dabei würden gezielt eingesetzte Nasensprays die Gefahr sofort beenden. Aber ich will nicht vorgreifen.

Blinde Wut ist außerdem ein Energieräuber erster Klasse. Manch hoher WingTsun-Meister – aus verletztem Ego zum Sklaven seiner Wut geworden – war tagelang unfähig zu denken und zu handeln. Und dabei hätte er schon Stunden später nicht mehr erklären können, weshalb er so wütend war. Man kann sich nur schwer wehren, wenn die Wut über einen herfällt, falls man die Anzeichen (z.B. verstopftes linkes Nasenloch) nicht rechtzeitig bei sich bemerkt Der Meister aber sollte die Fähigkeit entwickelt haben, sich wieder an sich zu „erinnern“, nachdem er sich kurzfristig „vergessen“ hat. Dann wäre es auch möglich, diese Energie umzuformen und für Positives zu benutzen, z.B. zur Schaffung von neuem Leben. So jedenfalls gestaltet sich bei manchen Paaren erfolgreiches Konfliktmanagement: Make love not war!

Wer sich aus seiner blinden Aggression nicht rechtzeitig befreien kann, ist kaum weniger zu bedauern als sein Opfer. Denn oft wendet sich die Wut am Ende aus Verzweiflung und Scham gegen den Täter selbst.
Aber noch häufiger schlägt er weiter auf das Opfer ein, weil (!) der blinde Wüterich – zur Besinnung gekommen – sich seiner Tat schämt. Er prügelt weiter, weil ihm nichts anderes einfällt, er sieht keine Alternative. Er ist blind und selbst zur personifizierten Wut geworden. Außerhalb der Wut existiert er nicht mehr.

Jemand, der WingTsun meistern will, weiß, dass die für uns wichtigste Geschwindigkeit die ist, mit der wir uns auf Neues umstellen können: vom Fauststoß zu Bong-Sao, von Bong zu Tan, von innen nach außen, von Angriff zur Abwehr, von Vorgehen zu Zurückweichen, von aktiv zu passiv, und wieder zurück .
Diese Fähigkeit, (sich selbst) zu ändern, in möglichst vielen (Entscheidungs-)Punkten eines Prozesses, macht den Meister aus, sollte ihn ausmachen.
Aber man muss sie immer wieder üben, indem man sie anwendet, diese „Punkttheorie der 3. Ebene“, sonst verlernen wir sie.
Jede Gelegenheit, wo uns die unheilvolle Kraft der „Identifikation“ (wie sie ein verstorbener berühmter Mystiker nannte) zu ergreifen droht, sollten wir begrüßen als Trainingsgelegenheit, uns selbst rauszureißen aus diesem dumpfen Schlaf.
Schaffen wir es, uns bei solch einem dummen Wutausbruch zu beobachten, so wie man ein fremdes Tier betrachtet, am besten aus der hohen Warte des Universums, dann werden wir uns so lächerlich und klein vorkommen, dass wir – mit etwas Übung – in ein schallendes Gelächter ausbrechen und – un-

ser Staubsaugerrohr wieder im Kofferraum verstauen ... (Siehe Zeitungsausschnitt oben)

Weitere Tricks, wie man sich selbst (!) de-eskalieren kann, funktionieren nach dem Motto: Innen wie außen, außen wie innen, und Osho unterrichtete sie schon, als er noch Bhagwan hieß:

1.Trick: Mundwinkel hoch

So wie unsere innere Einstellung unsere äußere Erscheinung bestimmt, so bestimmt unser Äußeres unser Inneres.
Weil wir traurig sind, hängen unsere Mundwinkel runter. Aber wir sind auch traurig, WEIL unsere Mundwinkel herunterhängen.
Ziehen wir, wenn wir traurig sind, unsere Mundwinkel mit den Fingern mit Kraft nach oben und halten wir sie hoch, dann wird sich unsere Stimmung in wenigen Sekunden ändern.

2. Trick: Augenbrauen hoch

Gestern war ich im Auto unterwegs und hatte es mächtig eilig. Die Straße war schmal und auf der Gegenfahrbahn parkten Fahrzeuge. Dennoch quetschte sich ein frecher Zeitgenosse mit seinem Gefährt auf meine Spur und wollte mich mit Lichthupe dazu nötigen, zwanzig Meter zurückzusetzen.
Natürlich tat ich ihm nicht den Gefallen. Die Autoschlange hinter ihm und hinter mir wuchs und ungeduldiges Hupen begann, weil sich nichts rührte. Unsere Wagen standen Stoßstange an Stoßstange und als er mir drohte, verspürte ich eine leise Lust, sie genau zu diesem Zweck einzusetzen. Natürlich unterdrückte ich diesen Impuls, aber als mein Kontrahent offenbar Anstalten machte, das Fahrzeug zu verlassen, gurtete ich mich schnell ab, um handlungsfähig zu sein. Meine Tür verriegelte ich aber absichtlich nicht, was mir zeigte, dass mein Wunsch, ihn am Kragen zu packen und durchzuschütteln, immer mächtiger wurde.
Nun fiel mir gerade noch rechtzeitig mein erprobter Standardtrick Nr.2 ein: Ich atmete zunächst ruhig und tief, bis ich mich etwas beruhigte. Dann zog ich bewusst die Augenbrauen hoch. Meine Aggression und der Drang, mir den Typ zu krallen, war schnell verschwunden.

Man zieht die Augenbrauen sonst nur hoch, wenn man erstaunt ist und dringend Informationen braucht, um die Welt um sich herum zu verstehen. Wer aggressiv ist, zieht die Augenbrauen nicht hoch. Wer die Augenbrauen hochzieht, kann nicht (mehr) aggressiv sein: Innen wie außen.
Der Trick hat gewirkt. Nach einem Zeitraum, der wie eine Stunde erschien, aber wahrscheinlich nur wenige Minuten gedauert hatte, fuhr mein Kontrahent zurück und ich freundlich grinsend an ihm und einer langen Schlange wartender Autos vorbei.

3. Trick: Lippen lecken

Ich hätte mir auch die Lippen lecken können, denn wer sich genussvoll die Lippen leckt, verliert ebenfalls jede Aggression. Zum Aggressivsein gehören zusammengepresste Lippen, also Verbissenheit. Genüssliches Lippenlecken und Aggressivität passen einfach nicht zusammen.

4. Trick: Ein Nasenloch zuhalten

Wenn man sich daran hindern will, wuterfüllt auf den anderen loszugehen, dann halte man sich das rechte Nasenloch zu, und die Wut wird innerhalb von Sekunden verschwunden sein.
Will sich frau aber selbstbewusst durchsetzen, dann soll sie sich das linke Nasenloch zuhalten und durch das rechte atmen. So wollen es einige Experten wissen. Dieses „Geheimnis“ war den östlichen Weisen schon lange bekannt, bevor die westliche Wissenschaft die beiden separaten Gehirnhälften mit ihren verschiedenen Funktionen erkannte. Atmet man(n) durch das linke Nasenloch, dann beteiligt man(n) (über Kreuz) die gefühlvolle, rechte weibliche Gehirnseite. Atmet man(n) durch das rechte Nasenloch, dann aktiviert er seine männliche, kriegerische Seite.
Vermutlich hatte mein Frechling Schnupfen und sein linkes Nasenloch war verstopft ...

5. Trick: Kiefer hängen lassen

Schon an anderer Stelle empfahl ich, zur Abwechselung einmal den Kiefer dümmlich herabhängen zu lassen und durch den Mund zu atmen, weil das vom Denken befreit, indem es die

Gehirnhälfte(n) nicht so aktiviert wie Nasenlochatmen, so dass wir die Dinge anders sehen.
Auch bewusstes Hängenlassen des Kiefers nimmt uns sekundenschnell die Aggressivität, so dass manches Unglück vermieden werden kann.
Vergessen wir nicht: Jede körperliche Auseinandersetzung kann schlimme und unvorsehbare Konsequenzen haben, die kleine Tricks wie diese vermeiden können.
Unglücklicherweise haben wir meistens niemand dabei, der uns im Adrenalinrausch daran erinnern kann, dass wir tief atmen, und zwar durchs linke Nasenloch, bis zehn zählen, unsere Mundwinkel oder Augenbrauen hochziehen, unsere Lippen lecken oder den Unterkiefer fallen lassen sollen.

Dabei wären diese Fertigkeiten gerade zur Weihnachtszeit besonders gefragt, denn es gibt kaum einen beliebteren Zeitpunkt für Familientragödien. Deshalb mein letzter Tipp für die Festtage: Haltet stets „Nasic“-Spray bereit und das linke Nasenloch frei.

31.01.2007

Wann Korrekturen stören

Warum es nicht gut ist, den Trainingspartner ständig zu korrigieren und warum es auch nicht gut ist, den Unterricht ständig zu kommentieren. Großmeister Kernspecht und Gastautor Sifu Lars Böckers über „schlechte Angewohnheiten" beim WT-Training.

Zunächst soll Sifu Lars Böckers zu Wort kommen:

Es gibt viele Arten, die wertvolle Trainingszeit zu vergeuden. Aber eine der effektivsten und subtilsten Möglichkeiten ist es, seinen Trainingspartner und sich selbst durch ständige Korrekturen aufzuhalten und dabei noch das Gefühl zu haben, besonders konstruktiv zu arbeiten.

Ab und zu versuche ich über sämtliche technischen Details und Fehler hinwegzusehen und achte einmal nur darauf, wie die Trainingspartner im Unterricht miteinander umgehen. Dann nehme ich ein ständiges Herumkorrigieren, Besserwisserei und Diskutieren wahr. Oft stehen mir bei falscher oder unsachlicher Kritik die Haare zu Berge, aber selbst wenn der Besserwisser (im positiven Sinne des Wortes) Recht hat, ist das Korrigieren des Partners oft unproduktiv und macht das Training uneffektiv. Zumindest ist es ein Diebstahl wertvoller Erfahrungen.

Ein Problem ist, dass der Besserwisser oft leider keiner ist, sondern sich nur für denjenigen hält, der es besser weiß. Daraus resultieren oft kreative und spektakuläre, aber leider falsche Techniken. Wenn der Trainingspartner zudem auch noch ein Pseudo-Besserwisser ist, schaukelt sich das Ganze manches Mal so hoch, dass ich bei meinem „Rundgang" die von mir vorgegebene Übung nicht einmal mehr erkennen kann. Noch schlimmer jedoch, wenn der Besserwisser eine solche Überzeugung und Autorität an den Tag legt, dass der arme Trainingspartner ihm seine falschen Korrekturen glaubt.

Zudem kommt die Blamage, wenn der Besserwisser nicht bemerkt, dass er tatsächlich nur ein Besser-WISSER aber kein Besser-KÖNNER ist und die gleichen Fehler macht, die er am Partner so unerträglich findet.

So manch einem würde es gut tun, sich mehr mit seinen eigenen Fehlern zu beschäftigen als mit denen des Partners. Den Partner ständig zu korrigieren führt nur zur Ablenkung von dem eigenen Körper und evtl. noch zur Erleichterung, die eigenen Fehler nicht mehr wahrnehmen zu müssen.

Aber selbst wenn der Besserwisser tatsächlich jemand ist, der es besser weiß, ist er noch lange nicht qualifiziert, die Korrekturen zum gegenseitigen Nutzen anzubringen.

Auch der Lehrer korrigiert nicht immer alle Fehler. Das liegt daran, dass der Mensch sich nur äußerst schwer auf mehrere Sachen zur gleichen Zeit konzentrieren kann. Daher ist es unmöglich, mehrere Fehler gleichzeitig zu verbessern. Wer das nicht glaubt, kann ja mal den Lehrer dazu auffordern, z.B. die Form zu korrigieren und dabei jeden und wirklich jeden Fehler anzumerken. Der Lehrer entscheidet daher, welcher Fehler im Vordergrund steht, wo er eine Korrektur anbringt, aber auch was zu dem Zeitpunkt nicht so wichtig ist und was nicht korrigiert wird. Wenn jetzt der Trainingspartner daherkommt und alles korrigiert, was ihm gerade so auffällt, was ihm in den Sinn kommt oder gar das, was der Lehrer vorher an ihm selbst korrigiert hat, so behindert er den Lernvorgang.

Zu alledem ermöglichen es Fehler auch Erfahrungen zu sammeln. Es wäre also besser, wenn der Trainierende einen Fehler machen kann, um dann selbst die Konsequenzen zu spüren. Aber leider setzt dies voraus, dass der Besserwisser vor allem ein Besserkönner ist, der den Fehler mittels seiner Fähigkeiten zu fühlen nutzen kann. Dann hätten beide etwas gelernt. Der eine, den Fehler zu fühlen und darauf zu reagieren, der andere hätte die negative Konsequenz seines Fehlers gespürt und nicht nur darüber gesprochen. Beide trainieren sich besser. Aber leider sind die meisten keine Besserkönner und so reden sie nur über die Fehler der anderen, was wenigstens darüber hinwegtröstet, es selbst nicht besser zu machen.

Also: Nutzt die Zeit, um zu trainieren und nicht, um Lehrer zu spielen. Lasst lieber Eure Taten sprechen und nutzt den Fehler auf sanfte und spielerische Weise, damit Ihr und der Trainings-

partner wirklich Erfahrungen sammeln könnt. Verbessert lieber Eure Fähigkeit, den Fehler zu nutzen, als Eure Fähigkeit, andere zu kritisieren. Dann wird auch der Partner den Fehler nicht mehr machen können, ohne dazuzulernen. Wenn dann noch eine Situation entsteht, in dem ein gemeinsames Trainieren nicht möglich ist, weil der eine mit seinem Fehler so sehr aus der Übung fällt, dann ist immer ein Lehrer da, der gefragt werden kann, und der gerne den Fehler analysiert und auf konstruktive Weise korrigiert.
So wie ich bei meinem „Rundgang“ und auch jetzt beim Schreiben dieses Textes über jeden Besserwisser schmunzle, versucht doch auch einmal über Euch zu schmunzeln, wenn Ihr Euch vielleicht auch Mal beim Besserwissen erwischt und dann: trainiert!

Liebe Grüße
Euer Lars Böckers

Der störende Kritiker im Kopf

Großmeister Kernspecht über das schädliche „Selbstkritisieren“

Auch mich hat das eifernde „Lehrerspielen“ unter Schülern schon oft gestört, aber mit der Idee, diesem Verhalten ein Editorial zu widmen, kam mir Lars zuvor.
Deshalb möchte ich die Gelegenheit nutzen, zusätzlich ein ähnliches Verhalten ansprechen, das mindestens ebenso schädlich ist, allerdings nur für den Täter selbst, nicht für andere.
Beim Privatunterricht erlebe ich es immer wieder, dass der Schüler alles, was geschieht, kommentiert. Fast unablässig ärgert er sich laut über Fehler, die er meint begangen zu haben. („Verdammt, nun hab ich schon wieder den Bong-Sao hochgehoben“)
Unbarmherzig kritisiert und verbalisiert seine linke Gehirnhälfte all sein Tun wie ein fremder und unbestechlicher Prüfer („Jetzt hätte ich Kao-Sao machen müssen. Scheiße, zu lange gewartet“). Nichts lässt er sich durchgehen, nichts kann er sich rechtmachen.
Mir, dem eigentlichen Lehrer, pfuscht er dabei ins Handwerk

und macht mir die Arbeit sauer. Ich ertappe mich dabei, ihn vor sich selbst zu verteidigen („So schlecht war es doch gar nicht" oder „Dir fehlt nur die Übung")
Er wird von mir irgendwo leicht getroffen und hebt auf der Stelle an, sich zu erklären, welche Fehlerkette, welches Missverhalten seinerseits die Ursache für diesen Treffer war. Während ich vieles nur auf mangelndes Training zurückführen und keiner Erwähnung für wert halten würde, weiß er es besser als ich: unablässig geht sein Mund.
Fehler sieht er sogar, wo keine sind. Er meckert an sich herum und wird immer verbissener, immer steifer und verkrampfter. Kein Wunder, denn er versucht, etwas bewusst zu machen, was „von selbst" geschehen soll. Aber sobald das Bewusstsein sich einmischt, wo es nichts zu schaffen hat, sondern nur stört, werden wir zum hoffnungslosen Stümper.
Gerade beim Chi-Sao geht es darum, das Bewusstsein völlig auszuschalten, und die „fühlenden" Arme nicht bei ihrer autonomen Tätigkeit zu behindern. Selbst der erfahrene Autofahrer würde im normalen Stadtverkehr gehemmt und deshalb fehlerhaft wie ein Anfänger fahren, wenn er sich unter den beobachtenden Blicken eines Fahrlehrers wähnte. Wer sich beim Chi-Sao kritisch beobachtet, kann sein Denken nicht aufgeben und sabotiert seinen Lernerfolg. Und falls er ihn nicht ganz unmöglich macht, dann verzögert er ihn ...
Wenn sich jemand „in meine Hände" begibt, um sich von mir Semi-Reflexe einpflanzen zu lassen, so geschieht das wie eine Art Massage. Der „Patient", das Wort erinnert schon an „Passiv", an Warten, Leiden, Hinnehmen, also an das Gegenteil von Aktivwerden, muss Geduld mit sich haben und mir alles überlassen. Es ist meine Aufgabe, ihn gut zu „machen", er muss es mir nur „erlauben", indem er mir seinen Körper für 90 Minuten überlässt. Diagnosen stellen ist mein Ding, darin habe ich über 45 Jahre Erfahrung und ich werde dafür bezahlt. So gut, dass er darüber nachdenken sollte, ob er in das gesetzte Trainingsziel z.B. nur 2 Stunden oder gar 20 Stunden investieren will. Denn wenn aufgrund unablässigen Sprechens und Denkens, wo nur Fühlen angebracht ist,

die linke Gehirnhälfte beteiligt ist, kann sich die benötigte Zeit leicht verzehnfachen. Reden hat beim Einpflanzen von „Reflexen“ nichts zu suchen, es ist lästig und kontraproduktiv, es erlaubt mir nicht, die beste Leistung zu geben, die ich liefern könnte. Ich möchte stolz auf meine Arbeit sein können, möchte was schaffen und mir wäre deshalb am liebsten, mein „Patient“ würde ganz darauf verzichten.
Ebenso störend und überhaupt nicht „zielführend“ sind übrigens Fragen wie: „Si-Fu, diese Technik, die du gerade gemacht hast, stammt doch aus der 4. Ableitung der dritten Schicht der 5. Sektion Holzpuppenchi-Sao, so wie Sigung sie uns 2005 in Italien gezeigt hat, oder?“
Glaubt denn irgendjemand, dass ich so ein kissenpupender Theoretiker bin, der vorher darüber nachdenkt, aus welcher Sektion er eine Technik macht? Ich „mache“ überhaupt keine Technik. Die Bewegung, der Treffer (nicht wirklich „Technik“) wird vom anderen provoziert und „gepowert“, ich gehe nur nicht dagegen an. Nur wenn ich hinterher ein Video von dem sehen würde, was „passiert“ ist, könnte ich sagen, in welcher Form oder Sektion so etwas „vorkommt“. Aber ich habe es nicht „gemacht“, weil es irgendwo „vorkommt“, sondern weil sich mir diese Bewegung „aufdrängte“.
Deshalb mein Rat, macht mir die Arbeit leichter und Euch schneller besser, indem Ihr Eurem Denkzentrum verbietet, sich bei meiner „Chi-Sao-Massage“ einzumischen. Entspannt und genießt!

Euer Si-Fu/Si-Gung
Keith R. Kernspecht

PS: Jetzt wird ein gutes Dutzend meiner Privatschüler denken: „Si-Fu meint mich, weil ich letztes Mal ...“ Aber tatsächlich ist niemand speziell gemeint, oder es sind alle gemeint.
Und damit nicht der falsche Eindruck entsteht: Ich bin glücklich über meine Privatschüler und genieße die Arbeit mit ihnen.

WT-Welt 29/2005

Man interviewt mich

Ein sommerlicher Sonntagvormittag in einem kleinen Dorf bei Kiel. Einer dieser Orte, bei denen auch „Heimat“ auf dem Schild stehen könnte. Es ist ein großes weißes Haus in einer kleinen Straße. Von der Terrasse aus sieht man die beiden Hunde im Garten wühlen. Am norddeutschen Himmel gewinnt die Sonne lächelnd gegen die paar versprengten Zirruswolken, die von der nahen Ostsee herübergeworfen werden. Sigung war den halben Vormittag in der Badewanne in einem Entsäuerungsbad. Er ist bereit, zu spielen. Manche Antworten gibt er im Bruchteil eines Augenblicks, bei anderen lässt er sich fast schmerzhaft viel Zeit, dreht Wort für Wort im Mund herum, als würde er sie schmecken. Ein paar Mal erwischt er sich selbst dabei, dass er jetzt am liebsten den Rest des Tages über ein bestimmtes Thema reden würde, dann besinnt er sich und antwortet absichtlich knapp.

Im Wohnzimmer hinter ihm stapeln sich in rauen Mengen die Bücher rund um seinen Lesesessel. So ähnlich muss es in seinem Kopf aussehen. Aber Sigungs Lieblingsantwort, bei der er jedes Mal lächeln muss, offensiv, als würde ihn nichts mehr freuen als genau das zu sagen, ist: „Ich weiß es nicht.“

Sigung, an welchem Punkt bist Du gerade in Deinem Leben?

Darüber habe ich noch nicht nachgedacht.

Nie? Oder nur im Moment nicht?

Im Moment nicht.

Gibt es denn Punkte in Deinem Leben, an denen Du reflektierst?

Ja, die gibt es. Aber an welchem Punkt bin ich gerade? Rückblick ist es nicht ... Ich beantworte das noch, aber frage erst einmal etwas weniger Abstraktes!

Okay: Wie geht es Dir?

Ausgesprochen prächtig!

Wovon hängt das ab?

Vom Wetter, ich bin sehr wetterempfindlich. Ich brauche Wärme. Und ich muss unbedingt körperlich gut drauf sein. Ich muss also ein entsprechendes

Gewicht haben, bei dem ich mich wohl fühle.

Welches ist das?

Das muss immer zwischen 75 und 77,5 kg liegen. Heute bin ich an der Grenze. Ich wiege 77,6 kg.

Es ist ja auch Sonntag.

Es ist Sonntag, ja. Aber ich würde mich noch besser fühlen, wenn ich meine Hausaufgaben erledigt hätte, bevor Du kamst – wenn ich also mein Training vorher gemacht hätte, mit Liegestützen und Klimmzügen. Dann wäre ich noch besser drauf.

Du trainierst zu Hause?

Ja, klar. Ich habe Liegestütz-Griffe und lege die Füße aufs Sofa, sogar in einem ziemlich steilen Winkel – 50° bis 60° –, dadurch lastet mehr Gewicht auf meinen Armen. So mache ich meine Liegestütze. Danach fühle ich mich richtig wohl. Schön durchblutet.

Und das machst Du jeden Tag?

Genau. Mein Tagesablauf beginnt damit, dass ich mich wiege. Davor esse ich natürlich nichts. Anschließend esse ich entsprechend dem, was ich wiege. Morgens esse ich nur Früchte. Dann beginne ich mit körperlichem Training. Nur manchmal lese ich zuerst meine E-Mails. Danach mache ich allerdings kein körperliches Training mehr.

Warum nicht?

Dann bin ich zu geistig, zu weit in meinem Kopf drin und komme nicht mehr zu meinem körperlichen Zentrum und kann nur noch geistig sein. Das mit dem „mens sana in corpore sano“ habe ich nie so richtig hinbekommen. Ich bin entweder in dem einen oder dem anderen. Entweder bin ich körperlich – und zwar voll und ganz – oder ich bin total geistig, aber dann kann ich nicht körperlich sein. Nur manchmal im Unterricht gelingt es mir, doch nur beim Unterrichten selbst. Nicht beim Tun.

Aber sagt man nicht, beim Sport würde der Kopf frei und man könne besser denken?

Vielleicht, wenn ich laufen würde. Aber ich mache nicht wirklich Ausdauersport. Ich mache nur mein Krafttraining. Doch, wie gesagt, zu meinem Wohlbefinden gehört dazu, dass ich morgens durchtrainiert bin. Dann ist die Welt in Ordnung. Wehe, ich wiege morgens zuviel! In dem Fall ist der Tag nahezu gelaufen ...

Ist das ein schlechtes körperliches Gefühl oder ist es Eitelkeit?

Beides. Wer in so einem hohen Alter wie meinem nicht eitel ist, dem kann man nicht mehr helfen.

Die Eitelkeit wird also schlimmer? Ich dachte, man würde mit der Zeit lockerer.

Ich glaube, dass die Eitelkeit bei mir ständig zunimmt. Nur schäme ich mich nicht mehr so wie früher für meine Defizite körperlicher Art.

Du hast Dich geschämt?

Ja, sehr! Zum Beispiel für meine extrem dünnen Waden. Aber dafür schäme ich mich jetzt nicht mehr – das habe ich vor ein paar Jahren gemacht, als ich so 20 war. Jetzt versuche ich damit zu leben, dass ich genetisch so missgünstig behandelt worden bin.

Von wem kommen die Waden, vom Vater oder der Mutter?

Das ist ganz schwer zu sagen: Mein Vater war ziemlich kräftig, aber nicht besonders groß. Und meine Mutter war auch nicht sonderlich groß. Sie war eher besonders klein. Warum ich nun so relativ groß bin ...

Es ist das vierte oder fünfte Mal, dass ich Sigung treffe. Ich schrieb vor fünf Jahren zum ersten Mal über WingTsun. Dafür ein paar Stunden Unterricht genommen und Lehrgänge besucht – sowohl bei Sigung allein als auch gemeinsame mit Großmeister Leung Ting. Ich habe einen Tag mit Sigung auf einem Fotoshooting verbracht und ich war mit ihm Abendessen. Ich kann nicht sagen, ich würde ihn kennen. Ich hatte nie vorher mit ihm über Privates geredet. Aber ich hatte ihn vorher schon erlebt.
Es ist offensichtlich, dass er seit langer Zeit meist im Mittelpunkt

steht. Egal, ob mit Wildfremden oder mit alten Freunden – ich habe nie eine Sekunde festgestellt, in der es ihm schwer gefallen wäre, die Unterhaltung zu beherrschen. Aber es gibt einen Unterschied zwischen dem Lehrer Kernspecht und dem Privatmann: Jenseits des Unterrichts experimentiert er pausenlos. Er spielt. Während im Unterricht seine Antworten präzise und zielgerichtet sind, macht es ihm in der Unterhaltung offensichtlich Spaß, sich selbst aufs Glatteis zu führen, sich Fallen zu legen, sich selbst dabei zu ertappen, dass die Dinge nicht so einfach sind, wie sie manchmal scheinen.
Ich habe eine Weile gebraucht, um das System zu verstehen. Vielleicht habe ich es nicht verstanden. Aber das ist es, was ich glaube: Als Lehrer antwortet Sigung für Dich. Die Antwort gehört Dir, Du kannst sie benutzen. Doch wenn Du Kernspecht nach Kernspecht fragst, benutzt er die Antwort für sich selber – als Experimentierfeld, als Spielplatz. Jede Antwort mag wahr sein, aber er wird beim nächsten Mal ganz anders antworten.

Gut, wir sind jetzt an der Stelle des Tages, an dem morgens das Wetter richtig ist ...

... ja ...

... das Gewicht gut ist. Wenn man es schafft, das Training zu machen, bevor die E-Mails einen überfallen ...

... ja ...

... und dann?

Dann kann der Tag nur noch gut werden! Aber ich kann nicht mehr geistig arbeiten.

... den ganzen Tag nicht?

Zum geistigen Arbeiten gehört dazu, dass ich morgens aus dem Pyjama nicht herauskomme, dass ich nicht trainiere, auf gar keinen Fall dusche – auf gar keinen Fall! Das schließt einander völlig aus. Sobald ich dusche, werde ich frisch, werde ich körperlich. Dann muss ich sofort schaffen, tun – mit Armen, mit Händen ... Also zum geistigen Arbeiten gehört ein gewisser Zustand der Verwahrlosung. Und den erreiche ich, indem ich morgens meinen Pyjama anbehalte. Den ziehe ich auch nicht aus, bis ich abends wieder ins Bett gehe. Vielleicht ziehe ich noch einen anderen an, aber ich bleibe im Pyjama. Und das schützt mich davor, hinauszugehen in die Welt. Dann setze ich mich hin und schreibe mein Editorial.

Immer im Pyjama?

Grundsätzlich! Ein Editorial muss man im Pyjama schreiben! Wenn ich einmal eins nicht im Pyjama schreibe, dann wird es auch nicht so gut. Man könnte sie fast einteilen in Pyjama-Editorials und Nicht-Pyjama-Editorials ...

Kann man sagen, wie viele Tage im Monat „Pyjama-Tage" sind?

Am liebsten wäre mir, je älter ich werde, fast jeder zweite Tag ein Pyjama-Tag. Doch manchmal raffe ich mich ja sogar noch auf: Wenn ein Pyjama-Tag erfolgreich zu Ende ging, gehe ich sogar noch einmal an meine Geräte und trainiere körperlich. Das ist dann ein ganz fantastischer, abgeschlossener Tag. Danach kann man abends sogar essen gehen.

Das klang jetzt ein bisschen masochistisch, diese Verwahrlosung – nach Leiden ...

Ich denke, Leiden ist ganz wichtig.

Warum?

Weil man sich dadurch fühlt. Manche Leute müssen ein Leiden bewusst schaffen. Sie müssen sich ritzen oder so, damit sie sich fühlen. Das brauche ich nicht. Aber ich muss mich schon unter Druck setzen.

Aber ausgerechnet geistig? Du wirkst ja erst einmal wie ein körperlicher Mensch ...

Danke schön! Ich habe extra diesen hautengen Pullover angezogen, damit Du das jetzt sagst ...

Ist sofort aufgefallen.

Obwohl ich heute nicht trainiert habe, bevor Du kamst. Das ist alles natürlich, nichts gepumpt.

Aber Du sagst, an einem geistigen, leidenden Tag fühlst Du Dich mehr?

Nein, nur anders, innerlich. Ich

denke, ich sollte auf eine Balance bedacht sein.

Bist Du jemand, der sich zu Dingen zwingt?

Das ist ganz schwierig. Ich glaube, dass ich immer nur die Dinge gut tue, die mir gefallen. Manchmal habe ich aber Spaß daran zu leiden. Und dann zwinge ich mich auch zu Dingen. Das klingt widersprüchlich, oder?

Ist die Widersprüchlichkeit eine Bedingung für das, was Du gemacht und aufgebaut hast?

Ich glaube, das ist eine Alterserscheinung ... Als ich den Verband aufbaute, durfte ich keine Zweifel haben – weder an meinem Können noch an meinen Kampffähigkeiten, sonst hätte ich das nicht so überzeugend darstellen können. Nur wenn man etwas überzeugend darstellen kann, folgen Dir auch Leute. Ich denke einfach, dass ich es mir jetzt leisten kann, Sachen kritischer zu sehen – und auch mich kritischer zu sehen. Ich hatte früher vor irgendwelchen Kämpfen nie Zweifel daran, dass ich gewinnen würde. Nicht den geringsten! Ich bin nie in einen Kampf oder eine Auseinandersetzung gegangen, ohne ganz genau für mich zu wissen, dass ich gewinnen würde. Und ich bin auch sicher: Wenn ich Zweifel gehabt hätte, hätte ich nicht gewonnen; denn so hoch entwickelt war die Technik damals in den Siebzigerjahren noch nicht, dass ich gegen Experten und Großmeister anderer Stile hätte gewinnen können, wenn ich nicht die fanatische Gewissheit gehabt hätte, dass ich sie packen würde.

Und Du hast sie immer gepackt.

Ich habe nie verloren. Ich hatte wahrscheinlich Glück oder was auch immer.

Dann wurde die Technik immer besser. Du wurdest immer besser. Hast nie verloren – eigentlich sollte man denken, das Ego geht dann bis zum Platzen hoch. Ist es geplatzt? Oder hast Du umgedreht?

Das weiß ich nicht.

War das ein ungesundes

Selbstbewusstsein damals?

Ich habe mich gerade mit dieser Frage in letzter Zeit beschäftigt. Ich habe mir überlegt: Es gibt ja all diese Bücher, die sagen: „Kauf' mich, ich bringe Dir bei, selbstbewusst zu werden; ich bringe Dir bei, Charisma zu entwickeln; ich bringe Dir bei, ein Leader zu werden!" Man kennt die Bücher. Ich denke, die nutzen nur dem, der sie schreibt. Ich habe bisher kein Buch gelesen, das diese Fähigkeiten vermittelt. Ich würde aber gern eins schreiben.

Jetzt hast Du ja schon vorweg geschickt, dass Du es nur für Dich tätest ...

Aber, wenn es wirklich gelänge, könnte man jedem zu einem solchen Erfolg verhelfen. Ich glaube, das geht – und zwar aus der Beobachtung meiner Hunde ...

Deiner Hunde?

Das ist jetzt mein Lieblingsthema. Ich habe ja zwei Kampfhunde, zwei Rauhaardackel – Hündinnen – und beobachte sie. Und einer meiner Rauhaardackel ist ein absoluter Leader-Hund – war früher aber ein Loser-Hund. Das heißt, die andere Hündin hat die jetzige Führer-Hündin geknechtet, unterdrückt, dominiert. Ich habe miterlebt, wie auf einen Schlag dieser geknechtete, dominierte Hund zum Führer-Hund wurde und das Verhältnis ins genaue Gegenteil kippte. Spannend. Ein einziger Augenblick war entscheidend, um aus dem Herrscher den Loser und aus dem Loser den Herrscher zu machen.
Jetzt interessiere ich mich natürlich dafür: Was war der Moment in meinem Leben? Was hat mir den Mut gegeben, Leute zu führen? Ich habe das natürlich analysiert und glaube, dass ich weiß, was bei mir die entscheidenden Augenblicke waren. Ich denke schon, dass es auch irgendwo genetisch ist, aber das reicht nicht aus.

Was ist genetisch: Die Anlage der Fähigkeiten oder der angeborene Wunsch, ein Führer zu sein?

Vielleicht beides. Aber es muss noch etwas hinzukommen: ein Augenblick, eine günstige Konstellation. Wenn man das alles hat, also auch Glück, dann klappt es. Und ich bin auf der Suche nach einer Methode, systematisch eine Gelegenheit zu kreieren, mit der man Menschen, die geeignet sind, zum Erfolg führen kann.

Jetzt stellt sich eine Reihe von Fragen ...

Dann leg' einmal los!

Was war denn der Moment bei den Hunden?

Bei Hunden ist es immer ganz einfach: Da kann es nur um Fressen oder um Sex gehen ...

Das ist ja bei allen Lebewesen so.

Du hast das gesagt!

Okay, ich habe das gesagt. Aber bei den Hunden ging es um Sex?

In diesem Fall ging es ums Fressen. Der eine Hund hat sich des Futternapfes bemächtigt, und zwar so aggressiv, dass der andere Hund, der bis dahin der Sieger-Hund war, am ganzen Leib zitterte, verschwand und nie wieder versuchte, den bisherigen Verlierer-Hund zu beherrschen. Damit war alles geklärt. Und der neue Führer-Hund hat seine Position seitdem ausgebaut.

Aber die Veranlagung war schon vorher in ihm?

Das war nicht zu erkennen. Ich vermute es nur. Der Mut kam ganz plötzlich. Und das erlebe ich auch bei Menschen in meinem Umfeld.

Welcher Moment war es bei Dir?

Ich glaube, es war der Moment, als ich als Kind von vielleicht zwölf Jahren einen Erwachsenen mit einem Hebel auf die Knie zwang. Wir hatten damals eine Fabrik mit Arbeitern und ich war öfter in der Werkstatt. Und dort hat irgendein Geselle oder Meister oder was weiß ich ... jedenfalls: Irgendetwas fand zwischen uns beiden statt und ich habe mich geärgert. Er wollte mich festhalten. In dem Moment habe ich sein Handgelenk gehebelt – und er ging vor mir auf die

Knie. Das war so ein Wahnsinnserlebnis, dass ich es nie wieder missen wollte!

Sigung lacht viel. Er kann innerhalb eines einzigen Satzes von nachdenklich zu hochgradig albern wechseln und wieder zurück. Manchmal serviert er Witze mit einem todernsten Gesicht, dann wieder Philosophisches mit einem Grinsen. Oft hat er ein Lächeln in der Stimme, das man nicht sehen, sondern nur hören kann. Er macht sich lustig. Am liebsten über sich selbst.

Woher konntest Du Hebeltechniken?

Mein Vater zeigte mir Selbstverteidigungstechniken. Er war ziemlich klein, untersetzt, aber ziemlich kräftig, ein beweglicher Mann. Er hatte irgendwo Selbstverteidigungstechniken gelernt, die ich dann wiederum auf dem Schulhof ausprobierte – übrigens mit großem Erfolg. Das waren Techniken, die die Leute verblüfften, weil sie immer etwas damit zu tun hatten, dass ich aus einer aufgebenden Position heraus den anderen doch noch irgendwie bekam. Ich muss dazu sagen, ich war damals nicht besonders kräftig, eher schwächlich und schmächtig – die Muskeln, die ich später bekam, waren antrainierte Muskeln – und ich war trotzdem in der Volksschule bestimmt der Zweitbeste im Kämpfen. Der Beste wollte sich mit mir nicht anlegen, weil er merkte, dass ich seltsame Dinge machte. Und die hatte mein Vater mir beigebracht.

Was waren das für seltsame Dinge?

Ich habe es mir später von meinen ehemaligen Klassenkameraden erzählen lassen, weil ich es wirklich vergessen hatte. Sie sagten mir, dass ich mich fast besiegen ließ und aus dieser Fast-Verlierer-Position heraus sie dann irgendwie gepackt habe.

War es Dir ähnlich wichtig, auch geistig überlegen zu sein?

Ich hatte später in meiner Zeit als Gymnasiast noch ein zweites Erlebnis, das ebenfalls eine entscheidende Rolle spielte: Als ich zum ersten Mal merkte, dass Leute mir folgen, wenn ich etwas sage. Ich hatte einen Job als Liftführer in einem Aufzug beim Bau eines Kraftwerkes. Ich musste die Arbeiter im Fahrstuhl hinauf- und hinunterfahren und hinterher die Aschenbecher leeren. Eine ziemlich untergeordnete Betätigung, die ich angenommen hatte, weil der Motor meines Autos kaputt war und ich einen neuen brauchte. In meinen Fahrstuhl kamen richtig kräftige Leute hinein – sonnenverbrannte, muskelbepackte, nach Teer riechende Bauarbeiter. Einmal brach Panik im Fahrstuhl aus. Aber ich bekam die Leute dazu, dass sie auf mich hörten, genau meinen Anweisungen folgten. Das hat mir unheimlich viel Selbstvertrauen gegeben. Diese erwachsenen kräftigen Menschen befolgten tatsächlich die Anweisungen eines jungen Gymnasiasten! Das war noch so eine kleine Situation, die entscheidend war.

Kommt mit so einem Moment auch die Lust am Führen?

Bei mir war das nicht so. Es war das Wissen, **dass** es geht, **dass** man es kann.

Der Inhalt kam ja erst später. Du hast Deine Führungsqualitäten benutzt, um Deinen Verband aufzubauen und Deine Ideen zu verbreiten. Wenn dieser Inhalt „WingTsun" nicht gekommen wäre und Du etwas anderes gemacht hättest, wärest Du dann heute auch in einer Führungsposition?

Ich hätte nie gedacht oder erwartet, dass ich irgendetwas in dieser Richtung machen würde. Mein Berufswunsch war Gymnasiallehrer für Latein und Griechisch. Das habe ich ja auch studiert. Alles andere hat damit zu tun gehabt, dass ich mein Hobby, nämlich WingTsun, finanzieren musste.
Ich war Student, BAFöG-Empfänger, mit tausend kleinen Nebenjobs, und ich musste irgendwie mein Hobby finanzieren, nämlich WingTsun zu lernen – nur für mich. Ich war unheimlich begeistert davon. Ich wollte es lernen. Dazu brauchte ich Unterricht und den gab es nur in Hongkong. Die Flugtickets waren nicht billig. Und ich konnte mir auch damals nicht leisten, ständig dort hinzufahren. Zumal ich hier in Deutschland ja mehrere

Jobs hatte – als Nachhilfelehrer und so weiter. Ich konnte nicht ständig Deutschland verlassen. Also ging es auch darum: Wie bekomme ich meinen Si-Fu nach Deutschland? Wie bezahle ich sein Ticket, sein Hotel und seinen Unterricht? Und da stellte ich fest, die einzigen Möglichkeiten sind, dass ich das, was ich lerne, anderen Leuten beibringe, die mich dafür bezahlen oder jedes Mal, wenn er kommt, einen Lehrgang zu veranstalten. So ist mehr oder weniger der Verband entstanden. Es lief sehr erfolgreich und ich hatte viel Spaß dabei. Daraus entwickelte sich die Idee, meinen Job als Lehrer, den ich acht Jahre ausgeübt hatte, fallen zu lassen und zu sagen: „Jetzt werde ich WingTsun-Lehrer und finde darin meinen Hauptberuf." Das war aber erst 1979.

Wann kam das erste Gefühl von Erfolg?

Im geschäftlichen Sinne?

Eher das Gefühl, dass man plötzlich sagt: Ups, das ist ja alles viel größer, als ich je gedacht hätte!

Das sind verschiedene Punkte. Es begann erst einmal damit, dass ich, um Werbung für meine Lehrgänge zu machen, Artikel für verschiedene Kampfkunst-Zeitschriften schrieb. Und mein erstes Buch verfasste ich ja schon 1975. Plötzlich stellte ich fest, dass ich mit den Kenntnissen, die ich hatte, und mit dem Können, das ich hatte, Leute überzeugen konnte, die auf ihrem Gebiet der Kampfkunst Europa- oder Weltmeister waren. Das war schon sehr angenehm.

Ist Teil von WingTsun die Freude, schlauer zu sein als der andere?

Ich glaube, ein großer Teil der Freude, die WingTsun vermittelt, ist das Gefühl der absoluten Überlegenheit. Und das zu Recht. Was natürlich auch Nachteile hat, weil es zu Überheblichkeit und Größenwahn führen kann.

Ich möchte noch mal auf Überlegenheit zu sprechen kommen: Ist das etwas, das Dir imponiert?

Absolut.

Auch in anderen Bereichen? Bayern München im Fußball?

Ich kann es nachempfinden, wie solche Leute sich fühlen mögen, aber ich habe mir nie einen Spieler als Idol ausgesucht, wenn das die Frage sein sollte.

Keine Idole?

Romantische Helden aus griechischen Heldensagen vielleicht oder Winnetou oder so etwas, aber lebende Personen als Vorbilder hatte ich nie.

Gibt es eine Linie in Deinem Leben, von der Du weißt: Das wird immer so sein?

Nein, glaube ich nicht. Ich bin immer wieder überrascht von mir. Ich versuche, eingefahrene Pfade zu verlassen, weil ich denke, wenn man sein Leben lang immer dasselbe macht, dann lohnt es sich gar nicht, lange zu leben.

Bist Du religiös?

Was ist religiös?

Glaubst Du an eine höhere Macht, die die Geschicke der Welt lenkt?

Ich glaube, dass die meisten Menschen – mich selbst eingeschlossen – ein Zentrum in sich haben, möglicherweise im Gehirn, das uns empfänglich macht für religiöse Vorstellungen; dass etwas in uns eingepflanzt ist, das uns glauben lassen will.

Aber es könnte einfach ein biologisches Sicherungssystem sein, das Menschen an Werte glauben lässt?

Das weiß ich nicht.

Ich verstehe Dich jetzt so, Du hast die Tendenz zu glauben, aber bist nicht sicher, ob das nicht einfach an der menschlichen Veranlagung liegt, glauben zu wollen.

Ja. Wir wissen es nicht. Aber die Tatsache, dass ich mich mehrere Stunden am Tag mit religiösen Thesen beschäftige – ob es Christentum ist oder Islam oder Buddhismus oder andere Formen – beweist ja, dass ich mich dafür sehr interessiere. Hätte ich diese Neigung nicht, würde ich mich mit anderen Sachen beschäftigen.

Ist diese Neigung mit der Zeit stärker geworden?

Ja.

Hat sich dadurch Dein Menschenbild verändert?

Ja.

Du hattest, wenn ich das richtig verstanden habe, ein recht arrogantes, auf körperliche Kraft ausgerichtetes Idealbild. Da kamen andere Menschen ja gerne auch einmal als Gegner vor. Ist das richtig?

Nein, so schlimm nicht. Ich habe mehr damit kokettiert. Ich habe andere nicht abgewertet – es war mehr ein Spaß, eine Attitüde unter uns Eingeweihten. Natürlich sprach man auch mit anderen, aber man gab sich den Anschein, als würde man nicht. Mein Menschenbild hat sich eher in anderer Hinsicht verändert: Wenn ich früher auf Widerstand stieß, meine Ziele nicht durchsetzen konnte, dachte ich immer: „Da ist jemand, der will mir schaden, der will mir Böses." In der Zwischenzeit bin ich zu der Überzeugung gelangt, dass mir keiner etwas Böses will, sondern dass jeder Mensch das tun muss, was er tut. Er hat keine so große Auswahl in seinem Verhalten. Ein Mensch kann sich nur in einer bestimmten Art und Weise verhalten. Ich spreche hier nicht von Determinismus – ich sage nicht, alles sei vorbestimmt.

Aber der freie Wille ist beschränkt?

Der freie Wille ist auf ein sehr kleines Fenster beschränkt. Sehr arg beschränkt. In einer bestimmten Situation kann ein bestimmter Mensch nur auf eine bestimmte Art handeln. Ein anderer Mensch könnte anders handeln. Der gleiche Mensch könnte ein paar Monate oder Jahre später vielleicht ebenso anders handeln. Aber in **dieser** Situation konnte dieser Mensch nur so handeln, wie er es getan hat. Und das hat er nicht gemacht, um mir zu schaden, sondern er hatte keine andere Wahl. Seitdem ich das weiß, bin ich anderen nicht mehr böse, wenn sie handeln, wie sie handeln. Sie hatten ja keine Wahl. Und es fällt mir sehr leicht zu verzeihen. Eigentlich gibt es ja gar nichts zu verzeihen, wenn niemand schuldig ist! Darauf bin ich gekommen, als ich mich selbst beobachtet und festgestellt habe, dass ich in bestimmten Situationen nicht anders handeln konnte, als ich gehandelt hatte. Ich bin nicht frei. Vielleicht bin ich etwas freier, als ich vor zehn Jahren war, doch ich weiß, dass ich unter bestimmten Voraussetzungen einfach festgelegt bin durch mein Wesen.

Ändert sich durch dieses Wissen Dein Handeln?

Ja, darum lasse ich mir bei Entscheidungen unheimlich viel Zeit. Ich trödele, sitze Entscheidungen aus. Ein kleiner zeitlicher Abstand hilft ungemein. Man sagt ja, man soll über Entscheidungen schlafen, aber selbst das ist nicht genug. Man sollte eine E-Mail nicht sofort beantworten. Jemand erhält eine E-Mail und antwortet sofort, was ihm gerade impulsiv in den Sinn kommt und das bereut er dann sein Leben lang. Das sollte man nicht tun. Wenn ich eine wichtige E-Mail bekomme, versuche ich, sie nicht sofort zu beantworten. Damit lasse ich mir Zeit. Um überhaupt die Möglichkeit zu haben, etwas anders zu machen, muss man es ganz, ganz langsam machen.

Aber ist nicht die Definition von einem Experten, dass er jemand ist, der innerhalb kurzer Zeit auf einen großen Erfahrungsschatz zurückgreifen kann. Und deshalb aufgrund weniger Informationen die richtige Entscheidung zu treffen?

Genau. Deshalb lassen wir uns, besonders wenn wir älter sind, ja nicht mehr auf Einzelfälle ein, sondern wir sortieren entsprechend unserer Erfahrungen in Schubladen – auch Menschen und behandeln sie dann entsprechend. Im einen Fall war das so, also wird es hier auch so ähnlich sein. Das nennen die meisten Menschen Vorurteile. Ich denke allerdings nicht, dass Vorurteile grundsätzlich etwas Negatives sind. Sie sind manchmal sogar sehr wichtig, wenn man etwas sehr schnell entscheiden muss. In dem Fall sind Vorurteile sehr hilfreich. Aber bei ganz wichtigen Entscheidungen muss man sich Zeit lassen ... ob die Situation wirklich in die Schublade hineinpasst und ob der Mensch wirklich so ist, wie man glaubt, dass er ist.

Wie viel bedeutet Dir Freundschaft?

Sehr viel!

Und wie viele echte Freunde hast Du?

Ich denke, ungefähr eine Handvoll – aus der Schulzeit, der Kinderspielzeit und der Studienzeit. Richtige Freunde, die einem alles sagen können – die nichts mit Geschäft oder so zu tun haben; denn das schließt sich ja fast schon wieder aus. Sie kommen eigentlich ausnahmslos aus jener Zeit.

In welchem Zusammenhang sind sie wichtig?

Weil man ab und zu auch Leute braucht, die einem hundertprozentig sagen, was sie denken. Die einen wieder auf den Boden der Tatsachen zurückholen. Die sich nicht zurückhalten müssen, aus irgendwelchen Gründen. Bei denen man sich nahezu ohne Maske gehen lassen kann …

Sigung – Er hält eine Grundspannung, die ganze Zeit. Gerade, weil er in keiner Sekunde die Konzentration aufgibt, wirkt er, als müsse er die Zeit nutzen, da er noch so viel anderes zu tun hat. Er kann zuhören, keine Frage, und er ist voll dabei – auch nach Stunden noch. Sigung hat diese besondere Form der Aufmerksamkeit, die einen zwingt, sich selbst zu konzentrieren – und sei es nur, um seine Zeit nicht zu verschwenden.

Wo wir gerade beim Selbstbetrug sind: Legst Du Dich manchmal aufs Sofa, schaltest den Fernseher ein und den Kopf ab?

Nein, nie.

Was machst Du stattdessen?

Ich lese. Ich mag kein Fernsehen. Ich mag keine Videos. Ich gehe praktisch nie ins Kino – einmal in drei Jahren. Der Fernseher läuft vielleicht einmal irgendwo und ich schaue hin, aber ich würde ihn nie selbst einschalten. Dafür lese ich sehr viel. Eigentlich ständig.

Was zum Beispiel?

Comics!

Im Ernst? Welche Comics?

Nur italienische Comics – wegen der Sprache. Und mit Comics verbindet mich einiges, denn mein Studiengebiet an der Uni waren damals auch Comics.

Lateinische und altgriechische Comics?

Nein, nicht Asterix und Obelix. Obwohl ich die durchaus gelesen habe. Aber im Fach Deutsch habe ich über Comics geforscht. Und jetzt mache ich das, um die italienische Sprache zu lernen. So verfahre ich grundsätzlich, wenn ich eine Sprache erlerne. So habe ich vorher Englisch und Spanisch gelernt. Hunderte von Comics natürlich! Tausende! Weil ich diese Alltagsredewendungen aufnehmen möchte. Diese Sprüche, die hätte ich gerne und die bekomme ich ja durch ein normales Buch nicht. Ich habe keine Lust, im Wörterbuch nachzuschlagen. Meist steht so etwas auch gar nicht drin und deshalb lese ich Comics, Comics, Comics. Schlage nie im Wörtbuch nach, sondern unterstreiche nur, was ich nicht verstehe – und weil jeder Autor immer die gleichen Sprüche verwendet, findest Du das drei, vier, fünf Mal wieder und dann erschließt sich Dir der Sinn und die genaue Bedeutung irgendwann. Und dann spreche ich es halt …

Und Du sprichst dann …

Ich spreche dann wie eine Comicfigur. In Italien habe ich die erste Zeit gesprochen wie Diabolic. Das ist so ein Krimineller – aber ein krimineller Held. Ein Verbrecher, der von der Polizei gesucht wird, den sie aber nie fassen. Ich habe die ersten zehn Jahre in Italien gesprochen wie Diabolic. Genau seine Sätze – daran habe ich mich voll gehalten.

Und jetzt?

Mittlerweile spreche ich wie Julia. Das ist eine Psychologin und Kriminologin. Sie arbeitet für irgendeine Justizabteilung und sieht aus wie Audrey Hepburn. Ein sehr apartes Mädchen und kann sich sehr gepflegt über psychologische Dinge unterhalten. Und jetzt spreche ich schon fast wie sie. Aber – jetzt keinen Schreck bekommen – ich bin schon wieder umgestiegen und habe ein neues Lieblingscomic: Ich will jetzt sprechen wie Dago. Das ist ein Giannizzero, ein Christ, der im Islam aufgezogen wurde ...

Und Du willst sprechen wie er?

Ich spreche schon bald wie er. Dago drückt sich aber wieder primitiv aus. Ich mag diesen Wechsel – vom Psychologischen zum Einfachen. Er ist ein Held zu den Zeiten der Kreuzzüge, mit Muskeln und Schwert und so ... Aber ich habe inzwischen eine ziemliche Bandbreite in italienischen Comics. Ich kann einmal so und einmal so.

Magst Du es, Rollen zu spielen?

Ja, sehr. Wir spielen alle ständig Rollen, aber meistens unbewusst. Und mir macht es jetzt unheimlich Spaß, Rollen bewusst zu spielen. Damit ich mir darüber klar werde, dass ich sie spiele.

Wie machst Du das? Suchst Du Dir zum Beispiel auch die passenden Klamotten dazu aus?

Ja, weil ich ja auch mehrere Wohnsitze habe. Ich lebe zum Teil in Norddeutschland, in Süddeutschland und in Italien. Und ich sehe überall anders aus, weil ich die Klamotten jeweils dort lasse. Ich bin auch überall anders, was mit dem Wetter zusammenhängt, mit den Leuten, mit der Sprache ... Unter italienischer Sonne bin ich sehr viel lockerer als in Deutschland. Das sagen alle meine Schüler, die zu meinen Italien-Lehrgängen kommen.

Es hört sich so an, als wäre Italien Dein Lieblingswohnsitz.

Ja.

Auch deswegen, weil Du dort bewusster Deine Rolle spielen kannst?

Das ist ein schönes Gefühl, ja. Sagen wir einmal so: Normalerweise laufen wir durch die Gegend, stoßen irgendwo gegen – und dann haben wir eine Rolle. Dann laufen wir weiter, einer stößt uns an – und wir haben wieder eine neue Rolle. Immer, wenn uns irgendetwas anstößt oder durchrüttelt, ändern wir unsere Rolle. Aber heute ist es für mich so, dass ich meine Rolle bewusst wähle. Das hat seinen Reiz. Da kann ich sagen: Ich will jetzt heute mit meinem Cowboyhut auftreten oder was auch immer. Ich beobachte außerdem mit großer Freude Leute, die durch die Stadt gehen. Dann sehe ich Leute, wie sie sich anziehen. Und dann schaue ich mir die an und frage mich: Welche Rolle spielen sie? Und ich bin mir sicher, manchmal weiß ich eher, welche Rolle sie spielen, als sie selbst. Sie denken, sie sind das, was sie sich vormachen. Ich sage das jetzt ohne Überheblichkeit: Es ist lustig anzuschauen, wie sie sich mit der Rolle, die sie spielen, verwechseln.

Würdest Du für Dich sagen, Du bist glücklich?

Ja, das würde ich sagen. Sicherlich bin ich auch manchmal ein bisschen deprimiert, aber von meiner Grundeinstellung her ja. Glücklich ist vielleicht zu viel gesagt. Jeder versteht darunter etwas anderes, aber eigentlich bin ich recht zufrieden. Mit mir und den Dingen.

Wie verbringst Du Deine Freizeit? Lesen und Autofahren wissen wir ...

Freizeit? Ja, Autofahren, sicher. Aber, wohlgemerkt, keine langen Strecken, nur kurze. Und es muss immer am Wasser entlang sein, an einer Küste oder so – und es muss irgendwo ein Café geben, wo ich einen Espresso und einen frisch gepressten Orangensaft trinken kann. Außerdem muss ich immer ganz viel Literatur dabei haben und einen angespitzten Bleistift. Es geht eigentlich nur darum, dass ich mit dem Fahrzeug dorthin fahre, aussteige, das Fahrzeug von dort, wo ich sitze, sehen kann – die Sonne muss scheinen – und dann sitze ich dort und lese. In Italien Comics, in Deutschland etwas Psychologisches, Philosophisches – grundsätzlich keine Romane, die lese ich nie. Dann kann ich dort drei, vier, fünf Stunden lang sitzen. Gerne habe ich die Füße hoch, dafür nehme ich mir einen zweiten Stuhl. Das ist meine Freizeit. Ich überlege, ob ich noch etwas anderes mache ... nö.

Spielst Du gerne Spiele?

Überhaupt nicht.

Kein Zockertyp?

Nein, ich spiele nichts.

Schaust Du Sport?

Nein, ich mag Sport überhaupt nicht.

Wenn die Italiener in Deiner Umgebung alle jubeln, dann lässt Dich das unbeeindruckt?

Sport interessiert mich nicht, abgesehen vom Fachlichen. Witzig, oder? Wir bieten ein Sportstudium an, aber Sport interessiert mich gar nicht.

Hat es auch nie?

Nie, es sei denn, es war Kampfsport. Aber daran hat mich auch nie das Wort „Sport“ interessiert – nur das Wort „Kampf“. Krafttraining sehe ich als Training, aber nicht als Kraftsport. Deswegen habe ich mich auch nie hingestellt und versucht, einen Titel zu erringen, obwohl ich in einigen Disziplinen vielleicht gut genug gewesen wäre. Mich interessierte immer nur, die eigene Leistung zu steigern, eine Messbarkeit herzustellen zwischen dem, wie gut ich gestern war und wie gut ich heute bin. Der Vergleich mit anderen hat mich auch nie interessiert. Ich mache sicher viele Dinge, die andere Leute für Sport halten, aber wenn ich Sport höre, dann verbinde ich damit immer Zuschauermassen – Leute, die passiv zugucken, herumgrölen und im Halbschlaf sind.

Bist Du gerne in Menschenmengen?

Trotzdem ja. Aber nicht als Teil der Menge. Manchmal bade ich richtig in Menschenmengen und es macht mir unheimlich Spaß, doch dann wiederum ziehe ich mich auch manchmal total zurück.

Um in der Menge zu baden, müssen Dich die Leute da ansehen?

Oh, ich bin manchmal ein wahrer Exhibitionist. Nicht im sexuellen Sinne, dennoch habe ich es manchmal unglaublich gerne, wenn ich beachtet werde.

Wie machst Du das?

Verschiedenste Möglichkeiten: Wenn Du z.B. mit einem alten rosafarbenen Ford Granada in einer Gegend herumfährst, in die er nicht hineinpasst, dann hast Du diesen Effekt. Jeder macht das anders. Jugendliche mögen vielleicht grölen. Wir haben feinere Methoden. Beachtet zu werden kann ich ganz gut vertragen – aber nicht lange, dann muss ich wieder weg. Ich habe jedoch auch festgestellt, dass ich mich am besten konzentrieren kann, wenn ich in einer lauten, geschäftigen Menschenmenge sitze. Alle meine Bücher habe ich zu Hause begonnen, aber dann habe ich mich in eine Menge gesetzt – am liebsten auf Bahnhöfen – und sie fertig geschrieben. Am besten finde ich es, wenn ich verschiedene Sprachen beim Schreiben höre. Dabei kann ich mich hervorragend konzentrieren.

Woher kommt das?

Ich weiß es nicht. Aber ich habe festgestellt, dass es vielen Menschen so geht. Ich lese viele Biografien. Und es gibt viele Leute, die sagen, dass sie in lauten Cafés die besten Ideen haben und am besten schreiben können. Auch meine Meditation, wenn man das so nennen kann, mache ich nicht zu Hause, sondern an richtig lauten Orten. Bahnhöfe und Flughäfen haben absolute Priorität. Da setze ich mich hin und versenke mich stundenlang. Und ich glaube auch, dass es Sinn macht: Wenn man sich dort konzentrieren kann, kann man es auch im täglichen Leben nutzen. Es gibt Leute, die ziehen sich zum Meditieren in die Einöde zurück, und wenn sie zurückkommen, werden sie vom täglichen Leben ergriffen und sind sofort wieder da, wo sie vorher waren – all ihre Entspannung hat ihnen nichts gebracht.

Kannst Du gut unterscheiden, was Dir gut tut und was nicht?

Ich glaube ja.

Lernt man das?

Du musst Dich nur lange genug beobachten. Ich glaube nicht, dass ich das vor zehn Jahren konnte.

Dein philosophisches Interesse an der Kampfkunst kam erst später dazu. Woher kam das?

Ich glaube, dass es immer da war. Es gibt Philosophen, die sprechen von einem magnetischen Zentrum, das man hat, d.h. es muss irgendwo angelegt sein. Wenn es nicht eingebaut ist, kann man mit solchen höheren Einflüssen nichts anfangen. Das entsprechende Organ dafür muss man haben und zusätzlich muss es dann noch freigeschaltet und entwickelt werden.

Als Du anfingst mit der Kampfkunst, hattest Du da das Gefühl, Du suchtest eine Antwort in Deinem Leben, für Dein Leben?

Nein.

Hast Du heute das Gefühl?

Wahrscheinlich hängt das alles damit zusammen, dass man Dinge in mir angestoßen hat. Ich habe einmal die Nachricht bekommen, dass mein Leben nicht mehr lange währt. Man gab mir noch ein Jahr. Das ist sehr unangenehm und sehr ärgerlich. Dann fängt man an zu überlegen, was man in diesem Jahr noch gerne tun würde und was man noch nicht getan hat. Und ich sah ein bisschen klarer, was wirklich wichtig ist. Natürlich stellte sich in dem Jahr heraus, dass alles Quatsch war, dass die Ärzte sich geirrt hatten und es mir ganz blendend ging. Aber auf jeden Fall hat das Jahr mir nicht ungut getan. Ich dachte wirklich, ich müsste in diesem letzten Jahr ordentlich etwas auf die Beine stellen. Und das Gefühl, die Zeit nutzen zu müssen, ist danach nicht mehr gewichen. Als sich herausstellte, dass alles nur eine Falschmeldung war, hatte ich erst einmal das Gefühl, man würde mir etwas wegnehmen.

Hast Du keine Angst gehabt?

Doch natürlich. Ganz große Angst. Aber irgendwann ist man damit durch. Deshalb weiß ich nicht, ob ich noch einmal Todesangst hätte. Vielleicht – vielleicht nicht. Ich möchte es aber auch nicht unbedingt herausfinden.

Fühlst Du Dich alt?

Manchmal unheimlich alt und manchmal denke ich, ich bin 18.

Wie ist das Gefühl?

Sich wie 18 zu fühlen?

Erst einmal, sich alt zu fühlen. Nervt es Dich?

Wenn ich mir zuhöre – Sprüche, die ich absondere – dann denke ich: Sch...!

Und was macht der 18-Jährige?

Der ist unglaublich sexy! Strotzt vor Kraft.

Und hat einen ganz leichten Hang zum Albernsein?

Total! Aber ich muss das korrigieren: Er ist nicht wirklich 18 – aber 28 würde hinkommen. Das bin ich ja schon seit unheimlich langer Zeit. Ich bin nur besser trainiert, als ich es mit 28 war.

Guter Punkt. Du musst jetzt noch einmal erklären, was Du eigentlich isst.

Ich folge in etwa den Ideen der Trennkost. Das funktioniert. Ich mache das seit 15 oder 20 Jahren. Damit habe ich damals 50 Pfund abgespeckt. Aus einer Laune heraus, weil die Leute sagten: „Der Kernspecht ist nur so kampfstark, weil er so groß und schwer ist.“ Da habe ich gedacht: Na gut, probieren wir es einmal aus. An meiner Kampfstärke änderte es nicht so viel. Und seitdem blieb ich bei der Trennkost, weil ich ein hemmungsloser Esser bin und mich nur sehr schwer kontrollieren kann, wenn mir etwas schmeckt.

Was zum Beispiel?

Zartbitterschokolade!

Zartbitterschokolade.

ZARTBITTERSCHOKOLADE! Manche Schüler von mir wissen das und bringen mir dann zu Prüfungen Zartbitterschokolade mit. Ich bitte, davon Abstand zu nehmen.

Das wird von jetzt an als Manipulation gewertet.

Genau. Besonders bei der von Dolphin – 72 % mit Schokoladensplittern …

Dolphin?

Dolphin – 72 % mit Schokoladensplittern.

Also die Dolphin – 72 % mit Schokoladensplittern bitte nicht mitbringen!

Bitte nicht mitbringen!

Dolphin – 72 % mit Schokoladensplittern: nein, nein!

Auf keinen Fall! Aber ich esse sie sehr gerne und deshalb ziehe ich bei 77 Kilo die Reißleine.

Trinkst Du gern?

Ich esse gerne flüssiges Obst!

Bier? Wein?

Oh, ja, ja! Aber nur Wein. In Italien muss man Wein trinken, zum Abendessen. Mittags esse ich ja nie – nur Früchte oder Salat und abends meistens Fisch und dazu muss ein Glas Weißwein her. Aber ich trinke nichts Starkes.

Reden wir über Frauen …

Oh, Gott!

Kommt man irgendwann an den Punkt, wo man sie versteht?

Ich dachte, ich wäre schon an dem Punkt gewesen, bevor ich merkte, dass ich mich total getäuscht hatte. Aber ich war wirklich ganz kurz davor.

Das scheint bei vielen Dingen so zu sein: Je länger man sich mit ihnen beschäftigt, umso unklarer werden sie.

Ja, wenn man am Anfang steht, denkt man nach kurzer Zeit, man hätte es verstanden. Und je tiefer man in die Materie einsteigt, umso mehr sieht man: Gar nichts hast Du verstanden. Gar nichts! Ich glaube, es geht nicht. Wir können Frauen nicht verstehen. Aber sie uns genau so wenig.

Dabei sind wir doch so einfach.

Genau.

Du hast drei Wohnsitze. Reist Du auch gerne?

Ich reise unglaublich gerne, weil ich dadurch auch drei verschiedene Leben führe. Ich bin dreimal ein anderer, das verdreifacht mein Leben. Und ich muss mich selbst nicht so wichtig nehmen. Ich muss die Dinge nicht so wichtig nehmen. Wenn in Italien der Hund des Nachbarn den ganzen Tag bellt, dann kann ich sagen: Ich bin ja nur drei Wochen hier. Ich wechsele wirklich alle drei bis vier Wochen den Standort – mit Sack und Pack. Allein das Packen der ganzen Kisten dauert fünf Stunden. Ich muss ja jeden Brief und jedes Papier mitnehmen, es könnte doch gebraucht werden. Das ist wie Nomadentum.

Und wie macht Simo das mit?

Sie kommt oft mit, aber sie mag es nicht so sehr wie ich. Sie hätte es lieber ein bisschen sesshafter und immer nordisch kühl. Aber ich liebe den Ortswechsel. Es ist nicht so, dass ich auch privat viel reisen würde. Bitte nicht missverstehen – ich bin kein Reiseonkel und ich reise auch nicht in irgendein Land, um Urlaub zu machen. Ich weiß gar nicht, was das ist. Ich mache nie Urlaub. Nur zu Lehrgängen, zum Dienst. Ich fahre nirgendwo hin, wo man mich nicht einlädt.

Legst Du Dich an den Strand?

Nein, aber ich setze mich an den Strand.

Das klingt nach: bekleidet.

Ich habe Jeans an, aber den Oberkörper lasse ich bräunen. Hinlegen kann ich mich aber nicht, denn ich muss ja lesen und dabei Wichtiges anstreichen. Deshalb der Bleistift. Wenn Du mir ein Buch gibst, aber keinen Bleistift, dann weigere ich mich, das Buch zu lesen.

Aber Du hast eine Badehose?

Ich kriege regelmäßig welche geschenkt, aber aufgrund meiner nicht genug entwickelten Waden …

Gibt es denn da keine chirurgi-

sche Möglichkeit?

Doch, doch, die gibt es! Implantate. Ich denke darüber nach.

Wenn Du keine Badehose anziehst, dann hast Du wahrscheinlich auch keine Adiletten?

Was ist das?

Diese Schlappen, mit denen man auf Mallorca am Strand herumläuft.

Ich war noch nie auf Mallorca. Habe ich da eine Schule?

Der wichtigste Teil der Welt, ist der um Dich herum oder in Deinem Kopf? Wo bist Du lieber?

Halb und halb.

Wie stellst Du sicher, dass Du für beides die Zeit findest? Deine Tage sind ja sehr verplant.

Ich habe viel Freiraum während des Tages, währenddessen ziehe ich mich einfach zurück. Ich mache mir ein Entsäuerungsbad zur Entspannung, lege mich hinein und lese.

Wo wir schon bei der Entspannung sind: ... bereit für ein paar harte Fragen?

Ja.

Warum hast Du einen Bart?

Im zarten Alter von 24 Jahren wollte ich jemanden schlagen, der vor einem Fenster stand. Ich war damals noch nicht so präzise im Stoßen – ich war ja noch Karate-Mann – und habe diesen Jemand leicht verfehlt und meine Hand schlug voll in die Fensterscheibe, wobei ich mir mehrere Sehnen beschädigte. Es kann aber auch sein, dass meine Erinnerung mich täuscht und ich vor Wut in die Scheibe schlug. Egal, jedenfalls konnte ich mich ein paar Monate nicht rasieren. Und seitdem habe ich diesen Bart.

Stellst Du Dir manchmal vor, wie es aussehen würde, wenn Du ihn abrasierst?

Ich glaube, das würde eklig aussehen.

Was ist das erste, das Du

machst, wenn Du abends nach Hause kommst?

Dann checke ich im Internet unter www.autoscout24.de, ob es einen Opel aus den Fünfzigerjahren gibt. Ich suche noch einen Schlüsselloch-Kapitän.

Gibt es noch etwas, was Du sammelst?

Mickey-Mouse-Uhren aus den Fünfzigerjahren. Die finde ich schon total verschärft.

Wie schafft man es, dass Kampfkunst-Bekleidung cool aussieht?

Darüber denken wir gerade nach; denn unsere könnte man durchaus noch „cooler" gestalten.

Okay, und jetzt endlich: An was für einem Punkt bist Du in Deinem Leben?

Es kann sein, dass ich mich vor dieser Frage einfach fürchte. Die stellte ich mir zu keinem Punkt in meinem Leben. Wahrscheinlich habe ich immer entweder zurückgeschaut oder nach vorn.

Du wirkst gerade, als würdest Du nach vorn blicken.

Aber ich plane nicht. Das Leben ist wie eine Rede, die man hält: Man kann sich vielleicht ein Manuskript machen, aber man kann die Rede dann doch nie so halten, wie man sie aufgeschrieben hat.

Sigung fährt mich nach Kiel zum Bahnhof – in seinem Opel Kapitän von 1959, exakt dem Modell, das sein Vater damals fuhr.
Wir haben mehr als vier Stunden geredet, aber er lächelt, als würde der Tag für ihn jetzt erst anfangen.

Morgen früh fliegt er nach Italien. Endlich wieder unterwegs ...